Kohlhammer

Grundwissen Soziale Arbeit

Begründet von Rudolf Bieker

Herausgegeben von Michael Domes

Das gesamte Grundwissen der Sozialen Arbeit in einer Reihe: theoretisch fundiert, immer mit Blick auf die Arbeitspraxis, verständlich dargestellt und lernfreundlich gestaltet – für mehr Wissen im Studium und mehr Können im Beruf.

Eine Übersicht aller lieferbaren und im Buchhandel angekündigten Bände der Reihe finden Sie unter:

https://shop.kohlhammer.de/grundwissen-soziale-arbeit

Die Autorinnen

Angela Wernberger, Dr. phil., Soziologin (MA), Soz.Arb./Soz.päd. (Dipl.), ist Professorin für Soziologie und empirische Forschungsmethoden an der kath. Hochschule NRW, Abt. Münster. Vorkenntnisse: wissenschaftliche Studien zu Einelternfamilien und praktische Soziale Arbeit in der ambulanten Jugendhilfe, insbesondere Sozialpädagogische Familienhilfe mit Einelternfamilien. Forschungsschwerpunkte: praxeologische Sozialisations-, Professionalisierungs- und Evaluationsforschung sowie Familienforschung.

Charlotte Hüppe, Sozialarbeiterin M. A., hat den Masterstudiengang »Netzwerkmanagement in der Sozialen Arbeit« absolviert und sich im Rahmen eines studienbegleitenden Forschungsprojekt mit Einelternfamilien auseinandergesetzt. Sie ist in einer ambulanten Kinder- und Jugendpsychiatrischen Praxis als Sozialarbeiterin im Rahmen der Sozialpsychiatrie angestellt. Dort begleitet sie Kinder und Jugendliche mit psychischen Erkrankungen und deren Familien in einer beratenden/therapeutischen Funktion.

Larissa Lehmann, Heilpädagogin M. A., hat den Masterstudiengang »Teilhabeorientierte Netzwerke in der Heilpädagogik« absolviert und sich im Rahmen eines studienbegleitenden Forschungsprojekt mit Einelternfamilien auseinandergesetzt. Sie ist im Bereich der beruflichen Eingliederung von (langzeitarbeitslosen) Menschen mit psychischer Erkrankung oder Suchterkrankung tätig.

Angela Wernberger

Einelternfamilien in der sozialen Arbeit

Professionell unterstützen und begleiten

Verlag W. Kohlhammer

1. Auflage 2026

Gesamtherstellung: W. Kohlhammer GmbH, Heßbrühlstr. 69, 70565 Stuttgart
produktsicherheit@kohlhammer.de

Print:
ISBN 978-3-17-035196-7

E-Book-Formate:
pdf: ISBN 978-3-17-035197-4
epub: ISBN 978-3-17-035198-1

Vorwort zur Reihe

Liebe Leser:innen,

die Idee zu der Reihe »Grundwissen Soziale Arbeit«, als deren Herausgeber ich ab dem 51. Band, in der Nachfolge von Prof. Dr. Rudolf Bieker, fungiere, ist vor dem Hintergrund der bildungspolitisch veränderten Rahmenbedingungen im Zuge der Bologna-Reform entstanden.

Band 1 »Soziale Arbeit studieren« bildete den Auftakt, der nach und nach erscheinenden Bände, deren Gemeinsamkeit ist, das für Sozialarbeiter:innen und Sozialpädagog:innen bedeutsame Grundwissen sukzessive abzubilden. Dabei ist dreierlei zu beachten:

Grundwissen meint mehr als »reine Theorie«. Es umfasst, unabhängig vom je spezifischen Gegenstand, neben Wissen auch immer Aspekte des Könnens und der Haltung als Bestandteile sozialarbeiterischer/sozialpädagogischer Professionalität.

Grundwissen hat eine gewisse zeitlose Komponente. Grundwissen ist zugleich aber nicht etwas Statisches, das ein für alle Mal festgelegt ist. Das Grundwissen Sozialer Arbeit verändert sich in Auseinandersetzung mit gesellschaftlichen, politischen oder wissenschaftlichen Entwicklungen bzw. Rahmenbedingungen, so wie sich auch die professionelle Praxis Sozialer Arbeit verändert.

Grundwissen bietet für die Leser:innen eine Orientierung. Es dient als Navigationsinstrument für Soziale Arbeit, die, wie der Vorstand der DGSA 2024 festgehalten hat, wahrlich »ein komplexes Themenfeld« ist. Und wie bei einem solchen Gerät üblich: Es gibt immer mehrere Wege, ans Ziel zu kommen. Blind zu folgen bzw. zu vertrauen, ist nur bedingt eine hilfreiche Strategie. Das Navi ist eine – (ge-) wichtige – Komponente, die aber nur im Zusammenspiel mit dem eigenen Denken (der Fachkraft) und dem Kontext (Gesellschaft und Adressat:innen) ihre Wirkung entfalten kann.

Die Bände der Reihe zeichnen sich durch ihre Lesefreundlichkeit, auch für das Selbststudium Studierender, besonders aus – oder, wie es der verstorbene C. W. Müller in einem Interview auf die Frage nach Kritik an seiner fachlichen Positionierung auf den Punkt gebracht hat: »Ich will auch allgemein gut verständlich sein und bleiben. Das ist kein Widerspruch zur Wissenschaftlichkeit.« Die Autor:innen verpflichten sich diesem übergeordneten Ziel auf unterschiedliche Weise: eine Begrenzung der Stoffmenge auf einen überschaubaren Umfang, Verständlichkeit der Sprache, Theorie-Praxis-Bezüge, (weiterführende) Literaturhinweise und Anschaulichkeit durch Gestaltungselemente, wie Grafiken, Hervorhebungen oder Schaukästen. Jeder Band bietet in sich abgeschlossen eine grundlegende Einführung in das jeweilige Themenfeld.

Im Fokus steht dabei immer, welche professionellen (Handlungs-)Kompetenzen ausgebildet werden können bzw. welche Bedeutung das jeweilige Thema/Themenfeld für die professionelle Praxis Sozialer Arbeit hat.

Die Bände verstehen sich als Einladung, sich auf (neues) wissenschaftliches Wissen einzulassen und die Themen kritisch weiterzudenken, um so auf dem Weg der eigenen Professionalitätsentwicklung weitere Schritte zu gehen. Oder wie es Alice Salomon schon 1932 formuliert hat: »Wir lernen ja nicht da, wo wir feststellen, daß der andere alles ebenso macht wie wir, sondern wir lernen, wenn er es anders macht. Denn das allein führt uns zur Selbstbesinnung, zur Selbstkritik und daraus erwächst lebendiges Leben, lebendiger Geist, lebendige Formkraft«.

Prof. Dr. Michael Domes, Nürnberg

Zu diesem Buch

Seit den 1970er Jahren wird ein zunehmender Wandel der Formen unseres Zusammenlebens diagnostiziert. Steigende Zahlen von Singlehaushalten, insbesondere in urbanen Ballungsgebieten, geraten hier ebenso in den Blick wie Veränderungen in den Formen unseres familialen Zusammenlebens. Zwar leben weiterhin die meisten minderjährigen Kinder mit ihren verheirateten Eltern in einem gemeinsamen Haushalt, jedoch haben sich die Formen von Familie in den letzten 30 bis 40 Jahren zunehmend ausdifferenziert. Neben das Zusammenleben in der bürgerlichen Kernfamilie treten weitere familiale Lebensformen wie Alleinerziehende oder Lebensgemeinschaften mit minderjährigen Kindern. 2023 lebten in Deutschland insgesamt 8,54 Millionen Familien mit minderjährigen Kindern. Die Gruppe der Familie lässt sich unterteilen in Ehepaare, Lebensgemeinschaften und Alleinlebende mit Kindern, sogenannte Alleinerziehende.

Das Zusammenleben in Familien wird zunehmend vielfältiger und bunter. In der Realität entspricht es häufig nicht mehr unseren bisherigen Vorstellungen von der bürgerlichen Kernfamilie. Jede Familienform steht jedoch vor spezifischen Herausforderungen ihren Alltag zu bewältigen und diesen für sich zufriedenstellend zu gestalten. Dies gilt in besonderem Maße für alleinerziehende[1] Mütter und Väter. In Einelternfamilien sind sie es, die allein die Aufgaben der Einkommenssicherung, der Haushaltsführung, der Pflege sozialer Kontakte sowie der Betreuung und Erziehung der Kinder bewerkstelligen müssen. Dies stellt sie bisweilen vor besondere Schwierigkeiten und kann (zumindest phasenweise) mit einem erhöhten Unterstützungsbedarf einhergehen, damit das gedeihliche Zusammenleben aller wie auch das gesunde Aufwachsen der Kinder in der Einelternfamilie gewährleistet bleiben. Wie bei allen Familienformen kann dies gelingen, muss aber nicht bzw. kann phasenweise erschüttert werden.

Gesellschaftlich betrachtet kommt Familien eine hohe Bedeutung zu. Sie gelten als die natürliche Grundeinheit einer Gesellschaft (Art. 16 Abschnitt 3 Allgemeine Erklärung der Menschenrechte) und stehen unter dem besonderen Schutz des Staates (Art. 6 GG). Dies gilt für alle Familienformen! Durch sozial- und familienpolitische Regelungen und Maßnahmen soll diesem Anspruch Rechnung getragen werden, was sich in einer breiten Palette an Förder- und Unterstützungsangeboten niederschlägt. Soziale Arbeit als angewandte Sozialpolitik hat in ihren unterschiedlichsten Handlungsfeldern immer auch – direkt oder indirekt – mit Familien zu tun.

---

1 In diesem Band ist der einfacheren Lesbarkeit halber teils von »alleinerziehend« die Rede, wobei in der Regel auch getrennterziehende Elternteile mitgemeint sind.

Aufgrund der besonderen Herausforderungen ihrer Lebenssituation sind Einelternfamilien überproportional häufig Adressat:innen Sozialer Arbeit. Um auf die besonderen Herausforderungen von Einelternfamilien adäquat reagieren, diese unterstützen und fördern zu können, bedarf es der differenzierten Information (angehender) Fachkräfte der Sozialen Arbeit. Hierbei geht es nicht zuletzt um das Aufbrechen medial vermittelter Stereotypen und Defizitzuschreibungen, um sowohl die Belastungen als auch die Chancen in der Lebenspraxis von alleinerziehenden Müttern und Vätern erkennen und verstehen zu können.

Der vorliegende Band soll Studierenden und Fachkräften der Sozialen Arbeit empirische wie theoretische Einblicke in die heterogene Lebenswirklichkeit von Einelternfamilien in Deutschland liefern. Hierzu werden neben der historischen Entwicklung auch die sozialstrukturellen und -kulturellen Besonderheiten dieser Lebensform in den Blick genommen und deren besondere Herausforderungen der Lebensführung herausgearbeitet (Kapitel 1–8). Basierend auf dieser differenzierten Analyse werden anschließend die sozial- und familienpolitischen Aufgaben und Herausforderungen in Hinblick auf Einelternfamilien dargestellt (Kapitel 9) und abschließend Möglichkeiten und Grenzen der Sozialen Arbeit mit Einelternfamilien diskutiert (Kapitel 10).

Zum Abschluss möchte ich an dieser Stelle zwei Personen(-gruppen) meinen besonderen Dank aussprechen:

Zum einen Herrn Johannes Fischer, ehemaliger Leiter des Kreisjugendamtes Rosenheim, der mit seinem Anstoß zur Studie »Einelternfamilien im Landkreis Rosenheim. Entwicklung eines kommunalen Unterstützungskonzepts« den Grundstein für meine wissenschaftliche Auseinandersetzung mit der Lebenssituation von Einelternfamilien gelegt hat. Einige der empirischen Ergebnisse dieser Studie sind auch in den vorliegenden Band mit eingeflossen. Ebenso sind die in diesem Buch angeführten Originalzitate von alleinerziehenden Müttern und Vätern dieser Studie entnommen und wurden zum Teil bereits in der Publikation *Einelternfamilien im ländlichen Raum. Eine sozialisationstheoretische Perspektive auf die Praxis einer Lebensform* (Wernberger 2017) veröffentlicht.

Zum anderen bedanke ich mich bei den studentischen Hilfskräften Christoph Lahrmann, Frederick Pothmann und Helen Puhlmann sowie Sabine B. Schäfer für ihre unermüdliche Recherche- und engagierte Zuarbeit, die für das Erscheinen dieser Veröffentlichung unerlässlich war.

Münster im März 2025
Prof. Dr. Angela Wernberger

Inhalt

1 Einelternfamilien in Deutschland

☞ Was Sie in diesem Kapitel lernen können

- Sie lernen die amtliche Definition von ›Familie‹ und ›Alleinerziehend‹ kennen und erfahren, warum es gerechtfertigt ist, von Einelternfamilien als einer spezifischen Form von Familie zu sprechen.
- Sie erhalten Einblicke in die vielfältigen gesellschaftlichen und historischen Wandlungsprozesse von Familien und erkennen, dass Familienformen stets von gesellschaftlichen Gegebenheiten sowie wirtschaftlichen Produktions- und Besitzverhältnissen geprägt werden.
- Sie verstehen, dass die heutige Pluralität familialer Lebensformen erst im Kontext des lange bestehenden bürgerlichen Ideals der Kleinfamilie sichtbar wird.
- Zudem erfahren Sie etwas über die unterschiedlichen Entstehungskontexte von Einelternfamilien und durch welche Faktoren diese wieder aufgelöst werden können.
- Hierbei lernen Sie sowohl sozialwissenschaftliche Theorieansätze als auch die Perspektiven alleinerziehender Eltern kennen.

1.1 Begriffsbestimmung: Einelternfamilie

Einelternfamilien werden als eine von verschiedenen familialen Lebensformen verstanden. Mit dem Begriff der Lebensform werden die *sozialen Beziehungen* zwischen den Mitgliedern eines Haushaltes in den Blick genommen. Als *familial* werden Lebensformen bezeichnet, wenn sie zwei Generationen umfassen, sich also auf eine *Eltern-Kind-Gemeinschaft* beziehen.

Eltern

»Eltern sind […] Personen, die in einem rechtlichen Eltern-Kind-Verhältnis stehen« (BMFSFJ 2025, S. 58).

Der Begriff der Lebensform wurde in der familiensoziologischen Diskussion vor allem von Norbert F. Schneider eingebracht. Seiner Sichtweise folgend verbindet der Begriff Mikro- und Makroperspektive und berücksichtigt dabei sowohl die *subjektiv konstruierten Wirklichkeiten der Akteure* und die *gesellschaftlichen Institutionalisierungsprozesse* als auch *kulturelle Symboliken*, die hierbei zum Tragen kommen (vgl. Schneider 1996; Schneider, Rosenkranz & Limmer 1998).

Im allgemeinen Sprachgebrauch wird hingegen weiterhin häufig der Begriff *Familie* verwendet. Auch wenn dieser Begriff sehr geläufig ist, lohnt es sich ihn genauer zu betrachten. Hierfür ist ein Blick auf das amtliche Verständnis von Familie hilfreich:

Familie

Das Statistische Bundesamt in Deutschland versteht unter Familie »alle Eltern-Kind-Gemeinschaften, das heißt gemischtgeschlechtliche und gleichgeschlechtliche Ehepaare/Lebensgemeinschaften sowie alleinerziehende Mütter und Väter mit Kindern im Haushalt. Einbezogen sind in diesen Familienbegriff – neben leiblichen Kindern – auch Stief-, Pflege- und Adoptivkinder ohne Altersbegrenzung. Damit besteht eine Familie immer aus zwei Generationen (Zwei-Generationen-Regel): Eltern/-teile und im Haushalt lebende Kinder« (Statistisches Bundesamt o. J., a).

Alleinerziehende Elternteile mit ihren minderjährigen Kindern zählen also zur Gesamtgruppe ›Familie‹. Der einzige Unterschied zu anderen Familienformen ist struktureller Art. Einelternfamilien bestehen aus *einem* allein- bzw. getrennterziehenden Elternteil und dessen Kind oder auch Kindern, die gemeinsam in einem Haushalt zusammenleben.

Entsprechend definiert das Statistische Bundesamt Alleinerziehende folgendermaßen und unterscheidet sie zugleich von Lebensgemeinschaften mit Kindern:

Alleinerziehende vs. Lebensgemeinschaften mit Kindern

»Alleinerziehende sind Mütter und Väter, die ohne Ehe- oder Lebenspartner/-innen mit minder- oder volljährigen Kindern in einem Haushalt zusammenleben. Elternteile mit Lebenspartner/-innen im Haushalt zählen zu den Lebensgemeinschaften mit Kindern« (Statistisches Bundesamt o. J., b).

Zunehmend wird in der Literatur und der amtlichen Statistik auch zwischen allein- und getrennterziehenden Müttern und Vätern unterschieden – auch wenn sie weiterhin häufig noch in der Gruppe der Alleinerziehenden zusammengefasst werden. Will man dieser Differenzierung folgen, so versteht man unter Getrennterziehen, dass die Erziehungs- und Betreuungsleistungen durch Eltern erbracht werden, die nicht zusammen in einem Haushalt leben. Unter Alleinerziehenden versteht man im Vergleich dazu all jene Eltern,

> »die überwiegend oder ganz allein für die Betreuung, Versorgung und Pflege eines Kindes verantwortlich sind. […] Mit dem Begriff ›Alleinerziehende‹ [sind] sowohl Personen gemeint, die gänzlich allein erziehen, als auch jene, die weitgehend allein erziehen. Damit sind allein- und getrennt erziehend keine sich ausschließenden Begriffspaare. Ein Elternteil ist weitgehend alleinerziehend und gleichzeitig getrennt erziehend, wenn der andere getrennt erziehende Elternteil sich nur wenige Stunden pro Woche an der Betreuung und Erziehung beteiligt« (BMFSFJ 2025, S. 58 f.).

Bereits im Jahr 2011 legte eine Studie zu Lebenswelten und -wirklichkeiten von Alleinerziehenden im Auftrag das Bundesministeriums für Familie, Senioren, Frauen und Jugend indes nahe, dass Alleinerziehende sich selbst nicht unbedingt als alleinerziehend sehen. »Sie verfügen häufig über gute bis sehr gute soziale Netzwerke und spannen im Alltag verschiedene Akteure zur Unterstützung ein (Familie, Freunde, Kollegen, Nachbarn etc.)« (BMFSFJ 2011, S. 7). Zudem gaben die damals Befragten an, dass alleinerziehend zu sein »in der Außenwahrnehmung nach wie vor mit einem Makel behaftet [ist]: Fast alle Befragten haben direkte oder indirekte Formen von Vorbehalten und/oder konkreten Benachteiligungen (insbesondere bei der Suche nach einem Arbeitsplatz) erfahren« (ebd., S. 7 f.).

Aus diesem Grund ist folgende Perspektivenverschiebung dringend angezeigt: Sowohl (Ehe-)Paare als auch alleinerziehende Mütter und Väter mit ihren minderjährigen Kindern bilden zusammen in einem gemeinsamen Haushalt eine Familie. Per Definition ist *Familie immer da, wo Kinder sind.* Je nachdem, ob mit den Kindern zwei Elternteile oder ein Elternteil in einem Haushalt leben, ist es gerechtfertigt entweder von Zweielternfamilien oder von Einelternfamilien zu sprechen.

Demgemäß wird in den weiteren Ausführungen dieses Buches, wo möglich und sinnvoll, auch der Begriff der Einelternfamilie verwendet. Dies erscheint auch deshalb gerechtfertigt, da Eltern – egal, ob allein oder zu zweit – in einer Familie nicht nur die Aufgabe der Kindererziehung, -betreuung und -fürsorge zukommt, sondern ihnen ein weitaus größeres Spektrum an Verantwortlichkeiten obliegt. Die Wohnung muss geputzt und die Wäsche gewaschen werden, es muss gekocht und eingekauft werden. Das Geld für Wohnen, Essen, Kleidung etc. muss verdient werden. Darüber hinaus legen die meisten Menschen Wert darauf, nicht nur allein, sondern auch mit anderen in Kontakt zu sein. Das heißt soziale Kontakte zu Freunden, Verwandten und Nachbarn müssen gepflegt oder, falls nicht vorhanden, aufgebaut werden. Dabei ist es einerlei, ob diese Bandbreite an verschiedenen Aufgaben von einem oder zwei Erwachsenen in der Familie übernommen werden. Sie sind als solche einfach zu bewerkstelligen. Anders als der Begriff ›alleinerziehend‹ lässt der Begriff der Einelternfamilie Raum für weitere Miterzieher:innen in der Lebenswelt der Kinder. Er erkennt so auch die (emotionale) Bedeutung von getrenntlebenden Elternteilen, neuen Partner:innen, den Großeltern, Freund:innen, Lehrer:innen sowie Erzieher:innen im Leben der Kinder an. Familiäres Zusammenleben bedingt typische Aufgaben und übernimmt spezifische Funktionen. Dies gilt für Zwei- als auch für Einelternfamilien.

1.2 Gesellschaftlicher Wandel der Lebensformen – historische Bezüge zur Entwicklung der Lebensform Einelternfamilie

Familie gilt als Kern menschlichen Zusammenlebens (Huinik & Konietzka 2007). In ihr wird eine *generationenübergreifende* Gemeinschaft gelebt, die sich durch eine besondere Form der *Verbundenheit* und *Solidarität* auszeichnet (Nave-Herz 2012). Bereits der Homo sapiens lebte in familialen Strukturen zusammen (Todd 2018). Dies darf aber nicht zu der fehlerhaften Einschätzung verleiten, dass sich Familie in ihrer Form, Ausprägung und Funktion allezeit gleich konstituiert. Familie ist nicht naturhaft gegeben, sondern unterliegt sowohl regionalen als auch kulturellen Unterschieden. Historisch betrachtet war sie vielfältigen gesellschaftlichen Wandlungsprozessen unterworfen. Die Zusammensetzung der Familie, also wer als Familienmitglied zu gelten hatte und wer nicht, wie auch ihre gesellschaftliche Funktion und ihre individuelle Bedeutung für die einzelnen Familienmitglieder sind immer auch im Licht der bestehenden gesellschaftlichen Gegebenheiten und wirtschaftlichen Produktions- und Besitzverhältnisse zu betrachten.

Demzufolge bringen unterschiedliche historische Epochen und Gesellschaftsformen jeweils spezifische Formen von Familie hervor. In der vorindustriellen Agrarwirtschaft galt das »ganze Haus« (Brunner 1965) als der Familientypus, der den wirtschaftlichen Erfordernissen am besten gerecht werden konnte. Bei diesem vormodernen Familientyp waren Haushalts- und Produktionsstätten häufig deckungsgleich, und auch Mägde, Knechte sowie weitere Verwandte, die zur Haushaltsgemeinschaft gehörten, wurden zur *familia* gezählt. Die Ergebnisse der historischen Sozial- und Familienforschung verdeutlichen jedoch, dass die historisch dominante Familienform und die tatsächlich gelebte familiäre Praxis zu keiner Zeit vollständig deckungsgleich waren. Vielmehr spiegelten sich darin bestehende gesellschaftliche Macht- und Produktionsverhältnisse wider und waren folglich in hohem Maße strukturfunktional.

Zudem gestaltetet sich das tatsächliche Familienleben in allen historischen Epochen weitaus pluraler, als häufig angenommen wird. Beispielsweise blieb der Anteil alleinerziehender Mutter- und Vaterfamilien bis ins 18. Jahrhundert hinein, und in besonderem Maße auch nach den beiden Weltkriegen, konstant hoch. Eine vielfältige Zusammensetzung des engsten Familienkreises war damals, unter anderem aufgrund der hohen Sterblichkeitsrate, durchaus üblich. Neben alleinstehenden und verheirateten Paaren mit und ohne Kinder waren seinerzeit auch Stief-, Adoptions-, Patchwork- und Einelternfamilien in der Bevölkerung anzutreffen (Mitterauer & Sieder 1991).

Mit dem Übergang von der vorindustriellen zur Industriegesellschaft veränderten sich auch die gesellschaftlichen Anforderungen an Familien. Die industrielle Revolution führte nicht nur zu einer zunehmenden Verelendung breiter Bevölkerungsschichten, sondern auch zum Erstarken eines tonangebenden Bürgertums, das besonderen Wert auf die geschlechtsspezifische Rollenverteilung zwischen Mann und Frau legte. Entsprechend bestand die bürgerliche Kleinfamilie, die bis heute in Teilen fortbesteht, aus einem Mann und einer Frau, die in einer lebenslangen monogamen Ehe mit ihren gemeinsamen leiblichen Kindern zusammenleben. Der Mann fungierte als Haupternährer und Autoritätsperson, während die Frau primär für den Haushalt und die Erziehung der Kinder zuständig war (Peuckert 2012, S. 20). Dieses Familienmodell des Bürgertums avancierte zur Leitfigur familialen Zusammenlebens in der Industriegesellschaft, wobei diese Familienform bis zum Ende des 19. Jahrhunderts nur wirtschaftlich privilegierten Bevölkerungsgruppen tatsächlich zugänglich war, denn die prekären finanziellen Lebenslagen unterer sozialer Schichten machten es häufig notwendig, dass beide Partner:innen erwerbstätig waren.

Erst in den 1950er und -60er Jahren entsprach die bürgerliche Kleinfamilie der am häufigsten gelebten Realität der meisten erwachsenen Bundesbürger:innen (Nave-Herz 2013, S. 19). Folglich wird diese Zeit auch als ›the golden age of marriage‹ bezeichnet.

The golden age of marriage

Eheschließung und Familiengründung waren in den 1950er und -60er Jahren deckungsgleich und entsprachen dem selbstverständlichen Normalverhalten deutscher Bürgerinnen und Bürger. Es kam zur Institutionalisierung von Ehe und Familie. Neben das im Laufe der Jahrhunderte entwickelte Recht auf Eheschließung trat nun die Pflicht zur Ehe- und Familiengründung. Diese Pflicht galt als soziale Norm und führte zu einer fast vollständigen Einbindung der deutschen Bevölkerung in die bürgerliche Kleinfamilie. 90 % aller Frauen und Männer schlossen innerhalb der einzelnen Jahrgänge zumindest einmal eine Ehe.

Das aus dem 19. Jahrhundert stammende bürgerliche Familienideal fand in diesem vergleichsweise kurzen historischen Zeitkorridor seine fast vollständige reale Umsetzung in die gelebte Familienpraxis.

Die bürgerliche Kleinfamilie war in diesem Zeitfenster die mehrheitlich gelebte Familienform und galt entsprechend als »Normalfamilie« (Peuckert 2012, S. 17; Nave-Herz 2013). Denn als normal gilt das, was den allgemeinen Vorstellungen entspricht.

Normalfamilie

Der Begriff der »Normalfamilie« transportiert all jene Vorstellungen, »die verbindlich bestimmen, wodurch sich eine Familie ›eigentlich‹ auszeichnet, wie eine ›richtige‹ Familie ist und auch welche Verpflichtungen an die Mitglieder bestehen« (Böhnisch & Lenz 1997, S. 34).

Solche Vorstellungen vom Normalen haben sowohl gesellschaftlich als auch für die einzelnen Individuen eine orientierende Funktion. Sie dienen als Vergleichsmaßstab für alle sonstigen Formen familialen Zusammenlebens (zur Funktion und

Wirkung von Familienleitbildern ► Kap. 8). »Dieses Ideal prägt bis heute maßgeblich die Grundpfeiler des modernen Wohlfahrtsstaats sowie die Arbeitsbeziehungen und das geltende Arbeitsrecht« (BMFSFJ 2025, S. 64).

In der familiensoziologischen Fachdiskussion der 1970er Jahre – und nicht nur dort – findet sich dann auch die Beschreibung von Einelternfamilien als unvollständige Familien oder als ›broken homes‹. Diese Sichtweise reflektiert den lange Zeit vorherrschenden ehezentrierten Familienbegriff, der Ehe und Familie gleichsetzte. Eine Familie, die nur aus einem Erwachsenen im Haushalt besteht, galt folglich als »unvollständig« (Bundesministerium für Jugend, Familie und Gesundheit 1979) und wurde als defizitär angesehen. Es wurden negative Auswirkungen auf das gesunde Aufwachsen von Kindern befürchtet. Die vollständige Familie – das heißt das eheliche Zusammenleben von Vater und Mutter mit gemeinsamen Kindern – galt hingegen vorbehaltlos als Garant für gesunde Entwicklungsbedingungen für Kinder und ein harmonisches Zusammenleben der Erwachsenen. Abweichungen von diesem Modell wurden mit einem impliziten Risiko für Fehlentwicklungen assoziiert.

Seit den 1970er Jahren zeichnet sich eine zunehmend differenziertere Familienrealität ab. Abseits der bürgerlichen Kleinfamilie gibt es immer häufiger auch nichteheliche und/oder gleichgeschlechtliche Lebensgemeinschaften mit und ohne Kinder, Alleinerziehende, Arrangements des ›living apart together‹ sowie Alleinstehende, mit einer zunehmenden Tendenz. Als Ursachen für diese schleichenden Veränderungen werden Aspekte wie der Zeitpunkt der Eheschließung, Heirats- und Scheidungshäufigkeit, Fertilität sowie die Entwicklung von Haushalts- und Familientypen identifiziert. Auch die Möglichkeiten der Geburtenregulation, die Nivellierung des Scheidungs- und Steuerrechts, Veränderungen im Familienlastenausgleich und die fortschreitende Bildungsexpansion, insbesondere bei Frauen (Grundmann & Hoffmeister 2009, S. 159), führten zunehmend zu einer Entkopplung von Ehe und Familie und zur fortschreitenden Erosion der bürgerlichen Kleinfamilie. Die für die bürgerliche Ehe- und Familienordnung bis dato geltende institutionelle Verknüpfung von Liebe, Zusammenleben, lebenslanger Ehe, exklusiver Monogamie und biologischer Elternschaft lockerte sich und wurde unverbindlicher (Hill & Kopp 2013, S. 26).

Der gelebte Familienalltag differenzierte sich aus und führte zu einer vermehrten Pluralisierung familialer Lebensformen. Dies zeigt sich auch in einer veränderten Bezeichnung für das altbekannte soziale Phänomen, bei dem eine Mutter oder ein Vater allein mit ihrem minderjährigen Kind oder ihren minderjährigen Kindern gemeinsam in einem Haushalt lebt, während der andere Elternteil getrennt in einem anderen Haushalt lebt. Infolge der 1968er-Bewegung und der späteren Bildungsexpansion rückte die Bedeutung von Familie als Ort der Erziehung von Kindern stärker in den Fokus. Ein Haushalt, in dem diese Aufgabe von einer Person allein erbracht wurde, wurde folglich als ›alleinerziehender Haushalt‹ bezeichnet und für Personen, die diese Aufgabe wahrnahmen, der Begriff ›Alleinerziehende‹ eingeführt.

Der Begriff ›alleinerziehend‹ reduziert jedoch die Vielfalt der oben genannten familialen Aufgaben auf den Aspekt der Erziehung und schließt zugleich andere Erziehungspersonen implizit aus. Aus diesem Grund scheint es am wertneutralsten, den Begriff der ›Einelternfamilie‹ zu verwenden. Damit könnte zudem ein Stück weit zu der von Fegert gewünschten Entdämonisierung dieser Lebensform beigetragen werden (Fegert 2000).

Drei Faktoren haben in der Vergangenheit zu einem veränderten Verständnis von Einelternfamilien und ihrer sozialen Bewertung beigetragen:

1. die Abkehr von einem ehezentrierten Familienverständnis über die Definition von Familie findet dort statt, wo Kinder sind (Schneider 2006) bis hin zu einem Verständnis von Familie als haushaltsübergreifendes, intergeneratives Netzwerk besonderer Art (Bundesministerium für Familie 2006)
2. der beständige Anstieg der Verbreitung dieser Lebensform, der allein durch seine Quantität zu einer langsamen, aber steten Normalisierung ihrer Wahrnehmung in der Öffentlichkeit geführt hat
3. eine umfangreiche wissenschaftliche Auseinandersetzung über Risiken und Chancen, die mit dem Aufwachsen in dieser Lebensform verknüpft sind, und die Erkenntnis, dass diese Lebensform erhöhte Deprivationsrisiken in sich birgt, nicht aber automatisch zur Deprivation führen muss

1.3 Auf einmal war ich allein – Entstehungs- und Beendigungszusammenhänge der Lebensform Einelternfamilie

Das Leben in einer Familie ist für die große Mehrheit der Bevölkerung in Deutschland von zentraler Bedeutung. So nannten in der aktuellen Shell-Jugendstudie (2024) die befragten jungen Menschen als bedeutsamste Lebensziele neben guten Freunden (96%) eine vertrauensvolle Partnerschaft (94%) und ein gutes Familienleben (92%). An dieser hohen Präferenz für Partnerschaft und Familie hat sich in den letzten 30 Jahren nichts Entscheidendes geändert.

»Im Jahr 2023 gab es 8,5 Millionen Familien mit minderjährigen Kindern im Haushalt. Zehn Jahre zuvor waren es 8,1 Millionen« (BMFSFJ 2024, S. 36). Die meisten Eltern in Deutschland sind weiterhin miteinander verheiratet (69%), auch wenn ihre Zahl im Vergleich zu vor zehn Jahren deutlich gesunken ist. Dies lässt sich vor allem durch einen deutlichen Anstieg von unverheiratet zusammenlebenden Eltern im Vergleichszeitraum 2013 bis 2023 erklären. »2023 gab es rund eine Million Lebensgemeinschaften (12 Prozent aller Familien mit minderjährigen Kindern). Das sind rund 215.000 mehr als noch 2013 (10 Prozent)« (ebd.). Der Anteil von Einelternfamilien ist im Gegensatz dazu im Laufe der vergangenen zehn Jahre relativ konstant geblieben. Laut Statistischem Bundesamt lebten im Jahr 2023 rund 1,7 Millionen Alleinerziehende mit Kindern unter 18 Jahren in Deutschland. Das ist ein Anteil von 20% an allen Familien. Berücksichtigt man auch Kinder über

18 Jahre, die als Volljährige im Haushalt einer allein- bzw. getrennterziehenden Person leben, erhöht sich die Zahl jedoch deutlich (▶ Kap. 2.4).

1.3.1 Objektive Kriterien für die Entstehung von Einelternfamilien

Was führt zur Entstehung einer Einelternfamilie? Im Wesentlichen sind es vier verschiedene Ereignisse, die für die Entstehung von Einelternfamilien ausschlaggebend sind:

1. die Anzahl der Ehescheidungen
2. die zunehmende Trennung von nicht ehelichen Lebensgemeinschaften
3. der Tod eines der beiden Elternteile
4. die Entwicklung der Geburten bei alleinstehenden Frauen

Anhand der ersten drei Punkte wird ersichtlich, dass der Situation, überwiegend allein für die Erziehung und Betreuung eines Kindes oder mehrere Kinder verantwortlich zu sein, bereits eine andere Familienform vorausging. Diese Form war an einem partnerschaftlichen Konzept orientiert und lebenspraktisch auch auf dieses ausgerichtet. In der Mehrheit handelt es sich bei Einelternfamilien also um eine *ursprünglich nicht intendierte Lebensform.*

Familienstand alleinerziehende Mütter (2023)

- ledig 32 %
- verheiratet getrenntlebend 13 %
- geschieden 36 %
- verwitwet 19 %

Familienstand alleinerziehende Väter (2023)

- ledig 21 %
- verheiratet getrenntlebend 28 %
- geschieden 34 %
- verwitwet 17 %

(Statistisches Bundesamt 2023)

Die überwiegende Mehrheit der alleinerziehenden Mütter und Väter war vor dem Übergang in eine Einelternfamilie verheiratet. Hier zeigen sich jedoch altersspezifische Unterschiede. So war die Mehrheit der über 40-jährigen alleinerziehenden Personen vor ihrem Übergang in eine Einelternfamilie verheiratet, die überwiegende Mehrheit der unter 30-jährigen Alleinerziehenden war mit ihrem vorhergehenden Beziehungspartner bzw. ihrer Beziehungspartnerin nicht verheiratet. In der Regel sind verwitwete Alleinerziehende am ältesten.

Zudem zeigen sich Unterschiede zwischen west- und ostdeutschen Bundesländern. Während in Westdeutschland alleinerziehende Elternteile überwiegend geschieden sind, handelt es sich in Ostdeutschland bei alleinerziehenden Personen häufig um vormals ledige Erwachsene.

Auf ganz Deutschland bezogen sind deshalb die Kinder von alleinerziehenden Müttern und Vätern im Durchschnitt älter als Kinder in Paarbeziehungen, da in der Mehrzahl dem Status ›alleinerziehend‹ bereits eine Partnerschaft oder Ehe mit Kind(ern) vorausging.

Eine vergleichsweise geringe Zahl an Eltern entscheidet sich für eine sogenannte Solo-Elternschaft.

> »Auch wenn belastbare Zahlen zur relativen Bedeutung dieser Familienform fehlen, zeigen Studien, dass Alleinerziehende, die diese Lebensform bewusst gewählt haben, meist Frauen in der Endphase ihres fruchtbaren Alters sind, die sich hinreichend finanziell und/oder sozial abgesichert fühlen, um ohne Partner bzw. Partnerin für ein Kind sorgen zu können. [...] Solo-Elternschaft unterscheidet sich insofern von der Mehrheit, als dass der bewussten Entscheidung für diese Lebensform oftmals eine sorgfältige Vorbereitung vorausgeht« (BMFSFJ 2024, S. 103).

1.3.2 Sozialwissenschaftliche Theorieansätze zur Erklärung der Entstehung von Einelternfamilien

Wie lässt sich die steigende Zahl an Einelternfamilien theoretisch erklären? Hierüber soll ein kurzer Blick in die sozialwissenschaftliche Familienforschung Aufschluss bringen.

In der familiensoziologischen Theoriediskussion werden Einelternfamilien häufig in Zusammenhang mit gesellschaftlichen Wandlungsprozessen und einer Pluralisierung von Lebensformen gebracht. Zur Erklärung dieser Prozesse wird vielfach auf zwei besonders prominente makrotheoretische Ansätze zurückgegriffen, nämlich auf die Theorie gesellschaftlicher Differenzierung privater Lebensformen (Meyer 1993) und auf die These der zunehmenden Individualisierung unseres Zusammenlebens (Beck 1986).

Aus differenzierungstheoretischer Sicht stellt die wahrgenommene *Pluralisierung* der Lebensformen eine Fortsetzung der Binnendifferenzierung des modernen Familienmodells dar. Meyer (1993) schlussfolgert in Anlehnung an die Theorie gesellschaftlicher Differenzierung (Durkheim 1893), dass die gestiegenen Anforderungen der Arbeitswelt zu einer Entkopplung von Privatleben und dem Leben in einer Familie geführt haben. Dadurch ist das Monopol der bürgerlichen Kleinfamilie aufgebrochen worden und neue Subsysteme des privaten Zusammenlebens konnten entstehen. Folglich stellt der wahrgenommene Wandel der Familie eigentlich keinen Bruch in der Entwicklung dar, sondern eine folgerichtige Fortsetzung des evolutionären Prozesses der zunehmenden Ausdifferenzierung sozialer Systeme. Die fortschreitende Differenzierung privater Lebensformen wird verstanden als logische Reaktion auf die gesellschaftlichen Veränderungen mit dem Ziel, das Gleichgewicht des Gesamtsystems aufrechtzuerhalten. Der Wandel der

Lebensformen wird nach strukturfunktionalistischem Ermessen als Prozess der Ausdifferenzierung von Privatheit verstanden (Meyer 1993).

Anders argumentiert die *Individualisierungsthese* (Beck 1986). Deren Vertreter:-innen gehen davon aus, dass die vermehrte Pluralisierung familialen Zusammenlebens die Konsequenz weitreichender gesellschaftlicher Modernisierungsprozesse ist, die eng mit veränderten Produktions- und Marktverhältnissen zusammenhängt. Im Zuge dessen werden die Individuen zunehmend aus überkommenen traditionalen sozialen Strukturen wie Familie und anderen sozialen Gruppen freigesetzt. Zudem verändern sich bisherige soziale Normen, die lange Zeit für Handlungssicherheit sorgten, was ein hohes Maß an Verunsicherung mit sich bringt (ebd., S. 206).

Befreit von vormodernen sozialen Strukturen wie Stand, Schicht und Klasse und von kulturellen Normen, die beispielsweise dem Zusammenleben in der Familie ihre Gestalt gaben, sind die Individuen nun mit der Notwendigkeit konfrontiert, neue Formen ihrer sozialen Einbindung zu finden (ebd.). Im Zuge dessen sind die Individuen genötigt, ihre Biografien selbst zu entwerfen und in Eigenverantwortung identitätsstiftend und kohärent zu gestalten. Auch wenn in diesem Zusammenhang von einem Mehr an individueller Freiheit und Selbstbestimmung ausgegangen wird, verbleiben die Individuen doch ihrer individuellen Bedürfnisstruktur verhaftet, die in ihnen die Sehnsucht nach emotionaler Wärme und sozialer Anerkennung nährt. Soziale Beziehungen verlieren also durchaus nicht an Bedeutung. Doch erscheint es unter den gegebenen Arbeitsmarktbedingungen und dem Streben nach wirtschaftlicher Unabhängigkeit und individueller Entfaltung immer schwieriger, dauerhaft kompatible partnerschaftliche Lebensentwürfe zu entwickeln. Die Verbindlichkeit einer lebenslangen Ehe scheint unter den gegebenen Verhältnissen immer unwahrscheinlicher, die Bindung an Kinder und eigene Nachkommen allerdings bleibt. Entsprechend hoch ist die subjektive Relevanz, die Kindern und Elternschaft zukommt (Beck & Beck-Gernsheim 1990). Nicht die Auflösung der Familie steht am Ende zunehmender Individualisierungsprozesse, sondern die Familie in anderem Gewand und modifizierter Struktur (Beck-Gernsheim 1998). Ein Beispiel hierfür sind Einelternfamilien.

Mit dem Bewusstsein um die Begrenztheit rationaler Entscheidungen und des menschlichen Willens ist es folglich wenig statthaft, die diagnostizierte Pluralisierung der Lebensformen einzig und allein auf die willentliche Entscheidung der Individuen zurückzuführen. Betrachtet man die Vielfalt der Lebensformen unter subjektiven Gesichtspunkten, dann zeigt sich rasch, dass »die Wahl der Lebensform als ein Zusammenspiel verschiedener Typen von Gelegenheitsstrukturen, Ressourcen und Präferenzen« (Huinink & Wagner 1998, S. 104), aber auch von strukturellen Zwängen betrachtet werden muss und diese häufiger reaktiv auf biografische Entwicklungen denn als freie Wahlhandlungen zustande kommen.

In Bezug auf Einelternfamilien haben Schneider et al. (2001) herausgearbeitet, dass diese Lebensform aus einem Zusammenspiel struktureller Gegebenheiten, worunter insbesondere das Verhalten des anderen Partners zu verstehen ist, und individueller Wahlhandlungen hervorgeht. »Darüber hinaus ist deutlich geworden, dass die Lebensform ›Alleinerziehend‹ prozessinduziert und nicht als bewusst geplante Lebensform entsteht« (Schneider et al. 2001, S. 29).

Wenden wir uns deshalb nun der subjektiven Sicht der Beteiligten und ihren Erklärungen für das Zustandekommen ihrer neuen Lebensform als Einelternfamilie zu.

1.3.3 Ursächliche Entstehungszusammenhänge aus Sicht der Beteiligten

Aus Sicht der Beteiligten entsteht die Situation, fortan in einer Einelternfamilie zu leben, als Konsequenz einer Entscheidung bzw. infolge einer Zwangslage, die einer Person ungewollt widerfährt. Sind Handlungsspielräume gegeben, spannen sich diese subjektiven Entscheidungsprozesse auf, zwischen freier individueller Wahl und absolutem Handlungszwang.

In welchem Verhältnis Zwang und Freiheit stehen, ist in jeder individuellen Lebenssituation unterschiedlich, nimmt aber Einfluss auf das spätere subjektive Wohlbefinden alleinerziehender Mütter und Väter und auf deren Akzeptanz der Lebensform. Aus diesem Grund ist den subjektiven Begründungszusammenhängen eine besondere Relevanz beizumessen.

Begründungsmuster für Einelternschaft

Im Verhältnis zum Selbstbestimmtheitsgrad der Lebensform lassen sich vier Begründungsmuster finden:

- ungewollt auferlegte Zwangssituation
- zwangsläufig notwendige Entscheidung
- bedingt freiwillige Entscheidung
- freiwillige Entscheidung

Um die Erfahrungshorizonte sichtbar zu machen, die sich unter Umständen hinter den jeweiligen subjektiven Begründungsmustern finden lassen, werden nachfolgend einige Interviewpassagen aus der Studie »Einelternfamilien im ländlichen Raum« (Wernberger 2017, S. 110ff.) zitiert und anhand dieser die einzelnen Begründungsmuster kurz dargestellt.

So stellt beispielsweise die interviewte Regina M. den Beginn ihrer Einelternfamilie als unerwarteten Schicksalsschlag dar:

> »Also mein Mann war psychisch krank und hat sich das Leben genommen. Das war auch recht plötzlich, das hat man nicht vorhersehen können. Das war dann so von heute auf morgen. Da war mein Sohn eindreiviertel Jahre alt. Dann sind erst mal zwei Jahre Trauerzeit gekommen …« (Regina M.).

Der Tod des Partners oder der Partnerin stellt einen unumkehrbaren Bruch der bestehenden Lebenswirklichkeit dar. Nichts ist mehr so, wie es einmal war. Die betroffenen Personen fühlen sich der Willkür des Lebens ausgesetzt, die sie nur hinnehmen, jedoch nicht mehr beeinflussen oder gar verändern können. Eine Trennung durch den Tod des Partners oder durch Verlassenwerden muss als *un-*

gewollt auferlegte Zwangssituation hingenommen werden. Die Auseinandersetzung mit diesem als Kontinuitätsbruch erlebten Ende der Partnerschaft fällt im Vergleich am schwersten.

Jana H. schildert die Folgen des Verlassenwerdens folgendermaßen:

> »Und da hat es angefangen, weiß nicht, dass ich mich einfach ... dass man sich einfach allein fühlt. Einfach zurückgestellt, wir brauchen dich jetzt nicht mehr, bist nichts mehr wert. Und da hat es angefangen. Vorher hatte ich das nicht. War mir egal, welche Jahreszeit es war. Aber so Herbst, Winter geht gar nicht. Da werde ich so ein bisschen depressiv. Also, nicht so direkt, aber ... ja ...« (Jana H.).

Neben der Faktizität eines solchen individuell nicht revidierbaren Entstehungszusammenhanges steht die Begründung einer Trennung als *zwangsläufig notwendige Entscheidung.* In diesem Fall wird eine Trennung in der aktuellen Beziehungssituation aus Sicht der alleinerziehenden Person als unvermeidbar dafür angesehen, sich und das Wohl der Kinder zu schützen. Gründe hierfür können in einer extrem konflikthaften Beziehung oder psychischer Erkrankung, Suchtverhalten, Gewalt- oder Missbrauchshandlungen des Partners bzw. der Partnerin liegen. Hier fungiert die Trennung als konstruktive Copingstrategie, wodurch Schlimmeres vermieden wird.

> »Er hat eine Zeit lang ziemlich viel getrunken, das war, bevor er zum Computer spielen angefangen hat, dass er wirklich jede Nacht stockbesoffen war und da war dann oft dass ich fix und fertig mitten in der Nacht mit den Kindern bei den beiden [Eltern] vor der Tür gestanden bin, weil es halt einfach nicht mehr gegangen ist ...« (Karin P.).

> »Der Mensch hat mich ja fast umgebracht. Drum, ... ich konnte gerade noch entkommen ...« (Sieglinde W.).

Die Entscheidung für die Trennung ist aus Sicht der alleinerziehenden Person unumgänglich. Die subjektive Grenze des Leidens ist erreicht, akute Gefährdungslagen nötigen zum raschen Handeln.

Als drittes Begründungsmuster lassen sich *bedingt freiwillige Entscheidungen* ausmachen, wobei zwei Formen zu unterscheiden sind: Trennungen aufgrund der Wahl des kleineren Übels und ungeplante Schwangerschaft.

Mit der *Wahl des ›kleineren Übels‹* gehen häufig längere, in ihrer Dauer und Intensität zermürbende Prozesse des Auseinanderlebens oder der Zerrüttung einher. Eine Trennung bietet hier die Möglichkeit, eine auf Dauer als belastend erlebte Beziehungssituation zu beenden, deren Qualität nicht mehr veränderbar erscheint. Die Trennung wird, trotz damit einhergehender Gefühle des Schmerzes und des Scheiterns, als Gelegenheit zum Neuanfang gesehen. Diese prozessinduzierte Entscheidung zur Einelternfamilie verfügt über die vergleichsweise höchste Chance sich bereits im Vorfeld auf die künftigen Lebensverhältnisse in der Einelternfamilie einzustellen.

Das zweite Muster im Rahmen der bedingt freiwilligen Entscheidung zur Einelternfamilie resultiert aus einem durch *ungeplante Schwangerschaft* erzwungenen Entscheidungshandeln. Eine solche ungeplante Schwangerschaft stellt die werdende Mutter, zumindest implizit, immer vor die Entscheidung für oder gegen das ungeborene Kind. Bei fünf der interviewten Personen war eine ungeplante Schwangerschaft ursächlich für das Zustandekommen ihrer Einelternfamilie. In allen Fällen ging dem eine Partnerschaft bzw. eine nichteheliche Lebensgemeinschaft unterschiedlicher Dauer voraus. Mit Bekanntwerden der Schwangerschaft stellte sich beiden Partnern die Frage, wie ernst es ihnen mit dieser Beziehung ist und welche zukünftigen Potentiale sie damit verbinden. Vor dem Hintergrund der Entscheidung für oder gegen ein Kind wird die Partnerschaft auf den Prüfstand gelegt und abgewogen, inwiefern man tatsächlich bereit ist, zur Mutter- bzw. Vaterschaft, zu Freiheitsverzicht und Verantwortungsübernahme. Und nicht in allen Fällen stimmen dann die werdenden Eltern in ihrer Entscheidung überein.

Für beide Formen der *bedingt freiwilligen Entscheidung* gilt, dass die Beteiligten, trotz der Tragik der Situation, nicht automatisch unter einem akuten Handlungszwang – wie im Falle einer *ungewollt auferlegten Zwangssituation* oder einer *zwangsläufig notwendigen Entscheidung* – stehen. Es besteht durchaus die Zeit, Pro und Contra abzuwägen. Dies erfolgt häufig in Form eines *Ressourcenchecks:* ›Kann ich mir die Trennung finanziell leisten?‹, ›Reicht mir mein Einkommen, um mich und die Kinder zu finanzieren?‹, ›Muss ich mehr arbeiten gehen?‹, ›Wer könnte die Kinder betreuen, wenn ich beschäftigt bin?‹ und Ähnliches. Für und Wider werden abgewogen und erste Bewältigungsschritte antizipiert.

> »Und dann saß ich da eben auf der Bank und habe gedacht, okay. Ich wusste genau, wann der Zug kommt und das ist dann mein Zug. […] …. Ich habe dann den Zug vorbeifahren lassen und bin dann nach Hause und habe geschaut, wie ich dann das anpacke. Und dann habe ich mein Kind genommen, er war da gerade vier Jahre alt und bin erst Mal einkaufen gefahren, dass ich alles im Haus hatte, das erst Mal für zwei Monate Lebensmittel da sind […]. Dann habe ich meine Ersparnisse durchgeschaut und habe gesehen, mei, könntest ja doch lange die Miete zahlen und bis dahin ergibt sich eine Lösung« (Ulrike H.).

Bemerkenswert ist auch der Umstand, dass es sich bei den mehr oder weniger freiwilligen Entscheidungen, nicht um Entscheidungen *für* eine *Elternfamilie*, sondern um eine Entscheidung *für* die *Auflösung der Partnerschaft* handelt. Die Familienform Einelternfamilie resultiert dann aus der Konsequenz der vorausgehenden Entscheidung. Nach der reinen Feststellung, dass eine Partnerschaft nicht mehr fortgesetzt werden kann, müssen in einem zweiten Schritt Abmachungen darüber getroffen werden, wie die Betreuung und Versorgung der gemeinsamen Kinder fortan geregelt werden. Dieser Frage müssen sich beide Elternteile stellen, und, mehr oder weniger konflikthaft, dauerhaft tragfähige Arrangements zum Wohle der Kinder entwickeln, was in der Mehrzahl der Fälle auch gelingt.

Doch an welchen Kriterien orientieren sich die Eltern beim Aushandeln eines für sie individuell adäquaten Arrangements? Hier zeigt sich, dass neben dem Abwägen individueller Lebensumstände (Einkommens- und Wohnsituation etc.) auch die vor der Trennung bestehende Arbeitsteilung der Partner maßgebend ist. Auch in sogenannten postmodernen Zeiten tragen in Deutschland meistens die Mütter den größten Teil der Care-Arbeit in Familien. Die Aufgabe der Versorgung und Erziehung der Kinder fällt demgemäß häufig der Frau zu. Denn selbst dort, wo anfangs eine geschlechtsegalitäre Teilung der Hausarbeit zwischen Mann und Frau bestand, kommt es mit der Geburt des ersten Kindes tendenziell zu einer Re-Traditionalisierung (Grunow et al. 2007). Neben steuerrechtlichen Regelungen und Aspekten des Gender Pay Gap scheint hierfür die biologistisch anmutende Frage, wer ›am besten‹ für die Fürsorge für das Kind geeignet ist, ausschlaggebend zu sein. In diesem Kontext wird dann häufig der Mutter-Kind-Beziehung eine herausgehobene Bedeutung für das gesunde Aufwachsen von Kindern, insbesondere von jüngeren Kindern, beigemessen.

Gender Pay Gap

»Der Gender Pay Gap beschreibt den Unterschied zwischen dem Stundenlohn von Frauen und Männern. Die Ursachen können unterschiedlich sein. So arbeiten Frauen beispielsweise in schlechter bezahlten Berufen oder erhalten seltener Führungspositionen als Männer. Manche Frauen erhalten weniger Geld von ihrem Arbeitgeber, obwohl Beruf, Ausbildung und beruflicher Werdegang denen ihre männlichen Kollegen ähneln« (Statistisches Bundesamt o.J., c).

Schlussendlich führt dies in den überwiegenden Fällen zu einer Reduzierung oder (phasenweisen) Beendigung der Berufstätigkeit der Frauen und zugleich zur Übernahme eines größeren Anteils an Hausarbeit. Diese beinahe naturalistische Orientierung an dem Bild der fürsorgenden ›Mutter‹ erklärt auch das Faktum, warum 82% der Alleinerziehenden weiterhin Frauen sind.

Für die Entstehung von Einelternfamilien im Begründungsmodus ›bedingt freiwillige Wahl‹ sind im Ergebnis zwei Faktoren maßgebend: 1. die Auflösung einer Partnerschaft *und* 2. die Entscheidung, wer von den vormaligen Partner:innen die Hauptverantwortung für die Versorgung des Kindes bzw. der Kinder übernimmt. Diese Entscheidung hängt sowohl von lebenspraktischen Faktoren als auch vom handlungsleitenden Mutterbild und Erziehungsvorstellungen der ehemaligen Partner ab.

Als Letztes sei noch auf das Begründungsmuster der *freien Wahl* hingewiesen, der freien Wahl für eine Elternschaft ohne (ursächliche) Partnerschaft. Unter dieser Kategorie sind zum einen all jene Schwangerschaften zu nennen, die natürlich oder auf dem Weg der künstlichen Befruchtung, geplant und nach bewusster Entscheidung – also freiwillig – eingegangen wurden. Zum anderen sind darunter auch Pflege- und Adoptionsverhältnisse anzuführen. Diese Gruppe macht den geringsten Anteil an Einelternfamilien aus. Ob diese Gruppe, alleinerziehend zu sein, tatsächlich als neuer Lebensstil oder gar als »Befreiung« (Heiliger 1997) erlebt wird, wie es ein Teil der Frauenbewegung der 1990er Jahre proklamiert hat, sei dahingestellt.

Festzuhalten bleibt indes: Je höher der Freiheitsgrad des Entstehungszusammenhangs ist, desto mehr Spielraum haben die Betreffenden, sich auf die neue Lebenssituation einzustellen, diese zu antizipieren und entsprechende Vorbereitungen zu treffen. Demgemäß steht der Freiheitsgrad auch in Relation zu der Zufriedenheit mit dieser Familienform. Dies gilt insbesondere für den Beginn. Dessen ungeachtet stellt der Übergang in die Lebensform Einelternfamilie aber immer auch einen massiven Einschnitt im bisherigen Lebensverlauf der Beteiligten dar. Gewohntes und Vertrautes gilt nicht mehr, neue Formen des Miteinander-Umgehens müssen gefunden und alltägliche Herausforderungen bewältigt werden. Dies gilt für Eltern ebenso wie für Kinder.

1.3.4 Beendigungszusammenhänge von Einelternfamilien

Einelternfamilien sind häufig keine Lebensform, die intentional auf Dauer angelegt sind. So ist es beispielsweise »nur für wenige Frauen […] ein unveränderlicher Teil des Selbstkonzepts, alleinerziehend zu sein. Für die allermeisten Alleinerziehenden ist »alleinerziehend sein« eine Lebensphase mit einem Beginn und einem Ende, wobei sie diese Phase auch mehrmals im Laufe des Lebens durchlaufen können« (BMFSFJ 2017, S. 19). Für viele Alleinerziehende ist damit die aktuelle Lebenssituation ein Prozess mit bislang noch offenem Ausgang. Dies gilt vor allem für jüngere alleinerziehende Personen unter 30 Jahren. Insbesondere jüngere Alleinerziehende begeben sich deshalb auch auf die Suche nach einem neuen Partner oder einer neuen Partnerin, um ihre Vorstellung und ihren Wunsch nach Partnerschaft und Familie zu verwirklichen.

Entsprechend ist der Status ›alleinerziehend‹ nicht gleichzusetzen mit Partnerlosigkeit. Wie eingangs dargestellt, definiert sich alleinerziehend zu sein über das Zusammenleben eines Erwachsenen mit mindestens einem minderjährigen Kind. Gewöhnlich gehen Alleinerziehende aber auch außerhalb des eigenen Haushalts eine neue Partnerschaft ein. Dies bedeutet jedoch nicht automatisch, dass die alleinerziehende Person durch den oder die (neue) Partner:in tatsächlich auch eine maßgebliche Unterstützung bei der Kinderbetreuung oder den sonstigen Anforderungen ihrer Lebenssituation erhält.

> »Laut einer Befragung von Eltern aus dem Jahr 2022 (Nicodemus et al. 2023), deren Trennung höchstens sieben Jahre zurücklag, hatten 63 Prozent der befragten Eltern eine:n neue:n Partner:in, 51 Prozent lebten mit dieser/diesem zusammen, darunter 44 Prozent gemeinsam mit Kindern und 7 Prozent als kinderloses Paar. Väter wohnen nach der Trennung häufiger ohne Kinder im Haushalt oder aber in einer neuen Partnerschaft, während Mütter häufiger als Alleinerziehende mit ihren Kindern zusammenleben« (Menne & Funke 2024, S. 9).

Spätestens mit dem Auszug des jüngsten Kindes oder dessen Eintritt in die Volljährigkeit endet per Definition die Lebensphase alleinerziehend zu sein. Häufig beendet die alleinerziehende Person diese Lebenssituation jedoch auch selbst, indem sie mit einem neuen oder dem früheren Partner (wieder-)zusammenzieht (koresidentielle Partnerschaft) oder – insbesondere jüngere Alleinerziehende – indem sie in den Haushalt ihrer eigenen Eltern zurückkehrt.

Gründe für die Beendigung einer Einelternfamilie

- Heirat eines neuen Partners bzw. einer neuen Partnerin
- Lebensgemeinschaft mit einem neuen Partner bzw. einer neuen Partnerin
- erneute Beziehung mit dem vorherigen Partner oder der vorherigen Partnerin
- Volljährigkeit des jüngsten Kindes im Haushalt
- Auszug des oder der Kinder
- Rückkehr in den Haushalt der Herkunftsfamilie

Alleinerziehend zu sein ist in vielen Fällen damit eher ein Lebensabschnitt denn ein endgültiges Arrangement. Infolgedessen spricht man auch vom Alleinerziehen als Lebensphase. Diese kann einmalig oder auch mehrmalig im Lebenslauf einer Person auftreten. Eine Einelternfamilie ist also nicht als statische Familienstruktur zu begreifen, »sondern [wird] als wandelbare Lebensform definiert, die den Dynamiken des Familienlebens unterliegt« (Zagel 2018, S. 21).

Dabei ist zu berücksichtigen, dass die statistischen Zahlen zu alleinerziehenden Personen immer nur Momentaufnahmen der aktuellen Familiensituation in Deutschland repräsentieren. Die tatsächliche Zahl der Mütter und Väter, die mindestens einmal innerhalb ihres Lebens alleinerziehend sind, liegt deutlich höher. Überdies kann es im Lebensverlauf einer Person wiederholt zu der Situation kommen alleinerziehend zu sein.

Mit zunehmendem Alter der alleinerziehenden Person reduziert sich tendenziell die subjektive Bedeutung von Ehe bzw. Partnerschaft. Die Bereitschaft, eine neue Partnerschaft einzugehen, verringert sich und wohl auch die Möglichkeiten neue potenzielle Partner:innen kennenzulernen. Statistisch betrachtet endet dann der Status alleinerziehend, denn mit der Volljährigkeit des jüngsten Kindes im Haushalt der alleinerziehenden Person wird diese in amtlichen Erhebungen nicht mehr als alleinerziehende Person geführt.

Demgegenüber stellt sich jedoch die lebensnahe Frage, wann das Zusammenleben in einer Einelternfamilie tatsächlich endet. Denn überproportional häufig verbleiben Kinder über ihre Volljährigkeit hinaus im Haushalt der alleinerziehenden Person. Diese alleinerziehenden Eltern werden dann zwar qua Definition in der amtlichen Statistik nicht mehr berücksichtigt, doch für die Lebenszusammenhänge der beteiligten Personen verändert sich häufig nur rudimentär etwas. Bezieht man stattdessen »auch Familien mit Kindern über 18 Jahren mit ein, gelten 2,4 Millionen Mütter und etwa 580.000 Väter als alleinerziehend (d. h. knapp 3 Millionen Familien bzw. 24,7 %) (Menne & Funcke 2024, S. 4).

Gut zu wissen – gut zu merken

- *Definition von Einelternfamilien:* Dies sind Familienformen, in denen ein Elternteil mit einem oder mehreren Kindern in einem gemeinsamen Haushalt lebt.
- *Begriffsunterscheidung:* Der Begriff ›Einelternfamilien‹ umfasst sowohl allein- als auch getrennterziehende Elternteile, wobei der Unterschied darin besteht, dass getrennterziehende Elternteile die Betreuungsaufgaben teilweise mit einem Elternteil teilen, der nicht im gleichen Haushalt lebt.
- *historische und soziale Entwicklung:* Familienformen haben sich historisch entwickelt und gewandelt, wobei Einelternfamilien zunehmend an Anerkennung gewinnen, da gesellschaftliche Normen sich von einem ehezentrierten zu einem diversifizierten Verständnis von Familie bewegt haben.
- *familiensoziologische Theorien:* Die Pluralisierung von Familienformen wird durch Theorien der Differenzierung und Individualisierung erklärt, wobei

individuelle Lebensentscheidungen häufig durch strukturelle und gesellschaftliche Veränderungen beeinflusst werden.

- *Entstehung von Einelternfamilien:* Vier wesentliche Ereignisse führen zur Bildung von Einelternfamilien: Trennungen nicht ehelicher Lebensgemeinschaften, Ehescheidungen, Tod eines Elternteils und Geburten bei alleinstehenden Frauen.
- *Geschlechterrollen und Geschlechterungleichheit:* Traditionelle Rollenverteilungen und der weiterhin bestehende Gender Pay Gap haben signifikanten Einfluss darauf, dass Frauen häufiger die Rolle des alleinerziehenden Elternteils übernehmen.

Literaturempfehlung

Peukert, R. (2019). *Familienformen im sozialen Wandel.* 9. Aufl. Wiesbaden: Springer VS.

2 Einelternfamilie ist nicht gleich Einelternfamilie – zur strukturellen Heterogenität der Lebensform

☞ **Was Sie in diesem Kapitel lernen können**

- Sie verstehen, warum es nicht angemessen ist, von Einelternfamilien als homogener Gruppe zu sprechen.
- Sie erkennen, dass verschiedene sozioökonomische und -strukturelle Faktoren die Lebenssituation von Einelternfamilien beeinflussen.
- Sie lernen unterhaltsrechtliche Regelungen kennen und verstehen die Bedeutung regelmäßiger Unterhaltszahlungen.
- Sie werden mit verschiedenen Betreuungsarrangements zwischen getrenntlebenden Elternteilen vertraut und können deren Auswirkungen auf die Lebenspraxis von Einelternfamilien und deren Kindern einordnen.

Familien und ihr Zusammenleben sind bunt und vielfältig. Keine Familie gleicht tatsächlich der anderen. Allein ihrer Struktur und Zusammensetzung wegen unterscheiden sie sich in vielerlei Hinsicht. Wie alt sind die Eltern? Wie alt sind die Kinder? Wie viele Kinder leben in der Familie? Welchen Bildungsstand haben die Eltern? Wo und wie wohnen diese?

Diese Heterogenität gilt auch für Einelternfamilien! Es greift zu kurz von *den* Einelternfamilien zu sprechen und damit alle über einen Kamm zu scheren. Die Gefahr der Stereotypisierung und potenziellen Stigmatisierung ist groß und steht einem nachvollziehenden Verstehen der je spezifischen einzelnen Einelternfamilie im Weg. Stattdessen gilt es die Diversität der Lebensform Einelternfamilie zu berücksichtigen, insbesondere dann, wenn es darum geht adäquate Unterstützungs- und Hilfeleistungen – seien sie sozialpolitischer oder sozialarbeiterischer Natur – passgenau zu entwickeln. Aus diesem Grund lohnt es sich, genauer hinzuschauen, um der diversen Unterschiedlichkeiten gewahr zu werden.

2.1 Wer ist alleinerziehend?

Alleinerziehend zu sein, ist ein weiterhin überwiegend *weibliches* Phänomen – wenngleich die Anzahl alleinerziehender Väter in den vergangenen Jahren zugenommen hat.

In Deutschland lebt aktuell jede fünfte Familie in Form einer Einelternfamilie. Von den damit insgesamt rund 1,7 Millionen *Alleinerziehenden mit Kindern unter 18 Jahren* waren im Jahr 2023 82 % Mütter (1,4 Millionen) und 18 % Väter (301.000), das heißt, acht von zehn Alleinerziehenden sind Frauen. Im Vergleich zu vor zehn Jahren (2013) ist damit der Anteil alleinerziehender Väter um acht Prozentpunkte angewachsen. Im Jahr 2013 waren noch 90 % der alleinerziehenden Personen Mütter und nur 10 % Väter (BMFSFJ 2024, S. 37).

In der Regel betreuen alleinerziehende Mütter jüngere Kinder und häufig auch mehr Kinder im Haushalt, als dies im Vergleich dazu alleinerziehende Väter tun. Männer, die sehr viel seltener die hauptverantwortliche Betreuungsperson sind, betreuen sehr viel häufiger ältere Kinder. Über die Hälfte der alleinerziehenden Väter teilte sich beispielsweise im Jahr 2017 den Haushalt mit ausschließlich volljährigen Kindern (gegenüber 38 % der alleinerziehenden Mütter) (Statistisches Bundesamt 2018, S. 14).

Demzufolge sind alleinerziehende Frauen auch in erheblich stärkerem Umfang mit der Vereinbarungsproblematik von Erwerbstätigkeit und Kinderbetreuung konfrontiert als Männer in ähnlicher Familiensituation.

38 % der alleinerziehenden Eltern mit Kindern unter 18 Jahren teilen im Jahr 2023 eine Migrationsgeschichte. Das sind rund 650.000 Alleinerziehende in Deutschland. Dabei haben alleinerziehende Mütter mit 40 % tendenziell häufiger eine Migrationsgeschichte als alleinerziehende Väter mit 32 % (Menne & Funcke 2024, S. 8). »Generell existieren innerhalb der Migrantenpopulation große Unterschiede nach Staatsangehörigkeit, Herkunftsland sowie Migrationsgrund und -kontext, die über die Zeit nach Herkunftsregion und Migrationskohorte variabel sind« (BMFSFJ 2025, S. 96 f.). Unterscheidet man Menschen danach, ob sich deren Migrationserfahrung auf sie selbst (erste Generation) oder auf ihre Eltern (zweite Generation) bezieht, zeigt sich für die Gruppe der zweiten Generation – also jene, die in Deutschland aufgewachsen sind – ein höherer Anteil an alleinerziehenden Elternteilen als für die Gruppe der ersten Generation, die selbst nach Deutschland eingewandert oder geflüchtet ist (ebd., S. 98). Differenziert man zudem hinsichtlich des Herkunftslandes (wofür jedoch nur Zahlen für alleinerziehende Mütter vorliegen), ergeben sich weitere Unterschiede in der Häufigkeit von alleinerziehenden Müttern. Diese Unterschiede sind in den soziokulturellen Unterschieden der Herkunftsregionen bezüglich der Akzeptanz von Trennung, Scheidung oder lediger Mutterschaft begründet. Auffallend dabei ist, dass der Anteil alleinerziehender Mütter aus afrikanischen Ländern am höchsten ist. »Im Unterschied zu türkischen Frauen, die vielfach im Rahmen des Familiennachzugs nach Deutschland kommen, durchlaufen Mütter aus afrikanischen Ländern häufiger ein Asylverfahren und sind den vielfältigen Stressoren ausgesetzt, die mit einem befristeten Aufenthaltstitel verbunden sind« (ebd.).

In der jüngsten Vergangenheit hat der Anteil von Alleinerziehenden mit Migrationsgeschichte noch einmal zugenommen. »Dazu hat auch der Zuzug vieler aus der Ukraine geflüchteter Mütter mit ihren Kindern beigetragen« (Menne & Funcke 2024, S. 9). Für diese Gruppe ist jedoch festzuhalten, dass sie in Deutschland alleinerziehend, de facto aber häufig im Herkunftsland verheiratet sind bzw. in Partnerschaft leben (würden).

2.2 Bildungsniveau

Unter dem Gesichtspunkt Erwerbstätigkeit und potenzielle Chancen auf dem Arbeitsmarkt spielt auch die Frage nach dem Bildungsniveau alleinerziehender Mütter und Väter eine Rolle. Hier zeigt sich, dass Alleinerziehende *überwiegend gut ausgebildet* sind.

Rund 72 % der alleinerziehenden Mütter verfügten im Jahr 2023 über einen mittleren oder einen hohen Bildungsabschluss. 40 % der alleinerziehenden Mütter können ein (Fach-)Abitur vorweisen »und 72 Prozent einen berufsbildenden Abschluss, darunter 21 Prozent einen Hochschulabschluss (Bachelor, Master, Diplom oder Promotion)« (Menne & Funcke 2024, S. 10). Damit liegt das Bildungsniveau alleinerziehender Mütter nur leicht unter dem von Müttern in Paarfamilien. Gravierender ist der Unterschied zwischen alleinerziehenden Müttern und Müttern in Paarfamilien im Bereich beruflicher Bildungsabschlüsse. 27,6 % der alleinerziehenden Mütter haben keinen beruflichen Abschluss erlangt. In Paarfamilien sind dies im Vergleich dazu 21,1 %. Im zeitlichen Verlauf (1996–2021) zeigt sich zudem, dass der Anteil alleinerziehender Mütter mit Berufsabschluss tendenziell leicht steigt, während der Anteil alleinerziehender Mütter ohne Abschluss seit 2012 rückläufig und der Anteil mit (Fach-)Hochschulabschluss leicht rückläufig ist (BMFSFJ 2024, S. 97).

Vergleicht man alleinerziehende Mütter und alleinerziehende Väter, so zeigt sich, dass alleinerziehende Väter in der Regel etwas besser ausgebildet sind als alleinerziehende Mütter. Vergleicht man hingegen diese Väter mit Vätern in Paarfamilien, zeigt sich ein ähnliches Bild wie bei den Müttern. Alleinerziehende Väter sind etwas schlechter ausgebildet als Väter in Paarfamilien. »44 Prozent von ihnen haben ein (Fach-)Abitur (Väter in Paarfamilien: 48 %), 76 Prozent können einen berufsbildenden Abschluss vorweisen, darunter 27 Prozent einen Hochschulabschluss (80 bzw. 31 % bei den Vätern in Paarfamilien)« (ebd.).

Berücksichtigt man jedoch zusätzlich den Umstand, wie es zur Situation des Alleinerziehens kam, so nivellieren sich die Unterschiede zwischen geschiedenen bzw. getrenntlebenden Alleinerziehenden und Eltern in Paarfamilien. Lediglich verwitwete und ledige Alleinerziehende sind schlechter qualifiziert als Mütter und Väter in Paarfamilien.

Damit zeigt sich ein weiteres Mal, dass Trennungen und Scheidungen in allen sozialen Schichten und Milieus vorkommen. Auch wenn der Anteil alleinerziehender Mütter mit und ohne Hauptschulabschluss tendenziell etwas höher liegt als bei Müttern in Paarfamilien, ist der Tatsache, alleinerziehend zu werden, nicht automatisch ein niedrigerer sozioökonomischen Status vorgeschaltet. Ganz im Gegenteil: Für Ott et al. (2011) stellt sich die Zunahme von Einelternfamilien in den 1990er Jahren als ein Mittelschichtsphänomen dar, verursacht durch einen überproportionalen Anstieg von Frauen mit mittlerem Bildungsabschluss, die vor dem Eintritt in die Lebensform Einelternfamilie über ein mittleres bis gutes Einkommen verfügten (ebd., S. 14).

Exkurs: Milieuspezifische Unterschiede bei der Verarbeitung der Statuspassage ›alleinerziehend‹

Bei der Verarbeitung der Statuspassage ›alleinerziehend‹ zeigen sich milieuspezifische Unterschiede, die sich durch eine Kombination aus klassischen Lageindikatoren, Wertorientierungen, Lebensstilen und -auffassungen ergeben. Die neue Lebenssituation wird unter anderem auch im Lichte vorgängiger Erfahrungen und Entwicklungsverläufe beleuchtet, bewertet und bearbeitet. Hier kommt lebensgeschichtlichen Vorerfahrungen eine besondere Relevanz zu.

Interviewsequenzen aus der bereits genannten qualitativen Erhebung veranschaulichen die Bedeutung sozialer Werthorizonte und -orientierungen: Der Vergleich früherer Lebensstadien in Ehe bzw. Partnerschaft und Familie mit der jetzigen Lebenslage kann dabei durchaus schmerzhaft sein. Dies ist insbesondere dann der Fall, wenn mit dem neuen Status ein sozialer Abstieg verbunden ist oder ein solcher befürchtet wird.

> »Nein, alles nicht. Ich habe noch ein bisschen was, habe ich noch. Aber da habe ich auch selber ein Problem mit mir gehabt, wo ich mir gedacht hab, bin ich so weit runter gerutscht – also, ich weiß es ist ein Denkfehler, das hat mir jetzt mein Psychologe auch klar gemacht – dass ich einfach so weit runtergerutscht bin, dass ich jetzt vom Staat abhängig bin. Ich wollte nicht abhängig sein« (Berta B.).

Die Bewertung der aktuellen Lebenssituation bemisst sich an der Stringenz des vormaligen Lebensstandards. Soziale Abstiegsängste resultieren aus sich verengenden finanziellen Handlungsspielräumen. So befördert die gefühlte bzw. faktische Prekarität der aktuellen Lebenssituation bei alleinerziehenden Personen, deren Status ehemals finanziell gesichert und sozial anerkannt war, im weitaus höherem Maße Ängste vor sozialem Abstieg, als dies bei alleinerziehenden Müttern oder Vätern der Fall ist, die sich bereits vor der Trennung oder Scheidung in beengten finanziellen Verhältnissen oder zeitweisen prekären Lebenslagen befanden. Nur bei der erstgenannten Personengruppe lassen sich in den besagten Interviews Hinweise auf die Auseinandersetzung mit Fragen des sozialen Abstieges finden, nur bei diesen wird diese Angst direkt oder indirekt thematisch.

> »Also so, … auf jeden Fall bin ich immer noch in dem Haus, ich leide keine Not … Ja, und ich habe zumindest das Umfeld erhalten. Ich habe keinen sozialen Abstieg erlebt« (Ulrike H.).

Die Frage der Statussicherheit wird vor allem bei den alleinerziehenden Personen virulent, die sich bis dato einem mittleren bis höheren sozialen Milieu zugeordnet haben. In diesen Fällen zeigt sich häufig eine habituelle Orientierung des »Ich muss es selbst durch eigene Anstrengung und Leistung schaffen«. Die eigene soziale Respektabilität wird an geordneten Arbeits- und Lebensverhältnissen festgemacht und zum Anknüpfungspunkt für Selbstbeschreibungen und Identitätskonstruktionen.

> »Ich lebe wirklich ein Leben, da kann keiner was finden. Ich halte das Haus sauber, es ist nichts verwildert, ich bin nicht schlampig angezogen, man kann nichts finden« (Ulrike H.).

Der Angst vor sozialem Abstieg und damit potenziell einhergehender sozialer Exklusion wird entweder durch besonders normkonformes Verhalten begegnet oder durch die Einbindung der ›erlittenen‹ Differenzerfahrung in eine biografische Selbstbeschreibung des ›Ich war schon immer anders‹. Anstelle sozial verbindlicher Werte werden dann individualistische Orientierungen gesetzt und die eigene Autonomie und Unabhängigkeit hervorgehoben. Freiheit, Unabhängigkeit und Selbstverwirklichung werden zur legitimatorischen Handlungsorientierung und gesellschaftlichen Werten und Normen übergeordnet.

Aber auch bei Personen mit niedrigeren Bildungsabschlüssen lassen sich milieuspezifische habituelle Orientierungen finden, die den Umgang mit der Lebenssituation als Alleinerziehende prägen.

> »Mei, von uns hat keiner aus der Familie, außer meiner Schwester, Realschule. Meine Eltern waren einfach, wir sind einfach, ich habe keine höhere Schulausbildung, aber ich habe mich immer durch das Leben gekämpft und ich habe immer den Beruf gemacht, den ich wollte und das mach ich heut noch und das werde ich immer machen. Und wenn es die Sonja auch mal so trifft, dass sie das macht, was sie will, dann hat sie sehr viel Glück« (Sieglinde W.).

Sieglinde W.s Leben ist gekennzeichnet vom Durchkämpfen, vom ›Durchwurschteln‹ und davon, immer wieder einen Weg für sich finden zu müssen. Das eigene Leben wird am ›Notwendigen‹ ausgerichtet. Es gilt gegenüber den alltagspraktischen Anforderungen zu bestehen. Sozialer Status und gesellschaftliche Anerkennung treten in den Hintergrund.

> »Ich weiß momentan nicht, wie es weitergehen wird. Gut, im Sommer habe ich meine Saisonverkäufe, nur heuer habe ich ein Auto gebraucht. Heuer geht es uns schon dick ein und Sonja hat eine feste Spange gebraucht und jetzt wurschtel ich mich halt so durch mit meinen Wintersachen und wie es weitergehen wird, … ich weiß es nicht. Das Einzige, was ich bekommen werde, ist Wohngeld, weil das Einkommen entsprechend wenig ist. […] Es ist alles offen, wir wurschteln uns also von Monat zu Monat durch. Es geht schon irgendwie« (Sieglinde W.).

In solchen sozialen Zusammenhängen wird die Sicherung der eigenen Existenz zum Kampf und das Weiterbestehen zur individuellen Demarkationslinie der Respektabilität. Der Übergang in das Alleinerziehend-Sein wird nicht so sehr als Statuspassage oder gar als substanzielle Zäsur erlebt, sondern als biografische Fortsetzung bekannter Verhältnisse, zu deren Bewältigung auf bereits bestehende Strategien zurückgegriffen werden kann.

Die sozialstrukturelle Verortung und Bewertung des eigenen alleinerziehenden Daseins hängt in starkem Maße von den sozialen Bewertungsschemata der jeweiligen Person ab. Diese werden unter anderem durch die vorhergehende sozioökonomische Milieuzugehörigkeit und die grundsätzliche Verortung in gesamtgesellschaftlichen Zusammenhängen bestimmt (► Kap. 8.2).

2.3 Altersüberblick

Dementsprechend kommt der Altersverteilung alleinerziehender Mütter und Väter nicht nur in Hinblick auf die strukturelle Heterogenität von Einelternfamilien Bedeutung zu, sondern sie verweist indirekt auch auf längere bzw. kürzere lebensgeschichtliche Vorerfahrungen – beispielsweise eine Ehe oder eine länger währende Partnerschaft –, die den individuellen Umgang Alleinerziehender mit dieser neuen Lebensphase prägen, aber auch mit spezifischen Herausforderungen einhergehen können. So verbleibt zum Beispiel jungen Alleinerziehenden unter 25 Jahren weniger Zeit für eine qualifizierende Ausbildung bzw. berufliche Weiterentwicklung als älteren alleinerziehenden Müttern und Vätern.

Die beiden nachfolgenden Tabellen zeigen die Altersverteilung alleinerziehender Mütter und Väter in Deutschland im Jahr 2023. Für den Status alleinerziehend werden hierbei auch volljährige Kinder mitberücksichtigt.

Tab. 2.1: Altersverteilung alleinerziehender Mütter im Jahr 2023 unabhängig vom Alter des jüngsten Kindes (Datenquelle: Statistisches Bundesamt 2024)

Alter	gesamt	in %
unter 25 Jahre	35.000	1,5
25 bis unter 35 Jahre	273.000	11,4
35 bis unter 45 Jahre	657.000	27,5
45 bis unter 55 Jahre	682.000	28,6
55 bis unter 65 Jahre	380.000	15,9
65 bis unter 75 Jahre	158.000	6,6
75 bis unter 85 Jahre	118.000	5,0
85 Jahre und älter	83.000	3,5

Tab. 2.2: Altersverteilung alleinerziehender Väter im Jahr 2023 unabhängig vom Alter des jüngsten Kindes (Datenquelle: Statistisches Bundesamt 2024)

Alter	gesamt	in %
unter 25 Jahre	/	/
25 bis unter 35 Jahre	36.000	6,2
35 bis unter 45 Jahre	118.000	20,4
45 bis unter 55 Jahre	177.000	30,5
55 bis unter 65 Jahre	152.000	26,3
65 bis unter 75 Jahre	47.000	8,1

Tab. 2.2: Altersverteilung alleinerziehender Väter im Jahr 2023 unabhängig vom Alter des jüngsten Kindes (Datenquelle: Statistisches Bundesamt 2024) – Fortsetzung

Alter	gesamt	in %
75 bis unter 85 Jahre	28.000	4,8
85 Jahre und älter	19.000	3,3

Auffallend ist hierbei, dass es in Deutschland aktuell keine alleinerziehenden Väter unter 25 Jahren gibt. Dies bestätigt die Aussage, dass alleinerziehende Väter vor allem ältere Kinder in ihrem Haushalt betreuen (▶ Kap. 2.4) und folglich auch selbst bereits älter sind. Die größte Gruppe der Alleinerziehenden beiderlei Geschlechts ist derzeit zwischen 45 und 55 Jahre alt, wobei die Tendenz bei den Müttern eher in Richtung jünger und bei den Vätern in Richtung älter geht.

Die dargestellten Ergebnisse verdeutlichen zudem, dass dem Alleinerziehend-Sein – insbesondere bei Männern – häufig eine Lebensphase in Partnerschaft bzw. Ehe vorausgeht.

2.4 Anzahl und Alter der Kinder in Einelternfamilien

Weitere strukturelle Kriterien, die Einfluss auf die Vielfalt von und das Zusammenleben in Einelternfamilien nehmen, sind die *Anzahl* und das *Alter* der Kinder, die in dieser Familienform leben und aufwachsen.

Laut Statistischem Bundesamt lebten 2023 14,3 Millionen Kinder und Jugendliche unter 18 Jahren in Deutschland. 17 % von ihnen, also rund 2,5 Millionen der Minderjährigen, lebten mit einem Elternteil in einem Haushalt zusammen (BMFSFJ 2025, S. 88).

> »Je mehr minderjährige Kinder in einer Familie leben, desto höher ist auch die Wahrscheinlichkeit, dass die Eltern miteinander verheiratet sind. 2023 hatten 43 Prozent der verheirateten Eltern zwei minderjährige Kinder, während etwa ein Drittel der unverheirateten Eltern (32 Prozent) beziehungsweise der Alleinerziehenden (29 Prozent) zwei minderjährige Kinder hatte. Ehepaare haben auch fast doppelt so oft drei und mehr Kinder (15 Prozent) wie Alleinerziehende und Lebensgemeinschaften (7 beziehungsweise 8 Prozent)« (BMFSFJ 2024, S. 40).

Betrachtet man nur die Gruppe der Alleinerziehenden, dann lässt sich für diese sagen, dass die Mehrheit der alleinerziehenden Eltern mit einem minderjährigen Kind (64 %) in einem gemeinsamen Haushalt zusammenlebt. Nur 29 % der alleinerziehenden Mütter und Väter leben mit zwei minderjährigen Kindern. 7 % der Alleinerziehenden leben mit drei oder mehr minderjährigen Kindern zusammen (ebd., S. 41).

Der Anteil der minderjährigen Kinder und Jugendlichen, die bei alleinerziehenden Elternteilen leben, ist in den einzelnen Bundesländern unterschiedlich.

»Der Anteil der minderjährigen Kinder mit alleinerziehenden Elternteilen lag 2023 in Westdeutschland bei 16,3 Prozent und damit deutlich unter dem Wert in Ostdeutschland mit 22,2 Prozent. Den größten Anteil der Kinder in Alleinerziehenden-Haushalten hat Berlin (25 Prozent), den niedrigsten Bayern (14,3 Prozent)« (BMFSFJ 2024, S. 75).

Im Vergleich zu Ehepaaren und Lebensgemeinschaften mit Kindern lässt sich feststellen, dass in Haushalten von Einelternfamilien tendenziell eher ältere Kinder leben. Im Fall von jüngeren Kindern in Einelternfamilien leben diese häufiger mit alleinerziehenden Müttern zusammen, während ältere Kinder öfter mit alleinerziehenden Vätern zusammenleben.

> »Von den 1,34 Millionen alleinerziehenden Müttern betreuten im Jahr 2019 14,2 Prozent Kinder, von denen das jüngste unter drei Jahre alt war – von den 185.000 alleinerziehenden Vätern waren es 3,8 Prozent. Bei 19,3 Prozent der alleinerziehenden Mütter war das jüngste Kind im Haushalt 15 bis 17 Jahre alt, während 31 Prozent der alleinerziehenden Väter Kinder in dieser Altersgruppe betreuten« (Lenze 2021, S. 23).

Zudem ist die Zahl der Kinder, die in einer Einelternfamilie leben, geringer als in Paarfamilien. Im Jahr 2019 lebten zwei Drittel der alleinerziehenden Mütter und Väter, aber nur die Hälfte aller Paarfamilien mit einem einzigen Kind zusammen. 26,8 % der Alleinerziehenden kümmerten sich um zwei Kinder, 5,5 % um drei Kinder und 1,4 % um vier oder mehr Kinder. Auch hier gibt es deutliche Unterschiede zwischen alleinerziehenden Müttern und Vätern mit minderjährigen Kindern: Nur ein gutes Viertel der Väter, aber 35 % der Mütter lebten mit mehr als einem Kind zusammen. Dies bedeutet, dass Einelternfamilien häufig auch Einkindfamilien sind und viele Kinder in Einelternfamilien ohne Geschwister (im eigenen Haushalt) aufwachsen.

Wie bereits angemerkt, verbleiben volljährige Kinder zudem tendenziell länger im Haushalt alleinerziehender Personen als vergleichsweise in Haushalten mit verheirateten und nicht-verheirateten Elternpaaren. Inwieweit hier Bindungsaspekte oder ganz praktische Gesichtspunkte von Belang sind, bedürfte weiterer empirischer Untersuchungen. Ungeachtet dessen, erhöht sich demzufolge aber der Anteil von Einelternfamilien an allen Familienformen nochmals erheblich, da bei den bisherigen Ausführungen nur alleinerziehende Personen mit minderjährigen Kindern im Haushalt berücksichtigt wurden (► Kap. 1.3.4).

2.5 Die regionale Verteilung von Einelternfamilien

Für sozialplanerische Überlegungen ist es darüber hinaus von Belang, wo Einelternfamilien (überwiegend) im Bundesgebiet wohnen. Lassen sich beispielsweise spezifische Kumulationspunkte finden, an denen Einelternfamilien überdurchschnittlich häufig wohnhaft sind? Oder lassen sich bestimmte Charakteristiken in der *regionalen Verteilung* von Einelternfamilien nachzeichnen?

Will man sich hierüber Gewissheit verschaffen, lohnt abermals ein Blick in die Statistik. Dieser zeigt, dass Einelternfamilien grundsätzlich überall anzutreffen sind. In alten wie neuen Bundesländern ebenso wie in Großstädten und kleinen Gemeinden.

Nach wie vor unterscheiden sich die Familienformen in ihrer Häufigkeit in den neuen und alten Bundesländern:

> »In West- wie Ostdeutschland sind verheiratete Eltern zwar die häufigste Familienform, in Ostdeutschland gibt es jedoch nach wie vor mehr Lebensgemeinschaften und mehr Alleinerziehende. So sind in Ostdeutschland 2023 etwas mehr als die Hälfte der Eltern mit minderjährigen Kindern verheiratet (54 Prozent), während es in Westdeutschland fast drei Viertel der Eltern sind (71 Prozent). Entsprechend ist der Anteil an Lebensgemeinschaften (21 Prozent) und Alleinerziehenden (25 Prozent) in Ostdeutschland höher als in Westdeutschland, wo lediglich 10 Prozent der Eltern nicht verheiratet und 19 Prozent der Familien alleinerziehend sind« (BMFSFJ 2024, S. 37).

Umgerechnet auf die einzelnen Bundesländer zeigt sich, dass der Anteil an Einelternfamilien an allen Familienformen unterschiedlich hoch ist und aktuell in Bayern mit 16,5 % am niedrigsten und in Berlin mit 27,5 % am höchsten ist (Menne & Funcke 2024, S. 4). Die nachfolgende Abbildung (▶ Abb. 2.1) stellt die absolute Anzahl von Einelternfamilien in den jeweiligen Bundesländern dar. Mengenmäßig leben in Nordrhein-Westfalen, Bayern und Baden-Württemberg die meisten Einelternfamilien, auch wenn ihr Anteil an allen Familienformen aufgrund der hohen Einwohnerzahlen dieser drei Bundesländer geringer ausfällt.

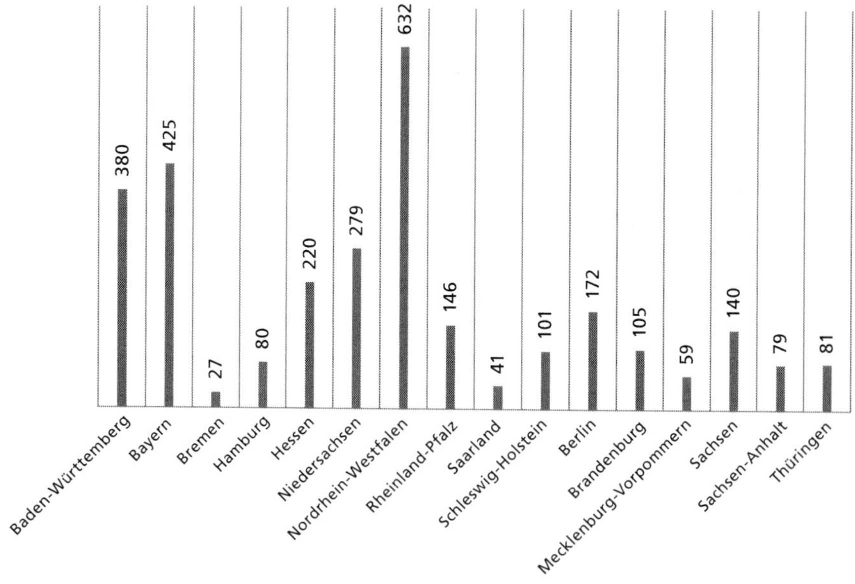

Abb. 2.1: Gesamtzahl von Einelternfamilien in den einzelnen Bundesländern 2023 in Tausend (eigene Darstellung; Datenquelle: Statistisches Bundesamt 2024)

Bis heute erkennt man in gewisser Weise eine Ballung alleinerziehender Elternteile in den Stadtstaaten (bspw. Berlin) sowie in den Großstädten ab 500.000 Einwohnenden. Als Erklärung hierfür führt das Bundesamt für Arbeit und Soziales (BMAS) in seinem Datenreport zur Situation von Einelternfamilien bereits 2013 an:

> »Zum Teil ist ein strukturell bedingtes Stadt-Land-Gefälle für die regionalen Unterschiede verantwortlich. Alleinerziehende leben generell seltener in ländlichen und kleinstädtischen Räumen als in den Großstädten, die durch ihre dichtere Infrastruktur bessere Bedingungen zur Bewältigung ihrer Lebenslage bieten. Darum verzeichnen die Stadtstaaten systematisch höhere Anteile Alleinerziehender als Flächenländer. Daneben ist die regional ungleiche Verteilung wohl auch Ergebnis unterschiedlicher Einstellungen und Familienwerte« (BMAS 2013, S. 13).

Diese Einschätzung deckte sich lange Zeit mit ähnlichen Einschätzungen der Familienforschung. Auch hier galten Einelternfamilien viele Jahre als ein großstädtisches Indiz moderner Lebensführung. So ging man davon aus, dass ländliche Gemeinden und Regionen von bürgerlichen Familienvorstellungen und einer geringeren Individualisierungsdynamik geprägt seien, was auf Dauer tendenziell zu einer Abwanderung der Betroffenen in die urbanen Ballungsgebiete führen würde. Entsprechend wurde Einelternfamilien auf dem Land der Rang einer zu vernachlässigenden Restkategorie zu gewiesen (Jurczyk 2003, S. 39 f.).

Diese Aussagen finden in heutigen Studien nur zum Teil ihre empirische Bestätigung, zieht man die Verteilung von Einelternfamilien auf die unterschiedlichen Gemeindegrößen in Betracht (▶ Abb. 2.2).

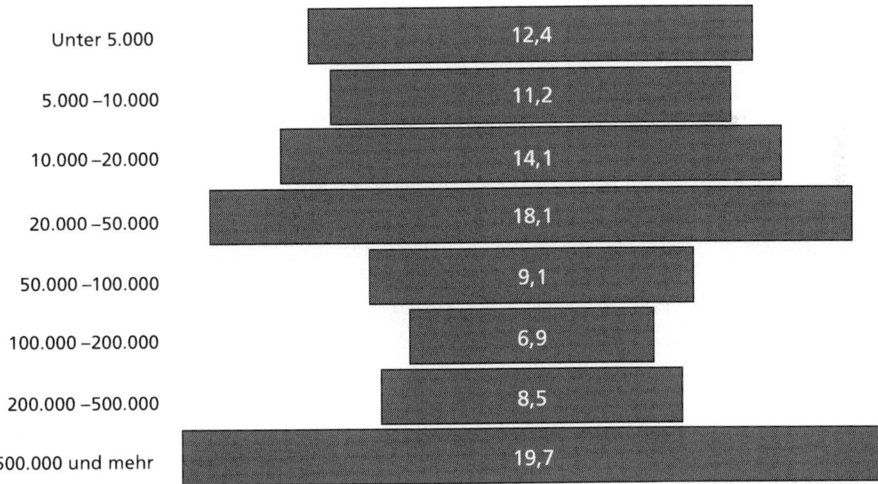

Abb. 2.2: Prozentualer Anteil von Einelternfamilien in den unterschiedlichen Gemeindegrößenklassen 2023 in Prozent (eigene Darstellung; Datenquelle: Statistisches Bundesamt 2024)

Tatsächlich zeigt sich eine Häufung von Einelternfamilien in Großstädten mit 500.000 und mehr Einwohnenden (19,7 %). Fasst man jedoch die Gebietskörperschaften mit bis zu 10.000 Einwohnenden sowie Kleinstädte (bis 20.000 Einwohnenden) zusammen, zeigt sich, dass Einelternfamilien zu 37,7 % in ländlich geprägten Regionen Deutschlands leben. Auch die absoluten Zahlen führen dies nochmals eindringlich vor Augen (▶ Tab. 2.3).

Tab. 2.3: Einelternfamilien im Jahr 2023 verteilt auf Gemeindegrößenklassen (eigene Darstellung; Datenquelle: Statistisches Bundesamt 2024)

Gemeindegrößenklassen nach Einwohnerzahl	gesamt
unter 5.000	369.000
5.000–10.000	332.000
10.000–20.000	418.000
20.000–50.000	537.000
50.000–100.000	271.000
100.000–200.000	204.000
200.000–500.000	251.000
500.000 und mehr	584.000

Es ist also mitnichten so, dass die Gruppe alleinerziehender Mütter und Väter einzig als urbanes Phänomen besprochen werden kann. Trotz einer Zentrierung auf großstädtische Gebiete lebt mehr als ein Drittel aller Einelternfamilien in den ländlichen Regionen Deutschlands! *Das Leben und Aufwachsen in Einelternfamilien ist folglich auch in ländlichen Regionen eine nicht zu vernachlässigende soziale Tatsache.* Günstigerer Wohnraum und manchmal auch bessere Arbeitsmarktchancen lassen alleinerziehende Personen durchaus im ländlichen Raum verbleiben oder motivieren diese zum Zuzug in prosperierende ländliche Regionen. Dies bringt für die Alleinerziehenden selbst (▶ Kap. 6.1), aber auch für die Soziale Arbeit mit Einelternfamilien in ländlichen Räumen besondere Herausforderungen mit sich (▶ Kap. 10).

2.6 Unterhaltsregelungen

2.6.1 Parnter:innenunterhalt

Anders als Alleinerziehende, die mit ihrem/ihrer Partner:in nicht verheiratet waren, haben geschiedene Alleinerziehende zwar per Gesetz Anspruch auf Unterhalt von ihrer/ihrem Ex-Partner:in. Dies gilt jedoch nur, solange das jüngste im Haushalt betreute Kind unter drei Jahre alt ist. »Wenn für ein dreijähriges Kind grundsätzlich eine Kinderbetreuung verfügbar ist, wird von den alleinerziehenden

Elternteilen eine Vollzeiterwerbstätigkeit erwartet. Entsprechend stehen nur 12 Prozent der alleinerziehenden Elternteile selbst Unterhaltszahlungen zu« (Menne & Funcke 2024, S. 16). Da es weiterhin vor allem die Mütter sind, die beruflich kürzertreten, um sich um die Erziehung und Betreuung der Kinder zu kümmern, tragen sie nach einer Trennung in der Regel die Kosten der zuvor in Paarfamilien (verheiratet oder in einer Lebensgemeinschaft) einvernehmlich gelebten Arbeitsteilung. In derlei Konstellationen ist der rasche berufliche Wiedereinstieg oder die Ausweitung der bisherigen Arbeitszeit auf Vollzeit dringend erforderlich, will man massiven finanziellen Einschnitten entgehen. Dies ist jedoch nicht immer zeitnah und reibungslos möglich. Dieser Umstand trägt dazu bei, »dass die Einkommenseinbußen von Frauen nach einer Trennung in Deutschland im internationalen Vergleich am größten sind (Vaus et al. 2017)« (ebd., S. 17).

2.6.2 Kindesunterhalt

Nach einer Trennung oder Scheidung der Eltern verbleibt die elterliche Sorge per Gesetz gemeinsam bei Vater und Mutter. Die alleinige elterliche Sorge kann nur per Antrag gerichtlich auf ein Elternteil übertragen werden. Derjenige Elternteil, der dem Kind Unterkunft und Verpflegung gewährt, leistet Betreuungsunterhalt, der andere ist verpflichtet Barunterhalt zu leisten.

Kindesunterhalt

»Jedes minderjährige Kind hat einen Unterhaltsanspruch, unabhängig davon, ob seine Eltern miteinander verheiratet sind oder nicht. Zwischen 18 und 21 Jahren sind Kinder den Minderjährigen gleichgestellt, wenn sie im Haushalt eines Elternteils leben und sich in einer allgemeinen Schulausbildung befinden. Eltern sind ihren Kindern gegenüber grundsätzlich bis zu einer abgeschlossenen Berufsausbildung unterhaltspflichtig. Die Höhe des Kindesunterhalts richtet sich nach dem Einkommen des unterhaltspflichtigen Elternteils und nach dem Alter des Kindes. Maßgebend ist die Düsseldorfer Tabelle. Nach dem Halbteilungsgrundsatz wird das hälftige Kindergeld vom Barunterhalt abgezogen« (VAMV Berlin o.J.).

Leider wird bei der Berechnung des Barunterhalts nur das sächliche Existenzminimum des Kindes abgedeckt (Essen, Kleidung, Wohnung). Die Kosten für soziale und kulturelle Teilhabe (Musikunterricht, Beiträge für Vereine, Kosten für Klassenfahrten etc.) bleiben indes unberücksichtigt. Der Barunterhalt des Kindes spielt aber trotzdem eine wichtige Rolle für die finanzielle Situation der Einelternfamilie. Bei Berufstätigen macht er 25%, bei Nicht-Berufstätigen sogar 30% des Einkommens der Einelternfamilie aus. Bedauerlicherweise ist es jedoch um die Zahlungsmöglichkeiten oder -moral der unterhaltspflichtigen Elternteile des Öfteren schlecht bestellt.

Ist der unterhaltspflichtige Elternteil nicht in der Lage oder willig den Unterhalt für das Kind zu bezahlen, oder liegt der gezahlte Kindesunterhalt unter dem

Mindestunterhalt, kann nach dem Unterhaltsvorschussgesetzt (UhVorschG) Unterhaltsvorschuss bei der Unterhaltsvorschussstelle des örtlich zuständigen Jugendamtes beantragt werden.

Unterhaltsvorschuss

»Der Unterhaltsvorschuss ist eine staatliche Leistung für Kinder von Alleinerziehenden. Er hilft, die finanzielle Lebensgrundlage Ihres Kindes zu sichern, wenn der andere Elternteil nicht oder nur teilweise oder nicht regelmäßig Unterhalt in Höhe des Unterhaltsvorschusses zahlt. Der andere Elternteil muss den Vorschuss später zurückzahlen, wenn er keinen Unterhalt zahlt, obwohl er ganz oder teilweise Unterhalt zahlen könnte« (Familienportal o.J.).

Höhe des Unterhaltsvorschusses

»Die Höhe des Unterhaltsvorschusses beträgt ab 1. Januar 2025:
für Kinder bis zu 5 Jahren: 227 Euro monatlich,
für Kinder von 6 Jahren bis 11 Jahren: 299 Euro monatlich,
für Kinder von 12 Jahren bis 17 Jahren: 394 Euro monatlich«
(ebd.).

Für die Durchsetzung des Anspruchs auf Kindesunterhalt bieten die örtlich zuständigen Jugendämter kostenfreie Unterstützung und Vertretung in unterhaltsrechtlichen Fragen. Die Jugendämter haben die Möglichkeit mithilfe anderer Behörden Einblick in die wirtschaftlichen Verhältnisse des Unterhaltsverpflichteten zu erhalten.

Unterhaltsansprüche können auch anwaltschaftlich durchgesetzt werden. In diesem Fall fungiert das Kind als Antragstellender und kann Beratungs- und Prozesskostenhilfe in Anspruch nehmen (VAMV Berlin o.J.).

Ein Anspruch auf Unterhaltsvorschuss besteht nicht, wenn der betreuende Elternteil wieder verheiratet ist, der betreuende Elternteil mit dem zahlungspflichtigen Elternteil zusammenlebt, oder Kinder ab zwölf Jahren auf SGB-II-Leistungen angewiesen sind.

Rechtsanspruch und Rechtswirklichkeit klaffen jedoch zum Teil erheblich auseinander, vor allem bei mehreren Kindern im Haushalt der alleinerziehenden Person. 30% der Kinder in Einelternfamilien erhalten keinen Kindesunterhalt (BMFSFJ 2025, S. 144) und ein etwa gleich großer Anteil erhält Kindesunterhalt entweder nicht in voller Höhe oder dieser wird nur unregelmäßig gezahlt. Da in der Mehrzahl der Fälle Kinder nach Trennung und Scheidung bei der Mutter leben, beeinträchtigt dies die finanzielle Situation alleinerziehender Mütter in erheblichem Umfang.

Damit stellt sich die Frage, wer Kindesunterhalt erhält bzw. wer keinen erhält. Hier zeigt sich, dass der Erhalt von Kindesunterhalt auch mit soziodemografischen Merkmalen in Zusammenhang steht. »So ist der Anteil der Eltern, die keinen Kindesunterhalt vom anderen Elternteil erhalten, in Ostdeutschland höher als in

Westdeutschland. Zudem existieren große Unterschiede nach Bildungsabschluss« (ebd.). Auch erhalten alleinerziehende Eltern unter 30 Jahren häufiger keinen Kindesunterhalt als ältere Alleinerziehende. Zudem scheinen die Zahlungsmoral bzw. -möglichkeiten der unterhaltspflichtigen Elternteile mit deren Bildungsabschluss zu korrelieren (▶ Tab. 2.4).

Tab. 2.4: Zahlung von Kindesunterhalt nach Bildungsabschluss (eigene Darstellung; Datenquelle: BMFSFJ 2025)

	Zahlung in voller Höhe	Zahlung, aber nicht in voller Höhe/ teils so, teils so	keine Zahlung
kein Abschluss	44	23	33
Berufsabschluss	44	27	29
Hochschulabschluss	56	24	20

Auch die Einrichtung einer Beistandschaft durch das Jugendamt hilft da nicht immer weiter. »47,6 Prozent der Befragten gaben an, dass sie trotz Beistandschaft keinen Unterhalt erhalten« (Lenze & Funcke 2016, S. 21).

Als Gründe für die fehlenden bzw. eingeschränkten Zahlungen des Kindesunterhalt lassen sich laut einer Umfrage des Instituts für Demoskopie Allensbach aus dem Jahr 2020 an erster Stelle Zahlungsverweigerung (51 %) und an zweiter Stelle die Zahlungsunfähigkeit des Leistungspflichtigen (44 %) ausmachen (Institut für Demoskopie Allensbach 2020, S. 11). Zwar besteht grundsätzlich die Möglichkeit den Kindesunterhalt einzuklagen, doch verzichten viele alleinerziehende Elternteile darauf, um das Verhältnis zum anderen Elternteil nicht (zusätzlich) zu belasten. Unabhängig von den Gründen der fehlenden bzw. unvollständigen Leistung, dürften die Zahlungsausfälle

> »jedoch für die Alleinerziehenden und ihre Kinder erheblichen finanziellen und emotionalen Stress bedeuten – zumal das Mittel der Wahl gegen derlei Zahlungsausfälle, Leistungen nach dem Unterhaltsvorschussgesetz, bis vor Kurzem auf maximal 72 Monate begrenzt war und nur für Kinder unter 12 Jahren gezahlt wurde. Sofern die Berechtigten zusätzlich auf soziale Mindestsicherung angewiesen sind, ist es zudem möglich, dass die Kommune die einzelnen Ansprüche miteinander verrechnet. Der Unterhaltsvorschuss könnte dann in der Mindestsicherung aufgehen. Ohnehin deckt der Unterhaltsvorschuss nicht die Höhe der nicht geleisteten Unterhaltszahlungen ab« (Hartmann 2018, S. 43).

2.7 Allein- oder getrennterziehend? Verschiedene Betreuungsmodelle im Vergleich

Wie die getrenntlebenden Eltern die Betreuungszeit untereinander aufteilen bzw. organisieren, entscheiden die Eltern selbst. Ab dem zwölften Lebensjahr haben

Kinder ein Mitsprachrecht über die zeitliche Ausgestaltung der Betreuungs- bzw. Umgangszeiten. Kommt es im Streit über das Umgangsrecht zu einem Gerichtsverfahren, werden Kinder bzw. Jugendliche ab dem 14. Lebensjahr daran beteiligt. Aktuell werden in Deutschland folgende Betreuungsmodelle praktiziert:

Betreuungsmodelle getrenntlebender Eltern

»Das *Residenzmodell* ist das herkömmliche Betreuungsmodell für getrenntlebende Eltern, bei dem die Kinder von einem Elternteil, bei dem sie ihren Lebensmittelpunkt haben, hauptsächlich betreut werden – in der Regel ist dies die Mutter.

Wechselmodell bedeutet, dass die Kinder zwischen den Wohnungen der Eltern hin und her wechseln und dabei annähernd gleich viel Zeit bei der Mutter und beim Vater verbringen – auch Pendelmodell oder Doppelresidenzmodell genannt. Von einem paritätischen Wechselmodell spricht man bei einer ca. 50:50-Zeiteinteilung und von einem asymmetrischen Wechselmodell bei einer Bereuungsverteilung von 60:40 oder 70:30. Das ist dann der Fall, wenn sich der Umgang eines Elternteils einer Mitbetreuung annähert, die Hauptverantwortung aber nach wie vor ein Elternteil, meist die Mutter, trägt.

Das *Nestmodell* ist eine Sonderform des Wechselmodells. Hier betreuen die Eltern abwechselnd die Kinder in der Familienwohnung, während die Eltern bereits jeweils eine andere Wohnung gefunden haben und nun in den Haushalt der Kinder pendeln. Es wird nur selten und in manchen Fällen als vorübergehende Lösung in der Trennungszeit praktiziert.

Im alternativen Betreuungsmodell ›*Free access*‹ entscheidet das Kind spontan, wann es sich bei dem Elternteil A oder B aufhält« (VAMV Bayern o.J.).

In der Vergangenheit haben sich in Deutschland viele getrenntlebende Eltern am sogenannten *Residenzmodell* orientiert. Dieses sieht vor, dass das Kind seinen *Lebensmittelpunkt bei einem Elternteil* hat und dem anderen Elternteil das Recht auf regelmäßigen Besuchskontakt zusteht. Häufig wird dabei das *Besuchsrecht* in Form von Wochenendbesuchen des Kindes beim getrenntlebenden Elternteil umgesetzt, im wöchentlichen oder 14-tägigen Rhythmus. Der Elternteil, bei dem sich das Kind überwiegend aufhält, ist hauptverantwortlich für die (materielle) Versorgung, Betreuung und Erziehung des Kindes und trifft allein die Entscheidungen des täglichen Lebens gegenüber dem Kind. Als Angelegenheiten des täglichen Lebens gelten: Schulalltag, Anmeldung zum Nachhilfeunterricht oder Sport- bzw. Musikverein, Essensfragen, Fernsehkonsum, Kleidung, Umgang mit Freunden, Besuch von Freizeitveranstaltungen, gewöhnliche medizinische Versorgung, Taschengeld, Verwaltung üblicher Geldgeschenke von Verwandten und alle anderen alltäglich vorkommenden Situationen, die eine Entscheidung von Eltern erfordern, aber noch keine unabänderbaren Auswirkungen auf die Entwicklung des Kindes haben. Der getrenntlebende Elternteil ist bei allen Entscheidungen, die erhebliche Bedeutung für das Kind haben, miteinzubeziehen. Diese sind beispielsweise: Schulwechsel, Umschulung, Berufswahl, Wechsel des Kindes in ein Heim oder Internat,

Taufe, schwere medizinische Eingriffe. Im Rahmen des Residenzmodells ist der getrenntlebende Elternteil gegenüber dem Kind unterhaltspflichtig. Eine Unterhaltspflicht gegenüber dem hauptbetreuenden Elternteil besteht nur in folgenden Situationen:

Anspruch auf Betreuungsunterhalt

»Verheiratete und nicht verheiratete betreuende Mütter und Väter haben bis zum 3. Lebensjahr ihres Kindes gegenüber dem anderen Elternteil Anspruch auf Betreuungsunterhalt, wenn wegen Betreuung eines Kindes bis zum dritten Lebensjahr eine Erwerbstätigkeit nicht erwartet werden kann – Voraussetzung ist die Bedürftigkeit (§ 1615 Absatz 1 BGB). Darüber hinaus muss der Unterhaltspflichtige leistungsfähig sein.

Über das dritte Lebensjahr hinaus ist dies nur bei einem besonderen Betreuungsbedarf des Kindes möglich. Bei Eheleuten kann sich eine Verlängerung des Unterhaltsanspruchs ergeben, wenn die Aufgaben in der Ehe langfristig so verteilt waren, dass ein:e Partner:in die Kinder betreut und auf dieses Arrangement vertraut hat« (VAMV Bayern o.J.).

Infolgedessen steht der Elternteil, bei dem das Kind überwiegend wohnt, vor der Herausforderung, die Betreuung des Kindes und die eigene Erwerbstätigkeit so miteinander zu vereinbaren, dass zum einen das Kindeswohl gesichert ist und zum anderen ein existenzsicherndes Einkommen erzielt wird.

Residenzmodell und geschlechtsspezifische Rollenverteilung

Das Residenzmodell kann als Fortsetzung des bürgerlichen Familienideals gelesen werden. Dieses geht, wie eingangs bereits erwähnt, von einer klaren Rollenaufteilung zwischen Mann und Frau aus. Der Vater sichert das Einkommen der Familie durch außerhäusliche Erwerbstätigkeit, die Mutter ist für die Haushaltsführung und Betreuung der Kinder zuständig (Versorgungsehe). Bei Trennung oder Scheidung wird dann – in der Regel – die Mutter alleinerziehend. Infolge gesellschaftlicher Wandlungsprozesse streben zunehmend mehr Männer und Frauen zwar eine gleichberechtigtere Verteilung der Aufgaben an. Viele Frauen wollen heutzutage berufstätig sein und Männer sich mehr in der Betreuung und Erziehung ihres Kindes oder ihrer Kinder engagieren. Mit der Geburt des ersten Kindes verschiebt sich aber häufig die Realität hin zur Mehrarbeit von Frauen in Haushalt und Kinderbetreuung (Re-Traditionalisierung, ▶ Kap. 1.3.3). Dies gilt bei reduzierter Erwerbstätigkeit ebenso wie bei einer Ganztagstätigkeit der Frau. Paare lösen die Vereinbarkeitsthematik von Beruf und Kind(ern) oftmals durch die Vollerwerbstätigkeit des Mannes und einer Halbtagserwerbstätigkeit der Frau, in deren überwiegende Zuständigkeit darüber hinaus Haushaltsführung und Kinderbetreuung fallen. Im Residenzmodell spielt sich häufig die gelebte Familienrealität vor der Trennung wider und offeriert in dieser Form größtmögliche Kontinuität in der entstandenen Diskontinuität.

Wechselmodell und partnerschaftliche Rollenverteilung

Zwar erfreut sich das Wechselmodell – asymmetrisch wie symmetrisch bzw. paritätisch – wachsender Beliebtheit, jedoch lassen sich momentan noch keine fundierten Aussagen darüber finden, wie viele Eltern in Deutschland ihre Kinder tatsächlich abwechselnd und in welchem zeitlichen Verhältnis betreuen. »Insbesondere ist es nicht möglich, dabei zuverlässig zwischen symmetrischem und asymmetrischen Wechselmodell zu unterscheiden. Der Anteil der Eltern, die ein Wechselmodell praktizieren, dürfte jedoch aktuell weiterhin deutlich unter 10 Prozent aller Trennungsfamilien liegen« (Walper et al. 2020).

Im Falle des Wechselmodells sind die getrenntlebenden Eltern beide umfänglich in die Kinderbetreuung eingebunden und die Kinder erleben im zeitlichen Wechsel in zwei Haushalten ihr Zuhause. Aus Sicht der Kinder konstituiert sich die gelebte Familienrealität als *multilokal.* Sie haben in beiden Haushalten ihrer getrenntlebenden Eltern in der Regel ein Kinderzimmer und oftmals einen festen Bestand an Kleidung und Spielsachen. Vom jeweiligen Aufenthaltsort aus besuchen sie ihre Schule bzw. Kindertagesstätte und verfügen über einen gleichbleibenden Freundeskreis. Die Sonderform des Nestmodells oder des ›free access‹ kommt bislang eher selten vor.

Die paritätische Aufteilung der Kinderbetreuung entlastet vor allem getrenntlebende Mütter von einer alleinigen Allzuständigkeit und erhöht ihre Chancen, einer existenzsichernden Berufstätigkeit nachzugehen. In einer solchen Situation ist es getrennterziehenden Müttern leichter möglich, ihren bislang erreichten beruflichen Status aufrechtzuerhalten und eigene berufliche Vorstellungen ambitioniert voranzutreiben. Dies kommt der stärkeren beruflichen Orientierung besonders junger, gut ausgebildeter Frauen entgegen, setzt aber auch voraus, dass sie während der Partnerschaft ihren beruflichen Status beibehalten bzw. ihre berufliche Weiterentwicklung aktiv betreiben konnten. Zudem wollen sich heutzutage zunehmend mehr Väter engagierter in die Erziehung und Betreuung ihrer Kinder einbringen, als das früher der Fall war. Das tradierte Rollenmodell des Vaters als Versorger und Ernährer wird brüchig. Damit gewinnt das Wechselmodell zunehmend an Attraktivität und kann im Einzelfall eine praktikable Alternative zum bis dato durchweg praktizierten *Residenzmodell* darstellen. Die getrenntlebenden Partner werden zu getrennt Erziehenden.

Damit stellt sich abschließend die Frage: Wie geht es den Kindern (und auch den Eltern) in den jeweiligen Modellen? Welche Auswirkungen auf deren Wohlbefinden nimmt das Betreuungsarrangement der Eltern?

Internationale empirische Studien konnten belegen, dass sowohl Kinder als auch Eltern vom Wechselmodell profitieren können bzw. sich keine signifikanten Unterschiede zum Residenzmodell finden lassen. Diese Erkenntnis wurde von Steinbach et al. (2021) für Deutschland in einer nicht repräsentativen Studie bestätigt.

> »Dabei waren interessanterweise die beobachteten Vorteile teilweise bei Kindern im asymmetrischen Wechselmodell stärker ausgeprägt als im symmetrischen Wechselmodell […] Ein Steigerungseffekt in dem Sinne: ›je ausgeglichener die Aufteilung der Betreuungszeiten ist, desto besser für das Wohlergehen des Kindes‹ ließ sich […] nicht nachweisen. Außerdem traten die beobachteten Vorteile eher bei Kindern der höheren

Altersgruppe (7 bis 14 Jahre) als bei Kindern der niedrigeren Altersgruppe (2 bis 6 Jahre) auf« (ebd., S. 739).

Nicht verwunderlich mag auch die Erkenntnis sein, dass sich elterliche Konflikte am stärksten auf Kinder im symmetrischen Wechselmodell negativ auswirken; Gleiches gilt dafür, wenn Kinder in Loyalitätskonflikte verstrickt werden (ebd., S. 740).

Zu der Frage, welche Eltern sich am häufigsten für das Wechselmodell entscheiden, lassen sich derzeit keine allgemein gültigen Aussagen machen. Internationale Studien und die genannte Studie von Steinbach et al. (2021) weisen jedoch darauf hin, dass sich eher Eltern mit höherem Bildungs- und Einkommensniveau sowie mit einer beiderseits höheren Wochenarbeitszeit für das Abwechseln in der Kinderbetreuung entscheiden. Zudem spielt die Wohnortnähe der getrenntlebenden Eltern eine Rolle. »Die deskriptiven Befunde deuten zudem darauf hin, dass sich Väter in Wechselmodellfamilien vor der Trennung stärker in der Kinderbetreuung engagiert haben als Väter im Residenzmodell, wobei das Engagement in symmetrischen Wechselmodellfamilien insgesamt am höchsten war« (ebd., S. 732).

Residenz- und Wechselmodell?

Bei der Wahl des Betreuungsmodells spielen die vorangehende Aufgabenverteilung der Partner, die berufliche Position der Mutter sowie Vorstellungen von Mutterschaft und gesundem Aufwachsen von Kindern eine maßgebliche Rolle.

Gut zu wissen – gut zu merken

- *Einteilung von Einelternfamilien:* In Deutschland lebt jede fünfte Familie als Einelternfamilie. Dabei sind 82 % der Alleinerziehenden Mütter und 18 % Väter. Obwohl der Anteil der alleinerziehenden Väter seit 2013 gestiegen ist, bleibt alleinerziehend zu sein überwiegend ein weibliches Phänomen.
- *Kinder:* Alleinerziehende Mütter kümmern sich in der Regel um jüngere Kinder und haben oft mehrere im Haushalt, während Väter häufiger einzelne ältere Kinder betreuen. Volljährige Kinder bleiben tendenziell länger bei Alleinerziehenden wohnhaft, was den Anteil von Einelternfamilien erhöht.
- *Migration:* 38 % der Alleinerziehenden haben eine Migrationsgeschichte. Dies betrifft überwiegend Frauen der zweiten Generation; der Anteil alleinerziehender Männer ist statistisch nicht signifikant. Überproportional sind alleinerziehende Mütter aus afrikanischen Ländern vertreten, die aufgrund ihrer Migrationsumstände mit spezifischen Herausforderungen konfrontiert sind. Der aktuelle Anstieg Alleinerziehender mit Migrationshintergrund wird auch durch weibliche Geflüchtete aus der Ukraine beeinflusst.
- *Bildungsniveau:* Rund 72 % der alleinerziehenden Mütter haben 2023 einen mittleren oder hohen Bildungsabschluss. Gering qualifizierte alleinerziehende Mütter haben häufiger keinen beruflichen Abschluss im Vergleich zu Müttern in Paarfamilien.

- *demografische Merkmale:* Die meisten Alleinerziehenden sind zwischen 45 und 55 Jahre alt. Jüngere Alleinerziehende, besonders unter 25 Jahren, haben oft weniger Zeit für berufliche Entwicklung, was deren finanzielle Situation negativ beeinträchtigt.
- *regionale Unterschiede:* Einelternfamilien sind sowohl in Großstädten als auch in ländlichen Regionen Deutschlands verbreitet. Während in großen Städten wie Berlin der Anteil an Einelternfamilien hoch ist, lebt über ein Drittel dieser Familien in ländlichen Gebieten. Dies zeigt, dass Einelternfamilien kein rein urbanes Phänomen sind, sondern landesweit eine bedeutende soziale Realität darstellen. Der Anteil Alleinerziehender ist in Ostdeutschland höher als in Westdeutschland.
- *Unterhalt:* Geschiedene Alleinerziehende können bis zur Vollendung des dritten Lebensjahrs ihres Kindes Partnerunterhalt erhalten, jedoch oft nur mit Schwierigkeiten. Kindesunterhalt ist entscheidend für die finanzielle Stabilität, wird aber häufig nicht in voller Höhe gezahlt.
- *Unterhaltsrealität:* 30 % der Kinder in Einelternfamilien bekommen keinen Kindesunterhalt. Besonders betroffen sind jüngere Eltern und Familien in Ostdeutschland.
- *Betreuungsmodelle:* Das Residenzmodell, bei dem ein Elternteil die Hauptverantwortung trägt, ist weitverbreitet. Das Wechselmodell gewinnt an Beliebtheit und bietet eine partnerschaftlichere Betreuung, bevorzugt von Eltern mit höherem Bildungs- und Einkommensniveau. Das Wechselmodell kann durchaus positive Auswirkungen auf das Wohlbefinden von Kindern und Eltern haben, jedoch wirken sich Konflikte zwischen Eltern besonders im symmetrischen Wechselmodell negativ auf Kinder aus.

Ob Frauen oder Männer nach einer Trennung allein- oder getrennterziehend sind, welche Arrangements bezüglich der Kinderbetreuung zwischen den getrenntlebenden Partnern ausgehandelt wurden, ob sie in einer Großstadt oder auf dem Land leben und dies als Single oder in einer neuen partnerschaftlichen Verbindung tun, wie alt sie selbst und die Kinder bei der Trennung waren und jetzt sind, welche Lebenserfahrungen dem jetzigen sozialen Status vorausgingen, wie viele Kinder im Haushalt betreut werden (müssen) und auf welches Bildungskapitel sie zur Sicherung ihres Einkommens zurückgreifen können, all das bestimmt die *Vielfalt dieser Bevölkerungsgruppe* und macht Einelternfamilien zu einer überaus *heterogenen Lebensform.*

Literaturempfehlungen

Steinbach, A., Augustijn, L., Helms, T. & Schneider, S. (2021). Erste Ergebnisse der Studie »Familienmodelle in Deutschland« (FAMOD): Zur Bedeutung des Wechselmodells für das kindliche Wohlbefinden nach elterlicher Trennung oder Scheidung. FamRZ, 729–740.

Walper, S., Entleitner-Phleps, C. & Langmeyer, A. N. (2020). Betreuungsmodelle in Trennungsfamilien: Ein Fokus auf das Wechselmodell. *Zeitschrift für Soziologie der Erziehung und Sozialisation, 40*, 1, 62–80.

3 Alle Achtung, was für ein Alltag! – Die wirtschaftliche, gesundheitliche und soziale Situation alleinerziehender Mütter und Väter

☞ **Was Sie in diesem Kapitel lernen können**

- Sie lernen die Einflussfaktoren auf die wirtschaftliche Situation von alleinerziehenden Müttern und Vätern kennen und verstehen, warum Alleinerziehende überproportional häufig von Armut betroffen sind.
- Sie erfahren mehr über die besonderen gesundheitlichen Belastungen von Alleinerziehenden und deren Kindern sowie die spezifischen Risiko- und Schutzfaktoren, die darauf Einfluss nehmen.
- Sie erhalten einen differenzierten Einblick in die sozialen Beziehungsgefüge von Einelternfamilien und die Formen der Unterstützung, die soziale Netzwerke für diese bereitstellen können.
- Sie erkennen die besondere Bedeutung von Freizeit für Alleinerziehende und lernen die Faktoren kennen, die positiven und negativen Einfluss darauf nehmen.

3.1 Wirtschaftliche Situation

Die wirtschaftliche Situation von Einelternfamilien muss vor dem Hintergrund betrachtet werden, dass ihre Lebenshaltungskosten höher sind als die von Paarfamilien. »Fixkosten für Miete und Energie oder auch größere Anschaffungen müssen allein finanziert werden. Einsparungen durch gemeinsame Haushaltsführung entfallen. Zugleich müssen die Kosten für die spezifischen Bedarfe von Kindern (Spiel- und Schulsachen, Windeln, passende Kleidung, ein eigenes Zimmer etc.) gedeckt werden« (Menne & Funcke 2024, S. 14).

Allgemein betrachtet ist die wirtschaftliche Situation von Einelternfamilien deutlich restriktiver als von Paarfamilien. Gehören 53 % der Ehepaare mit minderjährigen Kindern der höchsten Einkommenskategorie an und haben monatlich netto 4.500 Euro und mehr zur Verfügung, so gilt dies nur für 11 % der Einelternfamilien. »Dabei ist die finanzielle Situation von alleinerziehenden Vätern deutlich komfortabler als die alleinerziehender Mütter: Ein knappes Viertel der alleinerziehenden Väter befindet sich in der höchsten Einkommenskategorie, aber nur acht Prozent der Mütter« (ebd., S. 16). Stattdessen müssen 23 % der alleinerziehenden Mütter mit einem Kind von weniger als 1.500 Euro und mit zwei Kinder von weniger als 2.000 Euro im Monat leben (ebd.).

3.1.1 Erwerbstätigkeit

Grundsätzlich ist die Sicherung des Lebensunterhalts auf vier Arten möglich: Durch eigene Erwerbstätigkeit, durch Versorgung über andere Haushaltsmitglieder wie Eltern oder (Ehe-)Partner oder über das soziale Sicherungssystem (vgl. Lietzmann 2009) sowie durch den Einsatz bestehender Vermögensbestände.

Da die Versorgung über einen mit im Haushalt lebenden (Ehe-)Partner entfällt, ist die sozioökomische Situation von Einelternfamilien entweder von der Erwerbstätigkeit der alleinerziehenden Person und/oder regelmäßigen Zahlungen des Kindesunterhalt sowie von den Modalitäten des sozialen Sicherungssystems abhängig. In den wenigsten Fällen verfügen alleinerziehende Mütter und Väter über existenzsicherndes Vermögen. Deshalb sind die Möglichkeiten zur Erwerbsbeteiligung für alleinerziehende Elternteile von zentraler Bedeutung!

Die Chancen, sich erfolgreich und dauerhaft in den Arbeitsmarkt zu integrieren, um ein existenzsicherndes Einkommen zu generieren, hängen für alleinerziehende Mütter und Väter ab von

- der Dauer fehlender Erwerbstätigkeit bzw. reduzierter Erwerbstätigkeit aufgrund Kinderbetreuungszeiten,
- der wirtschaftlichen Situation der Region, in der sie leben,
- der Höhe und Verwertbarkeit ihrer beruflichen Qualifikation,
- dem Alter des jüngsten im Haushalt lebenden Kindes,
- der Anzahl der im Haushalt lebenden Kinder,
- ihren Möglichkeiten, mobil zu sein, und
- einer bedarfsdeckenden und finanzierbaren Kinderbetreuung.

Je höher der berufliche Abschluss, je älter das jüngste Kind und je weniger Kinder im Haushalt leben und je umfänglicher Kinder in Ganztagsschulen und/oder Kindertageseinrichtungen, passend zu den Erwerbszeiten ihrer alleinerziehenden Eltern, betreut werden können, desto höher ist die Wahrscheinlichkeit für alleinerziehende Mütter und Väter, eine gute berufliche Position einzunehmen und entsprechendes Einkommen zu erzielen. Demgemäß haben junge alleinerziehende Mütter eine signifikant geringere Beschäftigungswahrscheinlichkeit als alleinerziehende Mütter, die erst später in ihrem Leben alleinerziehend wurden (Boockmann et al. 2018), da sie häufiger geringer qualifiziert sind und jüngere Kinder im Haushalt betreuen.

Haushaltsnettoäquivalenzeinkommen Paarfamilien vs. Alleinerziehende (2020)

Paarfamilien: rund 26.500 Euro
Alleinerziehende: rund 17.900 Euro
(BMFSFJ 2024, S. 89)

Vergleicht man die Gruppe der alleinerziehenden Mütter mit der Gruppe der alleinerziehenden Väter, so zeigt sich, dass alleinerziehende Väter durchschnittlich eine höhere Beschäftigungsquote und ein höheres Einkommen aufweisen als alleinerziehende Mütter. Dies liegt daran, dass alleinerziehende Väter tendenziell über einen höheren Bildungsabschluss verfügen als alleinerziehende Mütter. Darüber hinaus betreuen sie in der Regel weniger und ältere Kinder in ihrem Haushalt und müssen entsprechend weniger Care-Arbeit leisten als alleinerziehende Mütter mit jüngeren und mehreren Kindern.

> »Die Erwerbstätigenquoten Alleinerziehender nehmen mit dem Alter des jüngsten Kindes sukzessive zu, wobei sich die niedrigere Quote der alleinerziehenden Mütter mit steigendem Alter des Kindes an die Quote der alleinerziehenden Väter angleicht. War das jüngste Kind im Haushalt 3 bis unter 6 Jahre alt, gingen im Jahr 2017 bereits 60 Prozent der alleinerziehenden Mütter und 75 Prozent der Väter einer Arbeit nach. War es zwischen 6 und unter 10 Jahre alt, lagen die Quote der alleinerziehenden Mütter mit 76 Prozent und die Quote der alleinerziehenden Väter mit 79 Prozent nahezu gleichauf. Bei älteren Kindern im Alter von 15 bis unter 18 Jahre erreichten beide Gruppen Anteile über 80 Prozent« (Statistisches Bundesamt 2018).

Im Vergleich dazu waren im Jahr 2023 87,1 % der alleinerziehenden Väter, aber nur 71,4 % der alleinerziehenden Mütter erwerbstätig. Ging die Erwerbstätigkeit alleinerziehender Mütter während der Coronapandemie zurück, so stieg die Erwerbstätigenquote alleinerziehender Väter stattdessen in den vergangenen fünf Jahren an.

Auch im Vergleich mit Müttern in Paarfamilien sind alleinerziehende Mütter seltener beschäftigt (71,4 % zu 77 % der Mütter in Paarfamilien). Bei genauerer Betrachtung zeigt sich jedoch, dass alleinerziehende Mütter, falls sie erwerbstätig sind, »deutlich häufiger in Vollzeit erwerbstätig [sind] als Mütter in Paarfamilien (41,4 % im Vergleich zu 33,1 % in 2023)« (Menne & Funcke 2024, S. 13). Dieser Unterschied zwischen den Müttern ist seit Jahren ebenso konstant wie die Tatsache, dass alleinerziehende Mütter insgesamt mehr Stunden erwerbstätig sind als Mütter in Paarfamilien (ebd.). Darin spiegelt sich die Tatsache wider, dass alleinerziehende Mütter mit zunehmendem Alter ihres jüngsten Kindes möglichst versuchen bzw. dazu gezwungen sind, existenzsicherndes Einkommen zu erwirtschaften, wohingegen Mütter in traditionell strukturierten Paarfamilien häufig lediglich dazuverdienen (müssen).

Für beide Gruppen von Müttern gilt jedoch, dass sie ihre Erwerbstätigkeit deutlich stärker einschränken als Väter. Dies gilt für Väter in Paarfamilien ebenso wie für Väter, die alleinerziehend ein Kind betreuen. Hierin bildet sich unter anderem die Persistenz geschlechtsspezifischer Rollenvorstellungen ab. Alleinerziehende Mütter mit Kindern unter drei Jahren weisen in Summe die geringste Erwerbstätigenquote auf. Für sie ist es besonders schwierig die Betreuung ihrer kleinen Kinder sicherzustellen und gleichzeitig für das Familieneinkommen zu sorgen.

Beide Gruppen von Müttern leisten auch mehr unbezahlte Care-Arbeit als Väter und dies gilt auch im Falle einer Erwerbstätigkeit. Waren alleinerziehende Mütter 2023 durchschnittlich 19 Stunden erwerbstätig, brachten sie 38 Stunden die Woche für Care-Arbeit auf, wohingegen alleinerziehende Väter 26,5 Stunden erwerbstätig waren, jedoch nur 22,5 Stunden pro Woche Care-Arbeit leisteten.

Zudem nimmt auch das Bildungsniveau Einfluss auf den Umfang der Erwerbstätigkeit. Alleinerziehende Mütter mit einem niedrigeren Bildungsstand sind seltener in Vollzeit beschäftigt als alleinerziehende Mütter mit einem mittleren bis hohen Bildungsstand. So waren beispielsweise alleinerziehende Mütter mit einem hohen Bildungsstand 2017 zu 85 % erwerbstätig, wovon 42 % in Vollzeit beschäftigt waren. Dies entsprach einer Vollzeitquote von 50 % der hochqualifizierten alleinerziehenden Mütter« (Statistisches Bundesamt 2018, S. 29).

Diese statistischen Zahlen spiegeln wider, wie prekär die Situation vor allem für alleinerziehende Mütter ist. Da das zusätzliche Einkommen eines Partners fehlt, unterliegen sie unter anderem der Notwendigkeit anhand eigener Erwerbstätigkeit ein möglichst existenzsicherndes Familieneinkommen zu erzielen. Darüber hinaus müssen alleinerziehende Mütter häufig schlechtere Arbeitsbedingungen hinnehmen. Dies gilt insbesondere für alleinerziehende Mütter mit einer geringeren beruflichen Qualifikation, die häufig im Einzelhandels- oder Dienstleistungsbereich tätig sind. So arbeiten sie beispielsweise öfter zu ungünstigen Zeiten wie etwa am Wochenende, abends, nachts oder im Schichtbetrieb. Außerdem zeigt sich, dass ein hoher Anteil alleinerziehender Mütter nicht in ihrem erlernten Beruf tätig ist, stattdessen einer Tätigkeit nachgeht, für die eine Einarbeitung oder Einweisung ausreichend ist. Das heißt, alleinerziehende Mütter sind häufig unter ihrem Qualifikationsniveau beschäftigt (Lenze 2021, S. 26f.).

»Differenziert man innerhalb der Alleinerziehenden noch einmal weiter, so bestreiten mit 71 Prozent deutlich mehr geschiedene Mütter ihren Lebensunterhalt hauptsächlich durch eine Erwerbstätigkeit als ledige (61 %), verheiratet getrennt lebende (56 %) oder verwitwete Mütter (39 %)« (Menne & Funcke 2024, S. 15). Entsprechend seltener sind geschiedene alleinerziehende Mütter auch auf Arbeitslosen- oder Bürgergeld angewiesen (19,6 Prozent). Hingegen beziehen verheiratet getrennt lebende Mütter zu 29 Prozent und ledige alleinerziehende Mütter zu 27 Prozent entsprechende staatliche Transferleistungen (ebd.).

3.1.2 SGB-II- bzw. Bürgergeld-Bezug trotz Erwerbstätigkeit?

Obwohl viele alleinerziehende Eltern einer Erwerbstätigkeit nachgehen, reicht diese in vielen Fällen nicht zur Existenzsicherung der Einelternfamilie aus. Zwar ist eine dauerhafte Vollzeiterwerbstätigkeit in der Regel existenzsichernd und nur 2 % dieser Einelternfamilien machen dauerhafte oder wiederkehrende Armutserfahrungen. »Allerdings zeigen sich auch bei Vollzeit erwerbstätigen alleinerziehenden

Müttern vergleichsweise häufig (16 %) kurzzeitige Armutsepisoden« (Lenze 2021, S. 29).

Anders stellt sich indessen die Situation von geringqualifizierten alleinerziehenden Müttern dar, die häufig im Niedriglohnsektor tätig sind. Diese sogenannten ›Aufstockerinnen‹ und ›Aufstocker‹ gehen einem regulären Beschäftigungsverhältnis nach, sind aber zur Existenzsicherung auf ALG-II-Leistungen bzw. Bürgergeld angewiesen.

Alleinerziehende in der ›Sozialleistungsfalle‹?

»Um die Bedarfe für sich und ihre Kinder durch Erwerbstätigkeit selbst zu decken, muss eine Alleinerziehende ein relativ hohes Erwerbseinkommen erwirtschaften, damit sie den Leistungsbezug verlassen kann.

Wenn es unter allen SGB-II-Haushalten insbesondere den Alleinerziehenden-Haushalten nur schwer gelingt, eine existenzsichernde Erwerbsarbeit aufzunehmen, dann liegt dies zum einen daran, dass die Kinderkosten in Deutschland weitestgehend privatisiert sind: Familien müssen den Großteil der Kosten der Kindererziehung selbst tragen und daher ein höheres Einkommen erwirtschaften als alleinstehende Personen. Alleinerziehende müssen dies zudem ohne die Unterstützung durch eine zweite erwachsene Person im Haushalt schaffen. Das bedeutet, dass Alleinerziehende im Vergleich zu kinderlosen Ledigen erheblich mehr Einkommen erzielen müssen, um den Leistungsbezug zu verlassen. […]

Zum anderen stehen Alleinerziehende wegen der Betreuung von Kindern nicht in demselben Maße dem Arbeitsmarkt zur Verfügung wie Alleinstehende – umso weniger, je jünger die Kinder sind, die versorgt werden müssen. Fehlende flexible und qualitativ hochwertige Betreuungs- und Bildungsmöglichkeiten für Kinder verhindern zum Teil, dass Alleinerziehende ›guten Gewissens‹ einer Erwerbstätigkeit nachgehen können« (Lenze & Funcke 2016, S. 30).

Berufstätige alleinerziehende Mütter im SGB-II-Bezug sind häufig in Teilzeit oder geringfügig beschäftigt. Über zwei Drittel von ihnen (66 %) streben allerdings eine Ausweitung ihrer Arbeitszeit an. Sie sind häufig auf der Suche nach einer zusätzlichen oder anderen Erwerbstätigkeit. Was der Realisierung ihres Arbeitswunsches indes entgegensteht, sind häufig veränderte Arbeitsmarktbedingungen. So haben Unternehmen seit 2005 zunehmend Arbeitsplätze für Geringqualifizierte durch Minijobs ersetzt (Lenz & Funcke 2016, S. 31).

3.1.3 Armutsbetroffenheit von Einelternfamilien

Einelternfamilien sind seit Jahren die am häufigsten von Armut betroffene Familienform. Da alleinerziehende Mütter häufiger geringer qualifiziert sind sowie jüngere und mehr Kinder in ihrem Haushalt betreuen als alleinerziehende Väter, sind sie auch häufiger von Armut betroffen bzw. von dieser gefährdet als ihre männlichen Äquivalenten. Eine Armutslage zu vermeiden, gelingt alleinerziehenden Müttern dann erheblich leichter,

> »wenn sie eine hohe berufliche Qualifikation aufweisen und schon bis zur Trennung gut im Arbeitsmarkt verankert waren und zudem der getrennt lebend Elternteil zum Barunterhalt des Kindes mit dem Mindestunterhalt oder mehr beitragen kann. Kommen jedoch eine geringe oder veraltete Qualifikation und eine längere Erwerbsunterbrechung zusammen und geht dies noch mit einer schlechten Zahlungsmoral bzw. der Nicht-Zahlungsfähigkeit des Barunterhaltspflichten einher, so gibt es regelmäßig kein Entrinnen aus dem SGB-II-Bezug« (Lenze & Funke 2016, S. 30).

Um die nachfolgenden Zahlen richtig einordnen zu können ist es wichtig zwischen den Begriffen Armut und Armutsgefährdung zu unterscheiden. In der Wissenschaft lassen sich hierzu zwei Definitionen finden (▶ Tab. 3.1).

Tab. 3.1: Definitionen »sozialstaatlich definierte Armutsgrenze« und »relative Einkommensarmut« (eigene Darstellung; basierend auf Menne & Funcke 2024, S. 19)

›Armut‹ sozialstaatlich definierte Armutsgrenze	›Armutsgefährdung‹ relative Einkommensarmut
Als arm gelten Personen (Erwachsene wie Kinder), die in einem Haushalt leben, der Leistungen nach dem Sozialgesetzbuch Zweites Buch – Grundsicherung für Arbeitsuchende (SGB II) erhält.	Als armutsgefährdet gelten Personen (Erwachsene wie Kinder), die in Haushalten leben, dessen Einkommen weniger als 60 Prozent des mittleren Einkommens (Median des Haushaltsnettoäquivalenzeinkommens) aller Haushalte beträgt.

Statistisch gesehen wurden im Jahr 2023 41 % und damit knapp 700.000 Einelternfamilien als armutsgefährdet eingestuft. Im Vergleich dazu sind Paarfamilien sehr viel seltener armutsgefährdet. Deren Quote liegt mit einem Kind bei 8,1 %, mit zwei Kindern bei 10,4 % und mit mehr als drei Kindern bei 30,1 % (Statistische Ämter des Bundes und der Länder 2024).

Entsprechend häufig erhielten Einelternfamilien – und hier insbesondere alleinerziehende Mütter – Leistungen nach dem SGB II bzw. Bürgergeld. Im genannten Jahr erhielten 37,5 % aller Alleinerziehenden SBG-II-Leistungen und damit deutlich häufiger als Paarfamilien, von denen 6,6 % Leistungen nach dem SGB II beanspruchten (Bundesagentur für Arbeit 2024). Alleinerziehende Mütter erhalten dreimal häufiger SGB-II-Leistungen als alleinerziehende Väter (Bundesagentur für Arbeit 2024). Zur Sicherung der Existenz ihrer Einelternfamilie sind vor allem alleinerziehende Mütter mit jüngeren und mehreren Kindern im Haushalt häufiger und länger auf den Bezug von SGB-II-Leistungen angewiesen. Erschwerend kommt noch hinzu, dass alleinerziehende Erwerbslose häufig über einen längeren Zeitraum ohne Arbeit sind.

Die Armutsgefährdung von Alleinerziehenden und ihren Kindern geht mit erheblichen materiellen Entbehrungen einher. Viele alleinerziehende Mütter (und Väter) müssen auf Dinge, die zum allgemeinen Lebensstandard gehören, verzichten. Es fehlt an Geld für Sonderausgaben wie Urlaubsreisen, Besuchen kultureller Veranstaltungen oder Sport- und Freizeitaktivitäten. Unerwartete Ausgaben – wie eine defekte Waschmaschine, ein kaputtes Auto oder dergleichen – können den Finanzhaushalt mancher Einelternfamilie derart in Schieflage bringen, dass diese Zusatzausgaben aus eigenen Mitteln nicht mehr leistbar sind. Freunde oder die eigenen Eltern müssen finanziell einspringen oder es werden Schulden gemacht. Drei von fünf alleinerziehenden Müttern im SBG-II-Bezug verfügen über keinerlei Ersparnisse (Lenze & Funcke 2016, S. 28). Alle anfallenden Ausgaben der Lebensführung müssen durch die staatlichen Regelleistungen des SGB II bestritten werden. Für einen geringen Teil der Einelternfamilien (14,2 %) bedeutet dies aber auch, dass Mindestanforderungen, wie jeden zweiten Tag eine vollwertige Mahlzeit einzunehmen, aus finanziellen Gründen nicht mehr entsprochen werden kann.

In empirischen Studien zur Armutsverarbeitung von alleinerziehenden Eltern wird die Grundhaltung dieser deutlich, ihre Kinder vor potenziell negativen Auswirkungen des Aufwachsens in Einelternfamilien schützen zu wollen. Bereits episodische Erfahrungen von Armut können allerdings längerfristig nachwirken. Deshalb steht der Schutz vor Armuts- und Deprivationserfahrungen an erster Stelle. Eine erhebliche Bedeutung kommt dabei allem Anschein nach dem Erziehungsverhalten der Mutter zu. Entscheidend ist, inwieweit sie in der Lage ist, eigene Deprivationserfahrungen zu kompensieren, dauerhaft ein unterstützendes Erziehungsverhalten zu zeigen und positive Formen der Kommunikation aufrechtzuerhalten. Dabei erweist sich die Familienform als ausschlaggebender Faktor. Denn allem Anschein nach sind vor allem alleinerziehende Mütter in der Lage, vorübergehende Phasen ökonomischer Deprivation durch ein verstärktes Bemühen um ein positives Verhältnis zu ihren Kindern zu kompensieren. Die Auswirkungen dauerhafter ökonomischer Deprivation können dadurch jedoch nicht ausgeglichen werden. So zeigen beispielsweise die Ergebnisse der AWO-ISS-Armutsstudie, dass »Kinder aus Familien in Einkommensarmut im Vergleich zu Gleichaltrigen aus finanziell gesicherten Verhältnisse ein rund doppelt so hohes Risiko haben, in ihrer sprachlichen, sozialen oder gesundheitlichen Entwicklung beeinträchtigt zu sein« (Holz 2006). Arbeitslosigkeit der Eltern, finanzielle Verknappung und Armut gehen häufig mit Beeinträchtigungen des physischen und psychischen Wohlbefindens und Minderwertigkeitsgefühlen bei den betroffenen Kindern und Jugendlichen einher. Entscheidend dabei ist, inwieweit die prekäre sozioökonomische Situation seitens der Kinder und Jugendlichen subjektiv wahrgenommen und als Benachteiligung gegenüber anderen, materiell besser gestellten Kindern und Jugendlichen empfunden wird (► Kap. 7). Insbesondere ältere Kinder und Jugendliche verfügen über ein sensibles Verständnis im Hinblick auf soziale Unterschiede und Hierarchien. Deshalb stellt für sie der Vergleich mit ökonomisch besser gestellten Gleichaltrigen eine Belastung dar (Walper 2005). Diese Aussage wird durch die Daten der Studie *Einelternfamilien im ländlichen Raum* (Wernberger 2017) bestätigt. Jugendliche und ältere Kinder entwickeln regelrecht Vermeidungsstrategien, um die eingeschränkte sozioökonomische Situation ihres Elternhaues nicht bekannt werden zu lassen:

> »Und die Sonja [Tochter der befragten alleinerziehenden Mutter] ist so, sie will nicht, dass jemand herkommt zu uns, weil es bei uns halt nicht so top ist wie bei anderen und nicht so modern wie bei anderen und sie halt kein Jugendzimmer und keinen Computer hat. Das ist das. Sie geht dann viel zu anderen Kindern, sie will eigentlich nicht, dass jemand herkommt. Ich glaube, sie schämt sich da schon ein bisschen« (Sieglinde W.).

Neben den erwachsenen alleinerziehenden Personen müssen auch die Kinder und Jugendlichen mit den finanziellen Gegebenheiten in einer Einelternfamilie zurechtkommen. In finanziell prekären Situationen machen sich diese häufig Sorgen, dass die Familie zu wenig Geld zur Verfügung hat (Andresen & Möller 2019, S. 151), auch wenn insbesondere alleinerziehende Mütter nachweislich sehr darum bemüht sind, eigene Belastungen nicht an die Kinder weiterzugeben. Sie sparen bevorzugt an den eigenen Bedürfnissen, verzichten auf Urlaub und Konsumgüter und versuchen kreative Lösungen zu finden, um ihren Kindern ein Höchstmaß an sozialer Teilhabe zu ermöglichen (Schwarz-Zeckau & Possinger 2019, S. 319).

3.2 Gesundheitliche Situation

Die gesundheitliche Situation von Einelternfamilien muss, wie bei allen Familienformen, stets in einem Gesamtzusammenhang von Risiko- und Schutzfaktoren gesehen werden. Dieses Verständnis geht auf den Medizinsoziologen Aaron Antonovsky zurück (Antonovsky 1998).

Salutogenetische Perspektive

In seinem Konzept der Salutogenese versteht Antonovsky (1998) Gesundheit nicht als festen Zustand, sondern als einen dynamischen Prozess zwischen den Polen ›krank‹ und ›gesund‹. Demzufolge ist der menschliche Organismus nie vollständig krank oder gesund. Stattdessen resultiert Gesundheit aus der beständigen Auseinandersetzung mit äußeren und inneren Einflüssen, den sogenannten Stressoren, und den zur Bewältigung zur Verfügung stehenden Ressourcen.

Was ein Individuum als belastend empfindet, hängt häufig auch von individuellen Faktoren und Einschätzungen ab. Hilfreich sind hierbei generalisierte Widerstandsressourcen, um mit widrigen Alltagserfahrungen konstruktiv umzugehen. Diese Ressourcen können im Individuum selbst liegen, in unterstützenden Beziehungen des sozialen Nahraums oder in gesellschaftlichen Teilhabe- und Anerkennungsverhältnissen verwurzelt sein und haben eine protektive Wirkung. Je mehr solcher Schutzfaktoren einer Person individuell zur Verfügung stehen, desto besser schätzt sie ihre Gesundheit ein und desto höher sind die erlebte Lebensqualität und Zufriedenheit.

Häufig sind jedoch alleinerziehende Personen mit begrenzten sozialen, zeitlichen und finanziellen Ressourcen und erhöhten belastenden Stressoren konfrontiert, die sich negativ auf ihre gesundheitliche Situation auswirken (können). Im Durchschnitt haben Einelternfamilien weniger finanzielle Ressourcen und weniger soziale Unterstützung zur Verfügung als Familien mit zwei Elternteilen. Dies führt dazu, dass insbesondere die psychische Gesundheit von alleinerziehenden Müttern und Vätern häufiger beeinträchtigt ist als die von Eltern, die in Partnerhaushalten leben (Rattay et al. 2024, S. 2). Dies spiegelt sich auch in der Selbsteinschätzung alleinerziehender Mütter wider, die häufiger von einem schlechten gesundheitlichen Allgemeinzustand berichten als Mütter in Partnerschaften (ebd., S. 3).

3.2.1 Gesundheitsverhalten

Alleinerziehende weisen eine höhere Inzidenz von Risikoverhalten wie Rauchen und unzureichender körperlicher Aktivität auf. Zudem berichten sie häufiger von ungesunden Ernährungsgewohnheiten. Diese Verhaltensweisen verstärken das Risiko für zahlreiche gesundheitliche Probleme und mindern die allgemeine Lebensqualität. Diese Verhaltensweisen müssen jedoch im Zusammenhang mit fehlenden zeitlichen und finanziellen Ressourcen für Freizeit und Konsum im Allgemeinen und den zusätzlichen Stressoren dieser Lebensform gesehen werden. Die dargestellten Verhaltensweisen beziehen sich auf alleinerziehende Mütter und Väter gleichermaßen; einzig in Bezug auf die Zahnvorsorge unterscheiden sich die Geschlechter. Der Zahnvorsorge kommen alleinerziehende Väter vergleichsweise weniger nach (Rattay et al. 2024).

3.2.2 Psychische Gesundheit

Ein beträchtlicher Teil der Forschung weist darauf hin, dass alleinerziehende Eltern ein erhöhtes Risiko für psychische Erkrankungen wie Depressionen, Angstzustände und chronischen Stress haben. So geben alleinerziehende Mütter beispielsweise mehr als doppelt so häufig psychische Erkrankungen (24,7 %) wie verheiratete Mütter (10,9 %) (Helfferich, Hendl-Kramer & Klindworth 2003). Der immense Druck, sowohl finanziell als auch emotional für die Familie sorgen zu müssen, befördert psychische Belastungen. Zusätzlich führen soziale Isolation und das Fehlen sozialer Netzwerke zu einer Verschlechterung der mentalen Gesundheit. Denkbar ist aber auch,

> »dass schwere und beeinträchtigende chronische oder psychische Erkrankungen bei Müttern und Vätern Stress und Paarkonflikte verursachen oder verstärken können, die dann eine Trennung und damit das Alleinerziehen zur Folge haben können (Rattay 2024, S. 11).
>
> So mag es nicht verwundern, dass Alleinerziehende berichten, dass sie häufiger Beratungs- oder sonstige Unterstützungsangebote für Familien sowie Psychotherapien in Anspruch nehmen. Bei der Inanspruchnahme anderer niedergelassener Facharztgruppen zeigen sich hingegen keine Unterschiede nach der Familienform« (ebd., S. 3).

Von vielen alleinerziehenden Müttern und Vätern werden die Zeit vor der Trennung und die ersten ein, zwei Jahre nach der Trennung als besonders belastend empfunden. Verunsicherung, zum Teil erhebliche Orientierungslosigkeit in Bezug darauf, wie es weitergehen soll, die Notwendigkeit neue Lebensentwürfe zu gestalten und alte Rollenmuster für sich zu überarbeiten, gepaart mit der plötzlichen alleinigen bzw. hauptverantwortlichen Zuständigkeit für Kinder, Geld und Haushalt, führen alleinerziehende Elternteile an ihre Belastungsgrenzen und zum Teil darüber hinaus. »Längerfristig bestehende Partnerschaftskonflikte vor der Trennung können sogar stärkere Auswirkungen auf die psychische und physische Gesundheit der Familienmitglieder haben als die Trennung oder Scheidung an sich« (ebd., S. 11).

3.2.3 Physische Gesundheit

Im Vergleich zur hohen Prävalenz psychischer Belastungen weisen Alleinerziehende in Bezug auf ihre körperliche Gesundheit eine geringere oder keine Beeinträchtigung auf. Laut dem Gesundheitsmonitoring des Robert Koch Instituts (Rattay 2024) sind jedoch Rückenschmerzen und andere muskuloskelettale Erkrankungen bei alleinerziehenden Eltern häufiger anzutreffen, was auf den doppelten physischen und psychischen Stress zurückgeführt werden kann.

3.2.4 Der Einfluss sozioökonomischer Faktoren

Für die Erklärung der durchschnittlich schlechteren Gesundheit von alleinerziehenden Eltern und deren zum Teil weniger gesundheitsförderlichen Verhaltensweisen ist es hilfreich, sozioökonomische Faktoren wie Einkommen, Erwerbsstatus und Bildung, aber auch soziale Aspekte wie zum Beispiel unterstützende soziale Beziehungen zu berücksichtigen. Betrachtet man die heterogene Gruppe Alleinerziehender unter diesen Gesichtspunkten, so ist zu erkennen, dass »zum Teil große Unterschiede im Bereich der Gesundheit Alleinerziehender in Abhängigkeit von der finanziellen Situation, dem Bildungsstand, dem Erwerbsstatus als auch der sozialen Unterstützung« (ebd., S. 3) bestehen.

Bekanntermaßen trägt Einkommenssicherheit signifikant zum psychischen und physischen Wohlbefinden bei, da finanzielle Belastungen ihrerseits Stress erhöhen und den Zugang zu Gesundheitsdiensten sowie zu gesunder Ernährung einschränken können. Alleinerziehende Mütter mit hohem Einkommen, Vollzeiterwerbstätigkeit sowie umfänglicher sozialer Unterstützung weisen hinsichtlich der selbsteingeschätzten und psychischen Gesundheit und der Inanspruchnahme professioneller Hilfe aufgrund psychischer Probleme beinahe keine Unterschiede zu Müttern in Paarhaushalten auf.

> »Eine Erwerbstätigkeit kann zwar aufgrund begrenzter zeitlicher Ressourcen von Alleinerziehenden durchaus zu Vereinbarkeitsproblemen und Stress führen. Gleichzeitig kann sie Alleinerziehenden eine größere finanzielle Unabhängigkeit von Unterstützungsleistungen, ein höheres Selbstwertgefühl und soziale Kontakte jenseits der Familie ermöglichen. Bei Belastungen in einem Lebensbereich kann so der andere Lebensbereich ggf. Ausgleich und Entlastung schaffen. Hierbei ist anzunehmen, dass diese Mechanismen in stärkerem Maße für besser gebildete Mütter gelten. […]. Professionelle Hilfe aufgrund von psychischen Problemen nehmen insbesondere nicht erwerbstätige Alleinerziehende sowie Alleinerziehende mit nur geringer sozialer Unterstützung in Anspruch« (ebd., S. 12).

Letztlich bedeutet dies: Je höher der Bildungsstand, je gesicherter die finanzielle und umfänglicher die Erwerbssituation und je unterstützender die sozialen Beziehungsnetzwerke Alleinerziehender sind, desto geringer ist die gesundheitliche Belastung und Benachteiligung, die mit dieser Familienform einhergeht.

3.2.5 Der Einfluss sozialer Beziehungen

Negative soziale Beziehungen, soziale Isolation und ein Mangel an sozialer Unterstützung stellen weitere Faktoren dar, die die gesundheitliche Belastung von Alleinerziehenden erhöhen können.

> »Im Vergleich zu Müttern in Paarbeziehungen sind alleinerziehende Mütter nicht nur vermehrt Stressoren ausgesetzt, sondern verfügen auch über weniger Unterstützung (Cairney et al. 2003) und das Zusammenspiel aus geringerem sozialem Status, höheren Anzahl von Stressoren und geringerer Unterstützung kann die Unterschiede in der Depressionsneigung zwischen Müttern, die mit einem Erwachsenen im Haushalt zusammenleben, und Alleinerziehenden fast vollständig erklären« (Keim-Klärner 2020, S. 336).

Unterstützende soziale Beziehungen erhöhen indes das Wohlbefinden, verbessern die Gesundheit und begünstigen gesundheitsförderliche Verhaltensweisen alleinerziehender Elternteile.

3.2.6 Work-Life-Balance in Einelternfamilien

Unter dem Aspekt einer gesunden Lebensführung geht es um weit mehr als das bloße Fehlen von Belastungen, körperlichen Beeinträchtigungen oder psychischen Störungen. Die Kumulation familialer Aufgaben und Zuständigkeiten führt konsequenterweise zu einem erhöhten Bedarf an Erholung, Entspannung und Rekreation. Das moderne Verständnis einer präventiven ›Work-Life-Balance‹ ist auch unter den strukturellen Bedingungen von Einelternfamilien nicht zu vernachlässigen; vielmehr erhält es unter diesen Lebensbedingungen eine besondere Bedeutung. Der erweiterte Umfang an Arbeit und familialen Verpflichtungen steht oft in keiner Proportion zu den vorhandenen Möglichkeiten für freie Zeit, also einer Zeit, die zur freien Verfügung steht. Dies führt häufig zu einer ungesunden Schieflage in der Balance zwischen Arbeit und Erholung.

Die Lebenssituation von alleinerziehenden Personen lässt in der Regel wenig Spielraum für individuelle Freiräume und Bedürfnisse. Im Gegensatz zu Paarbeziehungen, in denen Partner einander diese Freiheit ermöglichen könnten, sind alleinerziehende Mütter und Väter diesbezüglich stets auf Dritte angewiesen. Institutionelle Angebote ermöglichen zwar die Erwerbstätigkeit, bieten jedoch keine adäquate Zeit zur Regeneration. Öffnungs- und Buchungszeiten der Kinderbetreuungseinrichtungen entsprechen meist dem Arbeitszeitbedarf der Eltern. Doch institutionelle Formen der Kinderbetreuung werden in der Regel weder in den Abendstunden noch am Wochenende angeboten. Individuelle Freiräume können alleinerziehende Eltern somit nur durch die Inanspruchnahme informeller Unterstützung aus ihrem sozialen Nahraum erhalten.

Fehlt diese Unterstützung, beispielsweise weil die Großeltern weiter entfernt wohnen oder weil auch im näheren Umfeld niemand verfügbar ist, der abends die Kinder betreuen kann, hat dies fundamentalen Einfluss auf die Freiräume der

Erwachsenen in Einelternfamilien. Gerade unter den Lebensbedingungen von Einelternfamilien wären jedoch solche Freiräume von erheblicher gesunderhaltender Bedeutung.

Besteht jedoch Zugang zu dieser Unterstützung, so zieht dies positive Wirkungen auf Körper und Psyche nach sich. Das subjektive Empfinden der Belastung nimmt ab, Überforderungsgefühle reduzieren sich oder entstehen erst gar nicht. Damit unterstreicht diese Betrachtung die Notwendigkeit und Bedeutung der sozialen Unterstützung für eine gesunde Work-Life-Balance bei Einelternfamilien.

3.2.7 Die Gesundheit der Kinder

Im Allgemeinen unterscheidet sich der gesundheitliche Zustand von Kindern in Eineltern-, Zweieltern- oder Stieffamilien nicht (Rattay et al. 2014, S. 863). Größere Differenzen zwischen den Familienformen werden jedoch deutlich, wenn nach chronischen Erkrankungen oder emotionalen und Verhaltensauffälligkeiten gefragt wird. »Der Anteil chronisch kranker Kinder und Jugendlicher [...] in Einelternfamilien [ist] mit 22,4 Prozent signifikant höher als in Kernfamilien mit 16,2 Prozent. [...] In der geschlechterdifferenzierten Betrachtung fällt auf, dass insbesondere Jungen aus Einelternfamilien von einer chronischen Krankheit betroffen sind (26,1 Prozent)« (ebd.). Unklar ist jedoch, ob die chronische Erkrankung und das damit einhergehende Belastungserleben der Eltern mit ursächlich für die Trennung der Erziehungspersonen war oder erst nach dieser vermehrt aufgetreten ist.

Zudem wiesen im Jahr 2014 19,7 % der Kinder in Einelternfamilien emotionale und Verhaltensauffälligkeiten auf, im Gegensatz zu 8,3 % der Kinder in Zweielternfamilien. Berücksichtigt man bei der statistischen Betrachtung sowohl den sozioökonomischen Status von Einelternfamilien als auch das familiäre Miteinander in Einelternfamilien, reduziert sich der Anteil an emotionalen und Verhaltensauffälligkeiten und der Unterschied zu Kindern in Zweielternfamilien und ist statistisch nicht mehr signifikant (Rattay et al. 2014).

Dabei ist zu beachten, dass die Trennungszeit nicht nur für Erwachsene eine Phase tiefgreifender Veränderungen und neuer Anforderungen darstellt, sondern auch für die Kinder, die oft mit erhöhten gesundheitlichen Belastungen konfrontiert sind. Diese Belastungen manifestieren sich häufig in Form von Stress, der sich wiederum in Verhaltensauffälligkeiten äußern kann.

Langfristig können die Beendigung der bestehenden Konflikte zwischen den Eltern, eine finanziell gesicherte Lebenslage und eine gute soziale Einbindung und Unterstützung positive Auswirkungen auf die Entwicklung der von Trennung und Scheidung betroffenen Kinder haben.

Die 20-jährige Längsschnittstudie von Hetherington und Kelly (2003) zeigt, dass die weitverbreitete Ansicht, eine Scheidung habe generell langfristig negative Auswirkungen auf die Entwicklung von Kindern, empirisch nicht haltbar ist. Die Ergebnisse der Studie belegen, dass 80 % der betroffenen Kinder und Erwachsenen nach einer schmerzhaften Übergangsphase durchaus gut mit der neuen Lebenssituation zurechtkommen. Hetherington und Kelly kommen daher zu dem Schluss, dass nicht die Auflösung der Partnerschaft und die Trennung der Haushalte per se die belastenden oder schädigenden Effekte verursachen, sondern vielmehr die damit häufig einhergehenden sozialen und ökonomischen Belastungen (ebd.).

Belastungsfaktoren für Kinder nach Trennung bzw. Scheidung der Eltern

Zu den Belastungsfaktoren zählen eingeschränkte finanzielle Verhältnisse, die Auflösung ehemals bestehender sozialer Netzwerke, der erlebte soziale Abstieg und Prestigeverlust sowie unzuverlässige und überforderte Eltern mit permissivem oder autoritärem Erziehungsverhalten. Diese Faktoren stellen erheblich größere Risiken für die kindliche Entwicklung dar als die Trennung an sich.

Im Gegensatz dazu wirken eine verlässliche Lebensumwelt, finanzielle Sicherheit und ein autoritatives Erziehungsverhalten protektiv und unterstützen die Kinder dabei, sich an die veränderte Lebenssituation anzupassen.

»Die Scheidung setzt Kinder vielen Stressbelastungen aus. [...] Aber wenn die Erziehung liebevoll, bestimmt und konsequent ist und der Konflikt zwischen den geschiedenen Eltern gering, gedeihen die Kinder, ganz gleich, ob sie vom Vater, der Mutter oder beiden erzogen werden« (Hetherington & Kelly 2003, 170).

Die Studienergebnisse verdeutlichen somit, dass die langfristige Entwicklung von Kindern nach einer elterlichen Trennung weniger von der Trennung selbst, sondern vielmehr von den begleitenden sozialen und ökonomischen Bedingungen beeinflusst wird. Entscheidend ist, die Lebensumstände so zu gestalten, dass sie den Kindern Stabilität und Unterstützung bieten.

3.3 Freizeit und deren Gestaltung

Etymologisch betrachtet besteht das Wort ›Freizeit‹ aus dem Adjektiv ›frei‹ und dem Substantiv ›Zeit‹. ›Frei‹ bedeutet so viel wie ›unabhängig‹, ›unbeschränkt‹. In seiner Wurzel wird es auch mit Begriffen wie ›gernhaben‹, ›schonen‹, ›friedlich-frohe Gesinnung‹ und ›etwas genießen‹ in Verbindung gebracht. Freizeit bedeutet also schlicht Zeit für all diese Aspekte im Leben zu haben. Im allgemeinen Sprachverständnis versteht man unter Freizeit folglich eine Zeit frei von anderweitigen Verpflichtungen wie Erwerbstätigkeit, Haushaltsführung, aber auch Zeit frei von den Anforderungen der Körperpflege, der Ernährung oder des Schlafens.

Freizeit

Zeiträume, die einer Person frei von anderen Verpflichtungen zur Verfügung stehen und über die sie selbstbestimmt verfügen kann.

Der Umfang individuell frei zur Verfügung stehender Zeit hängt bei allein- bzw. getrennterziehenden Eltern maßgeblich vom jeweiligen Modell der Kinderbetreuung ab. Bei einem synchronen Wechselmodell, das heißt, die getrenntlebenden Eltern teilen die Zeiten der Kinderbetreuung 50:50 untereinander auf, steht den allein- bzw. getrennterziehenden Elternteilen im Vergleich zu anderen Einelternfamilien relativ viel Zeit ohne Aufgaben der Kinderbetreuung zur Verfügung. Diese müssen jedoch neben Freizeitbedürfnissen vollumfänglich für Erwerbstätigkeit genutzt werden, da in diesem Betreuungsmodell in der Regel der Kindsunterhalt entfällt. Gleichwohl verbleiben mehrere freie Abende und auch freie Zeiten am Wochenende und im Urlaub, die individuell genutzt werden können.

Wurde ein asynchrones Wechselmodell (► Kap. 2.7) zwischen den Eltern vereinbart – beispielsweise 70:30 –, so zahlt der weniger betreuende Elternteil häufig Kindsunterhalt und zugleich verbleiben dem hauptbetreuenden Elternteil in der Regel zwei ›kinderfreie‹ Tage in der Woche. Diese werden häufig ebenfalls für Erwerbstätigkeit genutzt, eröffnen aber flexiblere zeitliche Spielräume und Gestaltungsmöglichkeiten insbesondere in den Abendstunden und in der Urlaubszeit.

Vergleicht man die freien Zeitkontingente (zum Beispiel: zwei freie Abende und ein freier Tag am Wochenende) getrennterziehender Personen mit den Zeiten, die Eltern in Paarfamilien regelmäßig für sich zur Verfügung haben, dann neigt sich die Zeitbilanz durchaus positiv in Richtung getrennterziehender Elternteile. Dies gilt insbesondere für Frauen, denn aktuelle Studien zum Zeitbudget (also womit Menschen ihre Zeit verbringen) weisen immer wieder darauf hin, dass vollerwerbstätige Frauen in Paarfamilien mehr Zeit für Haushaltsarbeiten und Kinderbetreuung aufwenden als deren Ehemänner. Für getrennterziehende Männer kann sich hingegen das frei zur Verfügung stehende Zeitvolumen im Vergleich zu Männern in Paarfamilien verringern – vor allem dann, wenn in der vormaligen Ehe oder Partnerschaft ein klassisches geschlechtsspezifisches Rollenmodell gelebt wurde. In diesen Fällen sind von nun an Männer sowohl für ihre Haushaltsführung vollverantwortlich wie auch für die Betreuung der Kinder während deren Anwesenheit.

Anders gestaltet sich die Freizeitsituation hauptverantwortlich Erziehender im Rahmen des Residenzmodells (► Kap. 2.7), wenn die gemeinsamen Kinder nur 14-tägig oder weniger vom anderen Elternteil betreut werden oder eine Betreuungsübernahme durch den anderen Elternteil komplett entfällt, weil dies:r den Kontakt zu den Kindern abgebrochen hat, ein Besuchsverbot aufgrund der Gefahr einer Kindeswohlverletzung besteht oder die Person verstorben ist.

Unter diesen Bedingungen sind alleinerziehende Mütter und Väter gezwungen auf ihre sozialen Kontakte oder weitere soziale Beziehungsnetze zurückzugreifen, um Zeit für persönliche Bedürfnisse zu erübrigen. Dies können gegebenenfalls die eigenen Eltern, aber auch Freunde oder Nachbarn sein. Wie bereits dargestellt, werden die dadurch zur Verfügung stehenden Betreuungskontingente jedoch vor allem für erwerbsbedingte oder anlassbezogene Betreuungsbedarfe wie Arztbesuche, Elternabende in Schulen oder Kindertagesstätten, Behördengänge oder andere Erledigungen in Anspruch genommen. Ein zusätzlicher Betreuungsbedarf aufgrund des Bedürfnisses nach zeitlichen Freiräumen für Erholung und Entspannung, Freizeitgestaltung oder Pflege sozialer Kontakte ist dann oftmals schwer begründbar.

Eine Lösung dieses Dilemmas läge darin, die Kinder zusätzlich zeitweise extern betreuen zu lassen. Nur so könnten die dafür notwendigen zeitlichen Freiräume geschaffen werden. Voraussetzung hierfür wäre jedoch, dass Kindertageseinrichtungen zu den Bedarfszeiten am Abend oder Wochenende geöffnet haben und finanzierbar oder geeignete Personen als Babysitter vorhanden sind und deren Lohn im Rahmen des Leistbaren liegt. Diese Bedingungen sind aber vielfach nicht gegeben. Einrichtungen der Kindertagesbetreuung fühlen sich ausschließlich für die werktägliche Betreuung der Kinder verantwortlich. Zusätzliche Betreuungszeiten am Abend oder am Wochenende sind bislang nicht vorgesehen. Für Babysitter fehlt häufig das Geld oder es mangelt an adäquaten und bekannten Betreuungspersonen.

Führt man sich indessen vor Auge, welche wichtige Funktion Freizeit für das Wohlbefinden von Menschen und deren soziale Integration und Teilhabe hat, wird augenscheinlich, wie wichtig zeitliche Freiräume speziell für mehrfach belastete alleinerziehende Mütter und Väter sind: Freizeit ist neben der Erwerbstätigkeit ein zentraler sozialer Inklusionsfaktor. Aktivitäten wie Theater-, Kino- und Museumsbesuche oder gesellige Abende im Restaurant ermöglichen soziale Kontakte und kulturelle Teilhabe. Dabei wird jedoch deutlich, dass diese Form der Teilhabe oft an materielle Ressourcen gebunden ist. Finanzielle Engpässe bedeuten nicht nur den Verzicht auf prestigeträchtige Hobbys, sondern auch den Ausschluss von kostspieliger Aktivitäten wie Kinobesuchen, Cafébesuchen und Eintritten in Freizeit- oder Tierparks und vieles andere mehr.

Beim Übergang in eine Einelternfamilie sind alleinerziehende Mütter und Väter bemüht, ihre sozialen Teilhabemuster entlang bisheriger Lebensstilpräferenzen möglichst konstant zu erhalten. Bei gleichbleibender finanzieller Situation vor und nach einer Trennung bleibt die inhaltliche Ausgestaltung in der Regel dieselbe, stößt jedoch gegebenenfalls an zeitliche und Kräftegrenzen oder ist aufgrund veränderter Sozialkontakte nicht mehr in der gewohnten Form möglich.

Wenn der Übergang in die Einelternfamilie indessen mit einem finanziellen Abstieg verbunden ist, schließt dies die schmerzliche Erfahrung eingeschränkter Freizeitmöglichkeiten mit ein. Einstmals ›Gewohntes‹ und ›Normales‹ wird so auf einmal zum kaum erschwinglichen Luxus. Normative Handlungsmuster, über die sich bislang soziale Teilhabe und gesellschaftliche Einbindung manifestierten, werden brüchig oder fallen ganz weg.

War die finanzielle Situation vor dem Übergang in die Einelternfamilie bereits eingeschränkt und besteht diese fort, wird nach kostengünstigen Varianten gesucht, um den eigenen wie auch den Interessen der Kinder gerecht zu werden.

Für Einelternfamilien in finanziell prekären Lagen ist eine konsumgebundene Freizeitgestaltung nicht oder nur im begrenzten Umfang möglich. Dementsprechend greifen sie häufig auf nicht-kommerzielle Möglichkeiten der Freizeitgestaltung zurück. Betreffende Alleinerziehende erzählen vom Baden im See oder von Waldspaziergängen, die sie mit ihren Kindern in der Freizeit unternehmen. Zu allem anderen wären mehr Geld und oftmals ein eigenes Auto vonnöten. Schwierig wird es mit zunehmendem Alter der Kinder. Ältere Kinder und Jugendliche lassen sich für diese Formen der Freizeitgestaltung nur noch begrenzt begeistern. Ihr Vergleichsmaßstab bezieht sich auf die Wochenendgestaltung und Urlaubsreisen der Freund:innen und Klassenkamerad:innen. Mangels Alternativen verbleiben sie am Ort und halten sich mit ihresgleichen an den allgemeinen Treff- und Freizeitplätzen auf. Doch auch hier ist die Teilhabe am sozialen Geschehen nicht automatisch gegeben, sondern nicht selten an spezifische Gruppenzugehörigkeiten gebunden. Ob beispielsweise kulturelle Angebote oder freizeitpädagogische Einrichtungen am Ort genutzt werden, ist letztlich auch eine Frage sozialer Zugehörigkeit und individueller Verortung.

Gute Möglichkeiten für Spiel und Bewegung für Kinder bieten ortsansässige (Sport-)Vereine. Besonders in ländlichen Räumen stellen diese einen wichtigen Bereich sozialer Teilhabe dar und leisten wesentliche Integrationsbezüge zum Gemeinschaftsleben vor Ort. Die Lebensrealität für finanziell eingeschränkte Einelternfamilien sieht hingegen häufig anders aus. Hierzu äußert der alleinerziehende Vater Peter P:

> »Ja, genau. Neue Sportschuhe, die dann alle halben Jahre auszuwechseln sind oder sogar manchmal vierteljährlich. Und dann Gewand und am Wochenende dahin, dahin, dahin. Da hat man auch immer eine gesellschaftliche Verpflichtung und so. […] Das muss man sich erst mal leisten können« (Peter P.).

Mangelnde finanzielle Ausstattung führt nicht nur zu einer veränderten bzw. begrenzten Freizeitgestaltung alleinerziehender Mütter und Väter, sondern auch zu geringerer sozialer Einbindung und Freizeitaktivität der Kinder.

Die alleinige Zuständigkeit Alleinerziehender und der damit verbundene Zeitmangel bedingen eine erhöhte Gefahr der sozialen Isolierung, denn der Aufbau und die Pflege sozialer Netzwerke benötigt Zeit und Energie. Beides steht alleinerziehenden Eltern nur eingeschränkt zur freien Verfügung. Auch ein politisches Engagement oder eine ehrenamtliche Tätigkeit sind unter diesen Maßgaben nur schwer umsetzbar. An erster Stelle als Freizeitpartner alleinerziehender Elternteile rangieren deren Kinder. Alleinerziehende Mütter und Väter bemühen sich vorrangig darum, Zeit mit ihren Kindern zu verbringen. Aufgrund deren Allzuständigkeit in Einelternfamilien gelingt dies nicht immer im gewollten Maße. So stimmten nur etwas über 60 % der Kinder aus Einelternfamilien der Aussage zu, dass ihre Eltern genug Zeit mit ihnen verbringen. Bei Kindern aus Paarfamilien lag die Zustimmung bei fast 75 % (Andresen & Möller 2019, S. 123).

Gut zu wissen – gut zu merken

- *wirtschaftliche Herausforderungen:* Die wirtschaftliche Situation von Einelternfamilien ist im Vergleich zu Paarfamilien deutlich prekärer. Nur 11 % der Einelternfamilien erreichen die höchste Einkommenskategorie, im Gegensatz zu 53 % der Paarfamilien. Die hohen Lebenshaltungskosten wie Miete, Energie und Kinderbedarfe müssen allein getragen werden.

- *Erwerbstätigkeit und Qualifikation:* Die Integration in den Arbeitsmarkt ist für Einelternfamilien essenziell, aber von mehreren Faktoren wie dem Bildungsgrad, dem Alter der Kinder und dem Zugang zu Kinderbetreuung abhängig. Alleinerziehende Väter haben oft höhere Bildungsabschlüsse und betreuen meist ältere Kinder, was zu einer höheren Erwerbsquote und mehr Einkommen führt. Im Gegensatz dazu sind alleinerziehende Mütter häufiger teilzeitbeschäftigt, und viele arbeiten unter ihrem Qualifikationsniveau.
- *Erwerbstätigkeit und Armut:* Viele alleinerziehende Eltern sind trotz Beschäftigung auf SGB-II-Leistungen angewiesen, da ihr Einkommen oft nicht zur Existenzsicherung ausreicht. Besonders geringqualifizierte Mütter im Niedriglohnsektor sind betroffen. Zudem sind Einelternfamilien häufiger von Armut betroffen, 41 % werden als armutsgefährdet eingestuft. Viele alleinerziehende Mütter haben keine Ersparnisse.
- *Kompensation temporärer Armutserfahrungen:* Alleinerziehende, vor allem Mütter, bemühen sich, die Auswirkungen temporärer Armut auf ihre Kinder abzumildern und sparen bei eigenen Bedürfnissen. Die negativen Folgen langfristiger Armut können jedoch nicht gänzlich kompensiert werden.
- *gesundheitliche Situation:* Einelternfamilien verfügen oft über begrenzte finanzielle und soziale Ressourcen, was zu erhöhten gesundheitlichen Belastungen, besonders psychischer Art, führt. Einflussfaktoren sind Einkommen, Bildung und soziale Unterstützung. Günstige Verhältnisse können gesundheitliche Risiken mildern.
- *Trennungsfolgen:* Die kindliche Entwicklung nach einer Trennung wird weniger durch die Trennung an sich als durch die sozialen und ökonomischen Bedingungen beeinflusst. Eine stabile, sichere Umgebung mit konsequenter Erziehung schützt vor negativen Auswirkungen.
- *familiale Beziehungen:* Die Qualität und Struktur der Beziehungen zur Herkunftsfamilie und zwischen getrenntlebenden Eltern beeinflusst die Verarbeitung der Trennung und das Wohlbefinden der Einelternfamilie. Unterstützung durch die Herkunftsfamilie kann entlastend wirken, birgt jedoch auch die Gefahr von Abhängigkeiten und alten Konflikten.
- *Netzwerkstrukturen:* Nach einer Trennung erleben Alleinerziehende häufig eine Neukonfiguration des sozialen Umfelds. Alleinerziehende Väter tendieren dazu, soziale Netzwerke zu erweitern, während bei alleinerziehenden Müttern eine Reduktion auf wichtige Kontakte stattfinden kann.
- *soziale Isolation und Verantwortung:* Alleinerziehende Elternteile haben oft begrenzte Zeitressourcen, was den Aufbau und die Pflege von sozialen Netzwerken betrifft. Die Priorität liegt darauf, Zeit mit den Kindern zu verbringen.
- *Freizeit:* Die verfügbare Freizeit Alleinerziehender hängt stark vom Betreuungsmodell ab. Im synchronen Wechselmodell sind mehr zeitliche Freiräume möglich, während im Residenzmodell oft soziale Netzwerke genutzt werden müssen, um Freizeit zu ermöglichen. Finanzielle Engpässe und fehlende Be-

treuungsangebote am Abend oder Wochenende erschweren die Erholung und soziale Teilhabe.

Literaturempfehlungen

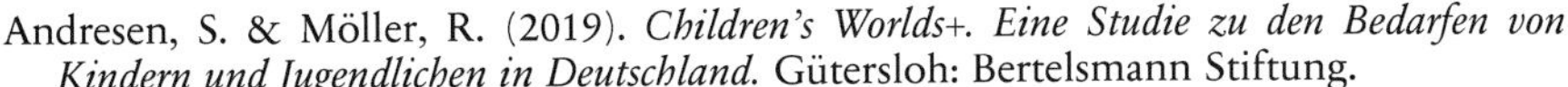

Andresen, S. & Möller, R. (2019). *Children's Worlds+. Eine Studie zu den Bedarfen von Kindern und Jugendlichen in Deutschland.* Gütersloh: Bertelsmann Stiftung.

BMFSFJ – Bundesministerium für Familie, Senioren, Frauen und Jugend (2025). Zehnter Familienbericht. Unterstützung allein- und getrennterziehender Eltern und ihrer Kinder – Bestandsaufnahme und Handlungsempfehlungen. Berlin.

Keim-Klärner, S. (2020). Soziale Netzwerke und die Gesundheit von Alleinerziehenden. In A. Klärner, M. Gamper, S. Keim-Klärner, I. Moor, H. von der Lippe & N. Vonneilich (Hrsg.), *Soziale Netzwerke und gesundheitliche Ungleichheiten* (S. 329–346). Wiesbaden: Springer VS.

Rattay, P., Öztürk, Y., Geene, R., Sperlich, S., Kuhnert, R., Neuhauser, H., Hapke, U., Starker, A. & Hövener, C. (2024). Gesundheit von alleinerziehenden Müttern und Vätern in Deutschland. Ergebnisse der GEDA-Studie 2019–2023. *Journal of Health Monitoring*, *9*(3), 1–19. https://www.rki.de/DE/Content/Gesundheitsmonitoring/Gesundheitsberichterstattung/GBEDownloadsJ/Focus/JHealthMonit_2024_03_Gesundheit_Alleinerziehender.pdf?__blob=publicationFile (14.08.2024).

4 Typologisierte Bedarfslagen von Einelternfamilien

☞ Was Sie in diesem Kapitel lernen können

- Sie lernen ein analytisches Modell kennen, mit dessen Hilfe die heterogene Lebenswirklichkeit von Einelternfamilien strukturiert und dadurch besser verstanden und eingeschätzt werden kann.

Die Lebenssituationen von Einelternfamilien sind vielfältig und heterogen und müssen in ihrer individuellen Besonderheit differenziert betrachtet werden. Dennoch lassen sich *zwei zentrale Einflussfaktoren* auf die Lebenslagen von Einelternfamilien identifizieren: das Ausmaß der Ausstattung mit ökonomischem und sozialem Kapital.

Ökonomisches Kapital

Unter ökonomischem Kapital versteht man das Geld und die materiellen Ressourcen, die jemand hat. Es umfasst Vermögen, Einkommen und alles, was man kaufen oder verkaufen kann. Einfach gesagt: Es ist das finanzielle Vermögen, das eine Person besitzt und das ihr ermöglicht, Dinge zu bezahlen oder Geschäfte zu tätigen (vgl. Bourdieu,1987).

Soziales Kapital

Unter sozialem Kapital versteht man die Ressourcen, die eine Person aus ihren sozialen Beziehungen und Netzwerken beziehen kann. Es umfasst die Unterstützung, Informationen und Vorteile, die man durch Freunde, Familie, Kollegen und andere soziale Verbindungen erhält. Einfach ausgedrückt: Soziales Kapital ist das ›Vermögen‹, das sich aus dem Haben von vertrauensvollen und nützlichen Beziehungen ergibt, und es kann helfen, im Leben voranzukommen und Herausforderungen zu bewältigen (vgl. ebd.).

Eine hohe Ressourcenausstattung in diesen beiden Kapitalsorten führt zu einer gesteigerten subjektiven Lebenszufriedenheit bei alleinerziehenden Müttern und Vätern sowie zu einer Verringerung der Belastungen. Herausforderungen und Problematiken des alleinerziehenden Lebens werden damit zu bewältigbaren Aufgaben und Impulsen für persönliche Weiterentwicklung.

Bei einem Mangel an sozialer Unterstützung und begrenzten finanziellen Ressourcen reduziert sich jedoch das individuelle Bewältigungsvermögen der Einelternfamilien erheblich. Anforderungen werden zu Überforderungen, und die Fähigkeit, individuellen und sozialen Wertvorstellungen einer selbstständigen Lebensführung zu entsprechen, wird eingeschränkt oder gar verhindert. Dies kann zu einer Reduktion der eigentlichen Kompetenzpotenziale führen.

Darüber hinaus beeinflusst das verfügbare ökonomische und soziale Kapital weitere Aspekte der Lebenssituation von Einelternfamilien. Die Höhe der finanziellen Mittel bestimmt unter anderem, wo und wie man wohnen kann, wo man sich mit Freunden trifft – sei es abends im Restaurant oder zu Hause –, sowie ob und wohin man in Urlaub fährt und welche Freizeitaktivitäten man sich leisten kann. Die finanzielle Ausstattung hat somit unmittelbaren Einfluss auf die Möglichkeiten der sozialen Teilhabe und Formen der sozialen Einbindung. Freizeitaktivitäten und die Pflege sozialer Kontakte sind häufig mit Konsum verbunden. Freizeit und Erholung dienen der Wiedergewinnung verbrauchter Kräfte und tragen zur Erhaltung bzw. Wiederherstellung der Leistungsfähigkeit bei. Beengte Wohnverhältnisse und fehlende Möglichkeiten zur Regeneration belasten sowohl die physische als auch die psychische Gesundheit erheblich; ebenso bewirken fehlende soziale Kontakte ein hohes Maß an sozialer Isolation.

Soziale Beziehungen zu Freund:innen, Verwandten und Nachbar:innen bieten ein solides Maß an sozialer Inklusion und liefern im Bedarfsfall Unterstützung und Entlastung. Diese Netzwerke helfen, Bedarfslücken in der Kinderbetreuung zu schließen – etwa, wenn eine Kindertageseinrichtung nur bis 17 Uhr geöffnet ist, man selbst aber bis 22 Uhr im Einzelhandel arbeitet – oder bieten praktische Hilfe wie das Wechseln von Autoreifen oder das Befestigen eines Regals. Die lebensweltliche Komplexität von Einelternfamilien überschreitet häufig die Grenzen wohlfahrtsstaatlicher Infrastruktureinrichtungen (etwa in Bezug auf Öffnungszeiten, Erreichbarkeit und Kosten) sowie die Finanzierbarkeit haushaltsnaher Dienstleistungen. Das soziale Kapital informeller Sozialbeziehungen stellt hier einen unbezahlbaren Unterstützungsfundus dar und hat eine Pufferfunktion in Belastungs- und Krisenzeiten.

Kombiniert man die Ressourcenausstattung an ökonomischem und sozialem Kapital lassen sich vier typische Bedarfslagen von Einelternfamilien ausmachen (► Tab. 4.1).

Tab. 4.1: Typik spezifischer Bedarfslagen von Einelternfamilien (eigene Darstellung)

		Erwerbstätigkeit (›ökonomisches Kapital‹)	
		hoch	niedrig
soziale Unterstützung (soziales Kapital)	hoch	›sozial etablierte‹ Einelternfamilien	›sozial gestützte‹ Einelternfamilien
	niedrig	›sozial isolierte‹ Einelternfamilien	›sozial gefährdete‹ Einelternfamilien

Die Ausführungen zeigen, dass in erster Linie zwei unabhängige Faktoren einen determinierenden Einfluss auf die konstruktive Bewältigung der Lebenssituation von Einelternfamilien ausüben: ökonomisches Kapital und soziales Kapital sowie die Fähigkeit, diese Kapitale situations- und kontextgerecht einzusetzen. Ökonomisches Kapital resultiert in der Regel aus existenzsichernder Erwerbstätigkeit, während sich soziales Kapital auf die Möglichkeit der Inanspruchnahme informeller und institutioneller Unterstützungssysteme bezieht. Die Bedarfslagen von Einelternfamilien entstehen meist aus einer Gemengelage mangelnder Ressourcen der einen oder anderen Art. Reflektiert man diese unterschiedliche Ressourcenausstattung, lässt sich die heterogene Spannbreite sozialer Wirklichkeiten von Einelternfamilien darstellen, was die bedarfsgerechte Planung sozialstaatlicher Förder- und Unterstützungsprogramme sowie praxisnaher sozialarbeiterischer Angebote ermöglicht.

Bei einem Mangel an beiden Kapitalsorten besteht die Gefahr, dass Einelternfamilien ihrer sozialen Funktion, wie wirtschaftliche Versorgung, Rekreation, Sozialisation, positive Identitätsentwicklung und Selbstbildkonstruktion sowie gesellschaftliche Einbindung, nicht mehr (vollumfänglich) gerecht werden können (›sozial gefährdete Einelternfamilien‹).

Hingegen reicht häufig auch eine gute finanzielle Ausstattung allein nicht aus, um die Lebenssituation als alleinerziehender Elternteil umfassend positiv zu erleben. Ein geringes Maß an sozialen Kontakten und informeller sozialer Unterstützung begünstigt das Gefühl, gesellschaftlich am Rand zu stehen, und nicht alle lebensweltlichen Unterstützungsbedarfe können monetär entgolten werden (›sozial isolierte Einelternfamilien‹).

Im Gegensatz dazu reduziert ein hohes Maß an informeller sozialer Unterstützung und sozialer Eingebundenheit das subjektive Exklusionsempfinden und dient darüber hinaus als Schutzfaktor gegenüber abwertenden und stigmatisierenden sozialen Umweltreaktionen. Die engeren sozialen Kontakte bieten vielfältige Möglichkeiten der sozialen Anerkennung und Wertschätzung für die zu erbringenden Bewältigungsleistungen als Einelternfamilie. Dennoch reduzieren begrenzte finanzielle Mittel die Handlungs- und Gestaltungsmöglichkeiten von Einelternfamilien (›sozial gestützte Einelternfamilien‹).

Im günstigsten Fall paart sich eine gute finanzielle Ausstattung mit einer als positiv und unterstützend erlebten sozialen Einbettung. Eine solche Ressourcenausstattung ermöglicht es alleinerziehenden Müttern und Vätern, den vielfältigen Anforderungen ihrer Lebenssituation gerecht zu werden, wirkt sich positiv auf deren Lebenszufriedenheit aus und fördert einen vertrauensvollen Blick in die Zukunft (›sozial etablierte Einelternfamilien‹).

Quer zu allen Kapitalsorten liegt jedoch ein Aspekt, den alle Typen von Einelternfamilien teilen: Der Wunsch nach sozialer Akzeptanz und als eine mögliche Form von Familie angesehen zu werden.

Gut zu wissen – gut zu merken

- *ökonomisches und soziales Kapital:* Die Lebenssituation von Einelternfamilien wird maßgeblich durch zwei Faktoren beeinflusst: ökonomisches Kapital, also finanzielle Mittel und Ressourcen, und soziales Kapital, das heißt Unterstützung aus sozialen Beziehungen und Netzwerken. Diese beiden Kapitalarten bestimmen maßgeblich die Lebenszufriedenheit und Bewältigungskompetenz der Betroffenen.
- *Typen von Bedarfslagen:* Einelternfamilien können in vier Bedarfslagen eingeteilt werden: ›sozial etablierte‹, ›sozial gestützte‹, ›sozial isolierte‹ und ›sozial gefährdete‹ Einelternfamilien. Diese Kategorisierung ergibt sich aus der Kombination von ökonomischen und sozialen Ressourcen und hilft, die unterschiedlichen sozialen Realitäten von Einelternfamilien zu verstehen.
- *Einfluss auf Lebensqualität:* Gute finanzielle Mittel allein sind oft nicht ausreichend, um die Lebenssituation positiv zu beeinflussen, wenn soziale Unterstützung fehlt. Umgekehrt kann eine hohe soziale Einbettung soziale Exklusion und Stigmatisierung vermindern, reicht aber bei unzureichenden finanziellen Ressourcen nicht aus, um umfassende Handlungsspielräume zu schaffen.
- *Bedeutung von sozialer Akzeptanz:* Unabhängig von der Ressourcenausstattung wünschen sich alle Einelternfamilien soziale Akzeptanz und Anerkennung als legitime Familienform. Dieser Wunsch durchzieht alle Kapitalsorten und verdeutlicht das Bedürfnis nach gesellschaftlicher Integration und Wertschätzung.

5 Lebenszufriedenheit und Wünsche alleinerziehender Mütter und Väter

☞ Was Sie in diesem Kapitel lernen können

- Nachfolgend lernen sie die Einflussfaktoren auf die Lebenszufriedenheit von Alleinerziehenden kennen.
- Sie erfahren, dass alleinerziehende Mütter und Väter ihre Lebenssituation unter bestimmten Umständen als durchaus positiv erfahren.

Eine Trennung oder Scheidung stellt einen gravierenden Einschnitt in das bisherige Leben dar und macht Zukunftspläne und -vorstellungen zunichte. Konflikte vor, während und nach der Trennung begleiten häufig diese Lebensphase und gehen mit Verletzungen und Verunsicherungen einher. Gewohnte Routinen greifen ins Leere, bisherige Bewältigungsmuster verlieren ihren Nutzen. Für viele Menschen stellen Trennung und Scheidung – insbesondere, wenn Kinder mit im Spiel sind – eine fundamentale Krisenerfahrung im Leben dar. Neue Muster der Lebensführung müssen – häufig unter erschwerten Bedingungen – gefunden werden. Erwerbstätigkeit und Familienarbeit müssen neu miteinander vereinbart werden und fordern ihren Tribut. Häufig müssen alleinerziehende Mütter auch erhebliche Einkommenseinbußen hinnehmen. Zudem geht die strukturelle Benachteiligung auf dem Arbeits- und Wohnungsmarkt mit Diskriminierungserfahrungen einher. Alles in allem erscheint die Lebenssituation von alleinerziehenden Elternteilen mehr als belastend und obliegt einer defizitorientierten Darstellung in der Öffentlichkeit.

Wie jedoch nehmen alleinerziehende Mütter und Väter ihre Lebenssituation selbst wahr? Welche Vor- und Nachteile sehen sie und welche persönlichen, sozialen und strukturellen Merkmale nehmen auf ihre Bewertung Einfluss?

Alleinerziehende Mütter und Väter selbst zeichnen ein sehr differenziertes Bild ihrer Lebenssituation. Neben bestehenden Belastungen und Nachteilen, können sie der neuen Situation durchaus auch Positives abgewinnen. Dabei richtet sich die Zufriedenheit alleinerziehender Personen nach individuellen Wertpräferenzen, biografischen Vorerfahrungen sowie bestehenden lebensweltlichen Belastungs- und Schutzfaktoren.

5.1 Persönliche, soziale und strukturelle Einflussfaktoren

Sind die eigenen *Wertvorstellungen* eng an ein bürgerliches Familienbild geknüpft, erleben alleinerziehende Mütter und Väter ihre jetzige Familienform unweigerlich als defizitär. Ihre Situation entspricht nicht ihren Vorstellungen vom Familienglück – es fehlt etwas und das Gefühl der Unvollständigkeit ist stark. Zudem kann eventuell den eigenen Erziehungsansichten nicht entsprochen werden. Man hat zu wenig Zeit für die Kinder, kann nach der Arbeit ihren Bedürfnissen nicht vollumfänglich gerecht werden oder sie verbringen einfach zu viel Zeit in öffentlichen Betreuungseinrichtungen. Durch die Brille solcher Wertpräferenzen rückt die eigene Lebenssituation schnell in ein negatives Licht. Es verwundert deshalb nicht, dass alleinerziehende Elternteile, die sich in geringerem Maß an bürgerlichen Familienvorstellungen orientieren und selbst – bedingt durch die Berufstätigkeit der eigenen Eltern – viel Zeit in Kindertagesstätten verbracht haben, ihre Lebenssituation insgesamt positiver beurteilen. Eigene *Sozialisationserfahrungen* prägen die Sichtweise auf die aktuelle Lebenssituation und erklären unter anderem auch die unterschiedlichen Zufriedenheitsmaße von ost- und westdeutschen Alleinerziehenden. Hier werden *regionale Unterschiede* sichtbar, die sich auch in einem Stadt-Land-Vergleich wiederfinden lassen dürften, wobei individualistische vs. traditionalistische Lebensstilmilieus die Akzeptanz der eigenen Familienform erleichtern bzw. erschweren können und die infrastrukturelle Ausstattung Vereinbarkeitsarrangements von Arbeit und Kinderbetreuung ent- oder belasten kann. Auch die Anzahl ähnlicher familialer Lebensformen im sozialen Umfeld kann sich positiv auf die Einschätzung der persönlichen Situation auswirken – und umgekehrt.

Wie alleinerziehende Mütter und Väter ihr Leben in einer Einelternfamilie bewerten, hängt zudem vom *Alter des Kindes bzw. der Kinder* ab. Je jünger das letztgeborene Kind ist, desto schwieriger lassen sich zufriedenstellende Arrangement von Berufstätigkeit und Kinderbetreuung gestalten. *Schwierige Entwicklungsphasen* der Kinder, wie beispielsweise die Pubertät, stellen alleinerziehende Eltern darüber hinaus vor zusätzliche Anforderungen, wie folgende Interviewaussage einer alleinerziehenden Mutter zeigt:

> »… also mit 12, 13 Jahren wird es schwierig bei den Mädchen. Wenn sie so in die Pubertät kommen. Da haben sie begonnen mir Vorwürfe zu machen. […] Also, ich finde es in der Pubertät sehr schwer. Vorher habe ich das nicht schwer gefunden, als sie kleiner waren, war das nicht schwer« (Edeltraud H.).

Dabei nimmt das Ausmaß an erfahrener *sozialer Unterstützung* erheblichen Einfluss auf die Einschätzung der eigenen Lebenssituation. Eigene Eltern, Freunde oder Nachbarn, die Lücken in der Kinderbetreuung zuverlässig schließen oder auch einmal ein Ohr für Probleme oder Erziehungsschwierigkeiten haben, sind hilfreich und erleichtern die Alltagsgestaltung. Entlastend wirken auch *günstige materielle Rahmenbedingungen*, reduzieren sie doch existenzielle Sorgen und eröffnen Handlungs- und Gestaltungsspielräume für alle Mitglieder der Einelternfamilie.

Bedeutsam für die Wahrnehmung der jetzigen Situation sind allemal auch die Erfahrungen in der *vorangegangenen Partnerschaft.* Geht mit dem Übergang in die neue Lebensphase eine Reduzierung der partnerschaftlichen Konflikte einher und ist der *Übergang* in die Einelternfamilie überwiegend *selbst intendiert und initiiert*, erhöht dies den Grad der Zufriedenheit alleinerziehender Mütter und Väter. Das Leben verläuft wieder in ruhigeren Bahnen. Kräftezehrende Auseinandersetzungen bis hin zu Gewalterfahrungen durch den ehemaligen Partner bzw. die ehemalige Partnerin haben ein Ende.

> »Also, das ist nicht anstrengend, weil ich habe, ich weiß ja, wie es davor war und das davor, das war anstrengend. Ich bin froh, dass ich mich getrennt habe« (Karla, H.).

Bestehen Partnerschaftskonflikte allerdings über die Zeit der Trennung hinaus und werden nun ersatzweise über Erziehungsfragen, Betreuungs- und Unterhaltsregelungen ausgefochten, färbt dies die neue Lebensrealität negativ. Die durch die Trennungsentscheidung erhoffte Entlastung bleibt aus. Die partnerschaftliche Verstrickung besteht fort und läuft Gefahr, über die gemeinsamen Kinder ausgelebt zu werden.

Ein wesentlicher Punkt ist auch die *Dauer der Lebensform*, je nachdem, ob diese als Übergangsphase oder als ›Endstation‹ erlebt wird. Am zufriedensten scheinen Personen zu sein, die seit mehr als ein, zwei Jahren alleinerziehend sind. Nach einer anfänglichen Phase der Krisenverarbeitung etablieren sich viele der alleinerziehenden Mütter und Väter in der neuen Lebenssituation und orientieren sich neu. Die Aufnahme einer weiteren Partnerschaft erscheint als mögliche Zukunftsoption. Ab einem Zeitraum von ca. acht, neun Jahren sinkt indes die allgemeine Lebenszufriedenheit. Ursächliche Erklärungen hierfür könnten in zwei Aspekten zu finden sein: Mit zunehmender Dauer reduziert sich zum einen die Hoffnung auf eine mögliche zukünftige Fortsetzungsfamilie mit einem neuen Partner oder einer neuen Partnerin. Zum anderen rückt der Auszug der Kinder aus dem gemeinsamen Haushalt unaufhörlich näher und stellt die alleinerziehende Person vor neue Herausforderungen und Entwicklungsaufgaben. Nicht der Weg in eine Paarfamilie, sondern der Übergang ins Single-Dasein erscheinen nun als Zukunftsvisionen am Horizont.

5.2 Nachteile der Lebensform aus der Sicht alleinerziehender Eltern

Als Faktoren, die ihre Lebenssituation belasten, führen alleinerziehende Mütter und Väter folgende Einzelaspekte an:

Belastungsfaktoren der Lebenssituation Alleinerziehender (nach Wernberger 2017)

- Vereinbarkeitsproblematik von Erwerbsarbeit, Haushaltstätigkeit und Kinderbetreuung
- Alleinige Aufgabenlast bei Dingen des Alltags (Garten, Auto, Reparaturen, etc.)
- Alleinverantwortung und -zuständigkeit für Kinder
- Finanzielle Einschränkungen und Benachteiligungen
- Fehlende soziale Kontakte
- Wenig Zeit für sich selbst
- Eingeschränkte Freizeitmöglichkeiten
- Fehlende Partnerschaft
- Allgemeine Diskriminierung der Lebensform; speziell bei Behörden, Ämtern sowie auf dem Arbeits- und dem Wohnungsmarkt

Die genannten Aspekte bestehen dabei jedoch nicht einzeln für sich, sondern kumulieren in der alltäglichen Lebenswelt von Einelternfamilien und schaffen so ein ganzes Bündel an Belastungsfaktoren. Neben der Allzuständigkeit für Haushaltsführung und Kinderbetreuung ergeben sich für Einelternfamilien zusätzliche Belastungen aus prekären Erwerbsverhältnissen oder fehlendem Zugang zum Arbeitsmarkt. Damit ist häufig die Erfahrung von Armut oder eingeschränkter finanzieller Ausstattung verknüpft, was sich in beengten Wohnverhältnissen und begrenzten Handlungsspielräumen niederschlägt. Belastend wirken sich daneben auch physische oder psychische Erkrankungen des alleinerziehenden Elternteils oder eines Kindes sowie die Fortsetzung intensiver Konfliktverhältnisse zum getrenntlebenden Elternteil aus. Dem nicht genug, sehen sich alleinerziehende Mütter und Väter häufig einer negativen medialen Berichterstattung ausgesetzt, welche die Defizite der Lebensform betont. Als gesellschaftliche Randgruppe kategorisiert, erleben sich Einelternfamilien zudem immer noch Marginalisierungsprozessen unterworfen. Was auf der Makroebene einen bloßen Deutungshorizont aufspannt, wird auf der sozialen Mikroebenen im täglichen Miteinander erlebbar. So berichten insbesondere alleinerziehende Mütter von der Reduzierung ihrer sozialen Kontakte. Befreundete Paarfamilien ziehen sich zurück, Einladungen zu gemeinsamen Abenden bleiben aus und gar nicht so selten wird die alleinerziehende Single-Mutter zur potenziellen Gefahr für bestehende Partnerschaften im Freundeskreis. Diese ganz eigene Erfahrungsdimension bürdet alleinerziehenden Müttern und Vätern eine zusätzliche Last auf, die ihre Lebenszufriedenheit in erheblichem Maße reduziert.

Verfügen Einelternfamilien hingegen über eine vielfältige und belastbare Ressourcenausstattung, können sie ihrer neuen Lebenssituation andererseits auch viel Positives abgewinnen.

5.3 Vorteile der Lebensform aus Sicht alleinerziehender Eltern

Ressourcen, die Einelternfamilien helfen, mit den oben genannten Belastungen umzugehen und sie konstruktiv zu bewältigen, sind eine gesicherte finanzielle Ausstattung, verbunden mit den Möglichkeiten sozialer Teilhabe und gesellschaftlicher Partizipation, eine gute Einbindung in soziale Netzwerke (Herkunftsfamilie, Freund:innen, Nachbarschaft) und die damit verbundene Möglichkeit, auf informelle Unterstützungssysteme zurückzugreifen. Aber auch eine gute infrastrukturelle Ausstattung und Erreichbarkeit, insbesondere im Bereich der Kinderbetreuung, erleichtert es Einelternfamilien mit den vielfältigen Anforderungen und Belastungen ihrer Lebenssituation umzugehen.

Positive Faktoren der Lebenssituation alleinerziehend (nach Wernberger 2017)

- Entscheidungsfreiheit in Bezug auf Kindererziehung, Alltagsgestaltung und des eigenen Lebens
- Unabhängigkeit
- Persönliche Weiterentwicklung (Stärkung des Selbstbewusstseins, Entwicklung größerer Selbstständigkeit)
- Wegfallen bzw. Reduzierung von Partnerschaftskonflikten

Den größten Vorteil in der Lebenssituation als Einelternfamilie sehen viele alleinerziehende Mütter und Väter in der Unabhängigkeit ihrer Entscheidungen. Man könne freier über die Ausgestaltung seines Lebens entscheiden und es rede einem keiner mehr rein.

> »Der Vorteil ist natürlich, dass einem keiner reinredet, klar. Dass man einfach seinen Erziehungsstil so machen kann. Und nicht noch zusätzliche Konflikte hat, wenn man jetzt der und der Meinung ist oder so« (Edeltraud H.).

Die Lebenssituation von Einelternfamilien ist allemal herausforderungsreich. Gelingt es jedoch, alleinerziehenden Müttern und Vätern diesen Herausforderungen gerecht zu werden, schafft man es – im Rückgriff auf eventuell vorhandene Individuelle und soziale Ressourcen – das Familieneinkommen ausreichend zu sichern, die Kinder gut zu betreuen bzw. betreut zu wissen und zudem bestehende soziale Kontakte zu pflegen bzw. aufzubauen, ist diesen Erfahrungen ein hohes Maß an Selbstwirksamkeit inhärent. Nicht ohne Grund berichten viele alleinerziehende Elternteile von Prozessen des persönlichen Wachstums und der Weiterentwicklung. Die Erfahrung, diese schwierige Situation zu bewältigen, stärkt das Selbstbewusstsein und gibt Kraft und Mut, größere Eigenständigkeit zu wagen.

Objektiv betrachtet geht also mit der Lebenssituation von alleinerziehenden Müttern und Vätern eine *hohe Ambivalenz* einher. Die umfängliche Alleinzuständigkeit kann entweder überfordern (Nachteil) oder zu neuen, selbstbestimmten

Taten anregen (Vorteil). Wie die einzelnen alleinerziehenden Elternteile diese Situation individuell meistern, hängt in hohem Maße zum einen von ihrer individuellen Ausstattung an finanziellen und sozialen Ressourcen ab, zum anderen von persönlichen Faktoren, wie unter anderem biografischen Vorerfahrungen, Bildungsstand sowie Kohärenzgefühl und Selbstwirksamkeitsüberzeugungen.

5.4 Zukunftswünsche alleinerziehender Eltern

Abgesehen von Äußerungen zur Lebenszufriedenheit zeichnen auch die *Zukunftswünsche* alleinerziehender Mütter und Väter ein realistisches Bild ihrer aktuellen Lebenssituation und der Bereiche, in denen sie einen Mangel empfinden. Oft beziehen sich die Zukunftswünsche alleinerziehender Mütter und Väter auf die Arbeit, größere finanzielle Spielräume, eine bedarfsgerechte Kinderbetreuung und eine ›vollständige‹ Familie bzw. einen Partner oder eine Partnerin.

Zukunftswünsche befragter alleinerziehender Mütter und Väter

- »... einfach ein bisschen sorgloser sein. Und Geld wäre schon wichtig. Aber am wichtigsten wäre, einfach zu arbeiten [lacht]« (Rosi S.).
- »... dass es nächstes Jahr mit der Arbeit dann auch klappt« (Berta B.).
- »Naja, so ein bisschen mehr Geld ...« (Karin P.).
- »Oh, ... Ein Auto« (Stefanie A.).
- »Also, so eine Unterstützung im Haushalt, weil dann brauch ich auch keinen längeren Hort« (Nadja R.).
- »Dass es mit einer Tagesmutter klappt, dass ich den Job in den Griff kriege, Berufssituation« (Olaf K.).
- »Ja, ich würde mir wünschen eine Arbeit. Ich würde mir wünschen Urlaub und ... ja ... eine Partnerin, zum Beispiel. Das ist jetzt sehr persönlich. So persönlich wollte ich eigentlich nicht gehen, aber ja« (Prekaritätssekretär).
- »Gesundheit, dann zuerst ein Haus und dann ein Mann [lacht]. Also, der Matthias [Kind der Befragten] hat mich vorhin kurz gefragt, was fragt denn die? Und dann habe ich gesagt, was es für Verbesserungsvorschläge gibt für Alleinerziehende gibt. Und dann hat er gesagt, ich weiß es, ein Mann« (Regina M.).
- »Also, irgendwann Familie noch. Also, schon. Ich würde gerne heiraten. Ich bin da schon altmodisch. Und ja, wie gesagt, einen festen Job, Arbeit, geregeltes Einkommen, Hartz-IV weg. Irgendwann vielleicht einmal ein Häuschen bauen und alles so etwas. Ja, ... [lacht]« (Chantal C.).

Ein weiterer wichtiger Wunsch bezieht sich auf die Beziehung zum getrennten Elternteil:

- »[dass] der Ärger mit meinem Exmann nach all den Jahren einfach aufhören würde« (Edeltraud H.)

(Wernberger 2017, S. 226ff.)

Aber auch die Option auf ein ganz anderes Leben lässt die befragten Alleinerziehenden hoffen und bietet antizipierte (Flucht-)Möglichkeiten aus der derzeitigen Lebenssituation:

> »Wenn er dann mal so weit sein wird, wo du sagst ›Okay, jetzt ist er flügge‹, dann werde ich wieder hinausschießen in die Welt, das ist so mein absoluter Fokus und da spar ich schon darauf hin, auf meine Harley Davidson, ›und tschüss‹« (Karla H.).

Zwar wünscht sich die überwiegende Mehrheit alleinerziehender Mütter ein Leben in einer Partnerschaft und ist mit ihrer gegenwärtigen Situation bedingt zufrieden, der Zukunft blicken sie trotzdem optimistisch entgegen. Die Erfahrung den Herausforderungen ihres Alltages gewachsen zu sein, fördert ihr Selbstwirksamkeitserleben und ihre Zuversicht. Entsprechend haben alleinerziehende Mütter eine ebenso hohe antizipierte Lebenszufriedenheit wie Mütter in Paarhaushalten.

Gut zu wissen – gut zu merken

- *Dauer der Einelternphase und Lebenszufriedenheit:* Die Dauer des Alleinerziehend-Seins beeinflusst die Lebenszufriedenheit: Anfangs dominieren Anpassung und Neuausrichtung, mit steigender Zufriedenheit nach etwa ein bis zwei Jahren. Langfristig, nach acht oder neun Jahren, kann die Zufriedenheit sinken, bedingt durch das zunehmende Ende der Familienphase und das bevorstehende Single-Dasein, da die Hoffnung auf eine neue Partnerschaft oder die Gründung einer Fortsetzungsfamilie schwinden kann.
- *vielfältige Belastungsfaktoren:* Einelternfamilien stehen vor zahlreichen Belastungen, darunter die Vereinbarkeit von Erwerbsarbeit, Haushalt und Kinderbetreuung, finanzielle Engpässe und soziale Isolation. Diese Herausforderungen kumulieren oft und beeinträchtigen die Lebenszufriedenheit.
- *positive Aspekte und Resilienz:* Trotz der Belastungen erfahren viele alleinerziehende Eltern auch Vorteile in ihrer Lebenssituation, wie Entscheidungsfreiheit und persönliche Weiterentwicklung. Eine vielfältige Ressourcenausstattung und soziale Unterstützung tragen dazu bei, die Herausforderungen zu bewältigen und das Selbstbewusstsein zu stärken.
- *Zukunftswünsche und Optimismus:* Alleinerziehende Eltern wünschen sich vor allem bessere Arbeitsmöglichkeiten, finanzielle Sicherheit, bedarfsgerechte Kinderbetreuung und oft eine neue Partnerschaft. Trotz bestehender Herausforderungen blicken sie optimistisch in die Zukunft und sehen Chancen für Verbesserung und persönliches Wachstum.

Literaturempfehlung

BMFSFJ – Bundesministerium für Familien, Senioren, Frauen und Jugend (2011). Lebenswelten und -wirklichkeiten von Alleinerziehenden. Berlin.

6 Besondere Herausforderungen

☞ **Was Sie in diesem Kapitel lernen können**

- Sie erfahren, dass Einelternfamilien in ländlichen Regionen nicht nur mit infrastrukturellen Einschränkungen, sondern auch mit den spezifischen soziokulturellen Normen des jeweiligen Dorfes oder der Kleinstadt umgehen müssen.
- Sie lernen die besondere Situation von jungen alleinerziehenden Müttern kennen und verstehen, dass diese sich nicht nur mit dem Stigma des Alleinerziehens auseinandersetzen müssen. Ihnen werden aufgrund ihres Alters oft Erziehungskompetenzen abgesprochen oder sie fehlen ihnen, und die Gleichzeitigkeit von Kinderbetreuung und schulischer bzw. beruflicher Qualifikation stellt sie vor besondere Herausforderungen.

6.1 Einelternfamilien in ländlichen Räumen

Alleinerziehende Mütter und Väter stellen eine quantitativ zunehmende Normalität im dörflichen wie kleinstädtischen Alltag dar (▶ Kap. 2.5), die mit spezifischen Herausforderungen einhergeht. Denn zu den typischen Anforderungen der Alleinerziehung sind Einelternfamilien in ländlich geprägten Regionen mit zusätzlichen Kontextdeterminanten konfrontiert. Diese beziehen sich neben infrastrukturellen Aspekten auf kulturelle Phänomene des sozialen Miteinanders in ländlichen Räumen.

Dabei ist der ländliche Raum nicht als fixe kulturell-normative Größe zu verstehen. Man greift zu kurz, würde man nur von *dem* ländlichen Raum sprechen. Der Begriff des ländlichen Raums ist als Kulturbegriff zu verstehen, der sich durchaus heterogen im Spannungsverhältnis von Tradition und Modernisierung (Marx 1999) abbildet. Charakteristisch für den ländlichen Raum sind die im Vergleich zur Stadt kleineren Ortsgrößen und die geringere Bebauungs- und Bevölkerungsdichte. Aufgrund dessen sind die bestehenden zwischenmenschlichen Beziehungen überschaubarer, aber dadurch häufig auch enger (Henkel 2004, S. 33). Dörfliche Sozialstrukturen weisen eine höhere Kommunikationsdichte, damit aber auch eine gesteigerte Form sozialer Kontrolle auf. Zusätzlich sind bestehende soziale Strukturen oftmals von verwandtschaftlichen Beziehungen durchwoben.

Dies bedeutet nicht, dass ländliche Regionen durchwegs homogene soziale Strukturen aufweisen. Auch hier findet sich die gesamte Palette divergierender sozialer Milieus und Lebensstile. Kennzeichnend für den ländlichen Raum ist eine Art des ›Dazwischen-Seins‹ – zwischen Moderne und Tradition, zwischen Pluralisierung der Lebensformen und bürgerlicher Kleinfamilie. Im sozialen Gefüge des ländlichen Raums lassen sich sowohl Bestrebungen des Bewahrens und Festhaltens an althergebrachten Gepflogenheiten und Gewohnheiten als auch Tendenzen der Veränderung, Innovation und Weiterentwicklung wahrnehmen.

Doch schauen wir uns die zentralen Einflussgrößen auf die Lebenssituation von Einelternfamilien in ländlichen Räumen im Einzelnen an: Diese sind Mobilität, infrastrukturelle Ausstattung, traditionelle Rollen- und Familienleitbilder und Fragen der Zugehörigkeit und sozialen Einbindung.

6.1.1 Erhöhte Mobilitätserfordernisse

Im ländlichen Raum ist Mobilität eine fundamentale Voraussetzung für die Teilhabe am alltäglichen Leben. Das Netz des öffentlichen Personennahverkehrs (ÖPNV) ist oftmals unzureichend ausgebaut und wurde in der Vergangenheit weiter ausgedünnt. Dies führt dazu, dass Einelternfamilien, die aufgrund der Suche nach günstigem Wohnraum häufiger in kleineren Ortschaften und abgelegenen Weilern anzutreffen sind, erhebliche Schwierigkeiten haben, ohne eigenes Fahrzeug den Arbeitsplatz zu erreichen. Stefanie A., alleinerziehende Mutter in einem oberbayerischen Landkreis, verdeutlicht dies im Interview:

> »... im Sommer geht es, da kann ich mit dem Fahrrad fahren. Schwierig wird es im Winter [...], dann bin ich auf den Bus angewiesen, aber der fährt nicht immer so, wie meine Schichtdienstzeiten sind. [...] dann muss mein Vater mich abholen und meine Tante muss Lena von der Krippe holen, weil ich noch nicht da bin« (Stefanie. A.).

Die Problematik der eingeschränkten Mobilität wird weiter verschärft, wenn Kinder im Nachbarort den Kindergarten besuchen, Therapien oder fachärztliche Behandlungen benötigen. Ein eigenes Auto ist in solchen Fällen nahezu unverzichtbar, jedoch fehlt vielen alleinerziehenden Frauen die finanzielle Möglichkeit dazu.

Diese Mobilitätseinschränkungen behindern nicht nur die Inanspruchnahme von psychosozialen Beratungsdiensten und therapeutischen Angeboten, die häufig zentral oder über den Landkreis verstreut sind, sondern auch die (Wieder-)Aufnahme einer Erwerbstätigkeit. In vielen Berufsbereichen ist ein eigenes Fahrzeug eine grundlegende Einstellungsvoraussetzung oder Voraussetzung dafür, überhaupt zur Arbeitsstelle zu gelangen. Paradoxerweise verlangt das örtliche Jobcenter oft einen vorliegenden Arbeitsvertrag, bevor die Kosten für ein Fahrzeug übernommen werden.

Folglich sind Alleinerziehende im ländlichen Raum häufig auf Arbeitsstellen in unmittelbarer Nähe angewiesen, was ihre beruflichen Möglichkeiten erheblich einschränkt, da das Stellenangebot stark von der Größe der Gemeinde abhängig ist.

Die strukturellen Defizite im Verkehrssystem und die inadäquaten Unterstützungsmechanismen verfestigen somit die sozialen und ökonomischen Benachteiligungen, denen alleinerziehende Eltern in ländlichen Gebieten ausgesetzt sind.

6.1.2 Infrastrukturelle Ausstattung

Wohlfahrtsstaatliche Unterstützungs- und Betreuungseinrichtungen tragen zwar zur Entlastung von Einelternfamilien bei, jedoch bestehen insbesondere im ländlichen Raum oft erhebliche infrastrukturelle Defizite oder diese gehen mit Mobilitätserfordernissen einher. Trotz des gesetzlichen Anspruchs und bundesweiten Ausbaus von Betreuungsplätzen für unter Dreijährige und der Nachmittagsbetreuung von Schulkindern sind die Zielvorgaben noch nicht erreicht. Viele Einelternfamilien sind entsprechend auf familiäre Hilfe, insbesondere von Großeltern, angewiesen. Diese helfen, Lücken in der Kinderbetreuung zu schließen und Erwerbstätigkeit zu ermöglichen, wenn Kindertagesstätten geschlossen sind oder Kinder krank werden. Ohne diese Unterstützung wären viele Einelternfamilien stark belastet.

Das häufig gezeichnete Idealbild des ländlichen Raums als soziale Idylle, in der enge familiäre und nachbarschaftliche Netzwerke institutionelle Unterstützungsangebote kompensieren, erweist sich bei näherer Betrachtung als wenig belastbar. Denn nicht alle Einelternfamilien auf dem Land sind in der Lage, auf solche verwandtschaftlichen Netzwerke zurückzugreifen. Wenn die Großeltern nicht in der Nähe leben, selbst stark eingebunden sind oder die familiären Beziehungen belastet sind, fehlt diese wesentliche Unterstützung.

Auch die Vorstellung von funktionierenden nachbarschaftlichen Unterstützungssystemen im ländlichen Raum entspricht oft nicht der empirischen Realität. Zwar bestehen häufig nachbarschaftliche Kontakte, die sich im Alltagsleben als hilfreich erweisen können, doch sind diese Verbindungen tendenziell wenig belastbar und unterliegen Reziprozitätserfordernissen. Einelternfamilien, die oft Mangel an Zeit und Kraft haben, finden es daher schwierig, diese Netzwerke umfassend zu nutzen, da sie befürchten, die erforderliche Gegenleistung nicht erbringen zu können.

6.1.3 Traditionelle Rollen- und Familienleitbilder

Die Lebensrealitäten alleinerziehender Mütter und Väter in ländlich geprägten Kommunen sind noch stark von der Dominanz bürgerlicher Familienideale und traditioneller Lebensstile geprägt. Die unhinterfragte Akzeptanz und Verinnerlichung dieser normativen Familien- und Rollenleitbilder bilden den lebensweltlichen Rahmen, innerhalb dessen sich die Alltagspraxis von Einelternfamilien vollzieht. Diese normativen Vorgaben fungieren als zentrale Referenz, die die Selbstdefinitionen und Identitätskonstruktionen alleinerziehender Eltern im ländlichen Raum durchdringt und strukturiert. So beschreibt die alleinerziehende Mutter Stefanie A. in einem Interview:

> »Aber klar wird schlecht über einen geredet. Das ist halt einfach so in einem kleinen Dorf [...] aber da muss man halt irgendwo drüberstehen« (Stefanie A.).

Die hegemonialen Deutungsmuster, die diese bürgerlichen Ideale stützen, finden ihren Ausdruck in der banalen Alltäglichkeit, mit der Stigmatisierungsprozesse als Reaktion auf normative Abweichungen beschrieben und akzeptiert werden. In diesem Kontext werden Abweichungen von den bürgerlichen Normen als moralische Deviationen wahrgenommen, deren Bewertung und Sanktionierung unhinterfragt bleibt. Diese tief in den sozialen Strukturen verankerte normative Konformität perpetuiert die Reproduktion traditioneller Familienleitbilder und erschwert es Einelternfamilien, alternative familiale Strukturen als gleichwertig und legitim aufzubauen und anzuerkennen (► Kap. 8.2).

Demnach verbleiben alleinerziehende Mütter und Väter in ländlichen Räumen in einem Spannungsfeld zwischen den eigenen Lebensrealitäten und den gesellschaftlichen Erwartungen, was ihre soziale Stellung und Selbstwahrnehmung erheblich beeinflusst. Die fortbestehende Dominanz dieser bürgerlichen Deutungshoheit impliziert eine normative Reproduktionslogik, die den sozialen und kulturellen Wandel zugunsten pluralistischer Familienmodelle verlangsamt (► Kap. 1.2 und ► Kap. 8.1).

6.1.4 Rurale Kulturen sozialer Zugehörigkeit, Einbindung und (Selbst-)Exklusion

Die Zugehörigkeit und soziale Integration innerhalb einer dörflichen Gemeinschaft resultieren aus den vielfältigen alltäglichen Interaktionssituationen, die im Rahmen sozialer Beziehungen stattfinden. Über diese sozialen Kontakte werden gleichzeitig gesellschaftliche Wertorientierungen transportiert, wodurch normative Maßstäbe ihre Wirkkraft entfalten.

Alleinerziehend zu sein in einem Ort, in dem jeder jeden kennt, kann dann als besonders schwierig empfunden werden, wenn die sozialen Verknüpfungen eng sind und die soziale Kontrolle hoch ist. Da entsteht leicht das Gefühl, sich in besonderem Maße den sittlichen Gepflogenheiten anpassen zu müssen, um nicht Gefahr zu laufen, den Rahmen des normativ Zulässigen zu verlassen bzw. als abweichend sichtbar zu werden.

Teilhabe und Zugehörigkeitsoptionen sind insbesondere im Hinblick auf Kinder von entscheidendem Belang. Dabei kommt sozialen Beziehungen eine ausschlaggebende Rolle bei Integrationsprozessen in die Dorföffentlichkeit zu. Hier gilt es, vermeintliche Machtverhältnisse und soziale Einflussstrukturen im Soziotop ›Dorf‹ zu berücksichtigen.

> »... bei dem einen Fall, die Buben spielen miteinander Fußball, da ist es so, dass wir Fahrgemeinschaften bilden und dann schau ich schon immer, dass ich bei denen nicht mitfahre [...]. Und dann war halt ihr Mann allein und dann sagt er, ›jetzt geh weiter, fahr bei mir mit‹. Dann hab ich mir schon gedacht, ›nein, ich fahr da am besten nicht mit, weil wenn die [Ehefrau] das mitkriegt‹. Also, ... da bin ich ganz vorsichtig bei der. Und die hat wirklich so, also die hat so viel zu sagen im Dorf, das ist eine ganz Eingefleischte. Die, wenn mögen würde, die könnte es einem leicht machen, dass man einen guten Einstieg hat« (Regina M.).

Zugehörigkeit ist nicht einseitig herstellbar. Sie wird entweder qua Geburt erlangt und bleibt unausgesprochen akzeptiert, solange der sozial geteilte Wertekanon der Gemeinschaft nicht gebrochen oder infrage gestellt wird. Wenn jedoch diese Bedingung nicht erfüllt ist, beginnt innerhalb der Gemeinschaft schnell das Reden über das betreffende Individuum, wie am Fall von Stefanie A. illustriert.

Alternativ muss Zugehörigkeit explizit hergestellt werden. Einseitiges Wollen reicht hierzu jedoch nicht aus; es bedarf vielmehr der Zustimmung seitens der Mitglieder der gewünschten Gemeinschaft. Hier kommt vor allem Frauen eine herausgehobene Bedeutung zu. Die von Ilien und Jeggle bereits Ende der 1970er Jahre diagnostizierte zweifache, genderstrukturierte Dorföffentlichkeit ist weiterhin von Belang. Die Autoren beschreiben neben einer »eminenten«, männerdominierten Öffentlichkeit, in der die wesentlichen Entscheidungen zum Dorfleben getroffen werden, eine zweite, die sie als die »relevante« Öffentlichkeit kennzeichnen. Diese »umfasst sozusagen, alles, was ›im Dorf‹ und an seinen sozialen Rändern passiert, das Tagesgeschehen, individuelle Schicksale, familiäre Ereignisse, und in ihr haben die Frauen die führende Rolle« (Ilien & Jeggle 1978, S. 178). Sie verfügen über die Deutungshoheit in Fragen ›richtiger‹ oder ›falscher‹ sozialer bzw. familiärer Verhaltensweisen und können Zugänge zum gesellschaftlichen Leben im Dorf eröffnen – oder eben auch nicht.

Soziale Zugehörigkeit basiert nach John und Knothe (2004) demnach auf zwei wesentlichen Akten: der sozialen Zustimmung bzw. Gewährung der aufnehmenden Gemeinschaft und dem individuellen Willen der bzw. des Einzelnen. Letztlich lassen sich drei Modi individueller Zugehörigkeitskonstruktionen Alleinerziehender in ländlichen Raum rekonstruieren:

Wann gehört man auf dem Land dazu?

1. Zugehörigkeit qua Geburt und lebenslangem Verbleib am Ort
2. Rückkehrer:innen, die nach Trennung, Scheidung oder Verwitwung in ihren Herkunftsort zurückkehren und auf ursprüngliche Zugehörigkeitsdefinitionen zurückgreifen können
3. sogenannte ›Zugezogene‹, die durch aktive Kontaktaufnahme Bekanntheit und Zugehörigkeit erst herstellen müssen

Begünstigt wird eine Aufnahme in die Dorfgemeinschaft durch Gemeinsamkeiten. Denn Gemeinschaft lebt von Ähnlichkeiten und wird durch gleich gelagerte Interessen genährt. So wird das kulturelle Leben in kleinen ländlichen Kommunen im Wesentlichen durch ein aktives Vereinsleben bestimmt. Einbindung und Engagement in einem Verein (John & Kothe 2004) befördert Zugehörigkeit, wenngleich diese möglicherweise auf jenes Handlungsfeld begrenzt bleibt und nicht zu einer generellen Aufnahme in allen Bereichen des dörflichen Gemeinwesens führt.

> »... soziale Integration, ja, die habe ich halt jetzt anderswo, über den Fußball [Befragte trainiert eine der Jugendfußballmannschaften des Ortes], über den Sport, dass man da viele Leute kennt, dass ich da jetzt wirklich durch das Dorf durchfahre, dass mich die Leute grüßen, weil sie mich über den Fußball kennen. Aber ansonsten geht's schwierig, ge-

nau. […] zum Beispiel hier da in der Straße, da wirst du nirgends eingeladen, weil du bist alleinerziehend mit Kind. Du hast hier einen Stempel« (Karla H.).

Zugehörigkeit eröffnet den Zugang zu spezifischen Ressourcen in ländlich strukturierten sozialen Netzwerken. Fehlte diese bzw. kann oder will die alleinerziehende Person diese nicht aktiv herstellen, stehen Alleinerziehenden gewinnbringende Potentiale ruraler Lebenswirklichkeiten und Vergemeinschaftung nicht (umfänglich) zur Verfügung.

6.2 Junge (minderjährige) Alleinerziehende

Strukturiert man die heterogene Gruppe Alleinerziehender entlang des Alters, stehen häufig junge, zumal minderjährige, alleinerziehende Mütter im Zentrum der öffentlichen Aufmerksamkeit. Von jungen, minderjährigen alleinerziehenden Vätern ist im aktuellen Fachdiskurs indes (noch) wenig zu lesen. Dies mag an der noch geringeren Fallzahl liegen, verweist aber auch darauf, dass häufig Elternschaft noch immer als erstes mit Mutterschaft gleichgesetzt wird.

Aber auch in Bezug auf junge alleinerziehende Mütter ist die Definition über Altersgrenzen unscharf. Häufig wird diese Gruppe stattdessen durch die Bewältigung zweier Übergänge charakterisiert,

1. dem Übergang ins Erwachsenenalter mit je spezifischen Entwicklungsaufgaben, die häufig mit der Aufnahme einer Ausbildung oder eines Studiums bzw. dem Eintritt ins Erwerbsleben verknüpft sind, und
2. dem Übergang in die Elternschaft.

Entsprechend formuliert Anslinger (2009): »Als junge Mütter werden Mädchen und Frauen bezeichnet, die unter 25 Jahre alt sind und keine abgeschlossene Schul- oder Berufsausbildung vorweisen können« (ebd., S. 11). Unter diesen Bedingungen ist eine eigenständige Existenzsicherung besonders schwierig. Entsprechend diagnostiziert Lietzmann (2009) junge, ledige Alleinerziehende als im besonderen Maße armutsgefährdet und damit überproportional häufig im SGB-II-Bezug.

> »Die Suche nach schulischen und beruflichen (Weiter-)Bildungsmöglichkeiten, die die Vereinbarkeit von Kindererziehung, Haushalt und Schule bzw. Beruf(sausbildung) ermöglichen, gestaltet sich […] schwierig. Teilzeitausbildungen sind zwar möglich, stellen aber sowohl in Bezug auf die Knappheit finanzieller Ressourcen als auch in Bezug auf die gesteigerten Leistungsanforderungen durch die Verkürzung der Lehrzeit bei gleichbleibender Ausbildungsdauer, keine ansprechende Lösung dar (vgl. Anslinger 2009)« (Monse 2020, S. 38).

Fehlende bedarfsgerechte Strukturen erschweren die Vereinbarkeit von Kindern und schulischen bzw. berufsbildenden Anforderungen.

Die Kombination der genannten Bewältigungsaufgaben führt zu einer erhöhten Vulnerabilität dieser alleinerziehenden Gruppe, die durch die typischen adoleszenten Identitätsbildungsprozesse noch verstärkt wird. Häufig erschwert dabei die zusätzliche doppelte Marginalisierung entlang der Dimensionen ›jung und Mutter‹ sowie ›Mutter und alleinerziehend‹ die Entwicklung eines positiven Identitätsentwurfs. Die Überschneidung dieser Diskriminierungskategorien kann zu spezifischen sozialen Stigmata führen und erfordert zusätzliche Copingstrategien. Dies zeigt sich eindringlich im Erfahrungsbericht einer betroffenen Mutter, die von abwertenden Kommentaren in ihrem Umfeld bezüglich ihrer Schwangerschaft im jungen Alter berichtet:

> »Es geht ja im Endeffekt keinen was an, es ist ja mein Leben, es ist ja mein Ding, was ich aus meinem Leben mache und wenn ich jetzt sage, ich bekomme jetzt mit achtzehn ein Kind, dann mache ich es halt« (Stefanie A.).

Bei minderjährigen Müttern kommt hinzu, dass für das uneheliche Kind laut § 1673 BGB eine Vormundschaft einzurichten ist, die als gesetzliche Vertretung des Kindes fungiert. Die Personensorge steht den minderjährigen Eltern zwar neben dem Vormund weiterhin zu, zur Vertretung des Kindes sind sie jedoch nicht berechtigt (§ 1673 Abs. 2 BGB). Diese gesetzlichen Regelungen dienen zwar dem Schutz des (neugeborenen) Kindes, können jedoch die positive Besetzung des neuen Status als Mutter erschweren und Gefühle mangelnder Anerkennung evozieren. So hebt eine junge alleinerziehende Mutter hervor:

> »Keiner nimmt einen für voll. Alle denken, junge Mütter sind schlechte Mütter. […] Die denken alle, die bekommt es sowieso nicht [hin]« (Jana H.).

Entsprechend konstatiert Wallner (2010, S. 47), dass junge Mütter »einer nahezu ausschließlich negativen öffentlichen Debatte ausgesetzt [sind], die sich zwischen Vorwürfen und Vorurteilen bewegt«. Neben strukturellen und individuellen Herausforderungen sind junge Mütter mit stark defizitorientierten und moralisierenden gesellschaftlichen Zuschreibungen konfrontiert, auch wenn gemeinhin bekannt ist, dass Schwangerschaften Minderjähriger in allen sozialen Schichten auftreten und »sich keineswegs auf Familien mit niedrigem Bildungsniveau und geringem Einkommen« (Anslinger 2009, S. 14) beschränken. Die Entwicklung eines positiven Selbstbildes als junge, alleinerziehende Mutter stellt damit eine besondere Herausforderung dar und muss mit normativen Vorstellungen des Lebensverlaufs brechen. Denn den vorgegebenen Statuspassagen entsprechen junge alleinerziehende Mütter »von vornherein nicht, denn sie haben ein Kind bekommen, in einer Phase, die für die Vorbereitung der Berufstätigkeit vorgesehen ist« (Ritter 2017, S. 18).

Trotz dieser Schwierigkeiten berichten jedoch viele junge Mütter von einer signifikanten persönlichen Weiterentwicklung durch Schwangerschaft und Mutterschaft. So beschreibt Stefanie A. beispielsweise ihre Erfahrungen als individuellen Wachstumsprozess:

> »Ja, es ist halt manchmal blöd. Aber ich denke mir, man wächst damit auch […] wo ich vor einem Jahr noch daran verzweifelt bin, wenn irgendetwas mit der Marie war, […] sag ich jetzt schon wieder, okay, ja, ist nicht so schlimm« (Stefanie A.).

Dieser Sichtweise stimmt auch Stauber (2010) zu, wenn sie das Potenzial anerkennt, das in der Gleichzeitigkeit von jugendlicher Entwicklung und Elternschaft stecken kann. Beides geht mit der Entwicklung von (Eigen-)Verantwortung und der Ausbildung spezifischer sozialer Kompetenzen einher.

Angesichts fehlender eigener Vorerfahrungen greifen junge alleinerziehende Mütter häufig auf familiäre Handlungsorientierungen zurück, die sie aus ihrer eigenen Biografie kennen. Diese biografischen Prägungen sind handlungsleitend, unabhängig davon, ob sie in Übereinstimmung oder in Abgrenzung zu den elterlichen Verhaltensweisen stehen. Im Verhältnis zu den eigenen Eltern können hierbei Loslösungsprozesse mit dem erhöhten Unterstützungsbedarf der alleinerziehenden jungen Mutter kumulieren.

Die elterliche Unterstützung spielt demnach eine zentrale Rolle im Leben vieler junger alleinerziehender Mütter. Bestenfalls wird das Bedürfnis nach alterstypischen Freizeitaktivitäten – wie Ausgehen – als ›natürliches‹ Recht der Jugend respektiert und unterstützt. Gleichwohl lässt sich der fortwährende Aushandlungsprozess zwischen jugendlichen Bedürfnissen und elterlichen Verpflichtungen nie vollständig auflösen. Es bleibt ein Balanceakt zwischen jugendlicher Identität und den Anforderungen der Elternschaft.

Zunehmend schwieriger wird die Situation, wenn eigene Entwicklungsdefizite noch nicht aufgeholt, positive elterliche Rollenvorbilder und konstruktive, entlastende Unterstützungsleistungen durch die eigenen Eltern fehlen sowie Fürsorge- und Haushaltskompetenzen noch nicht in ausreichendem Maße entwickelt werden konnten. In diesen Konstellationen können flankierende oder unterstützende Angebote wie Sozialpädagogische Familienhilfe (§ 31 SGB VIII) oder ein vorübergehender Aufenthalt in einer Einrichtung für Mütter/Väter und deren Kinder (§ 19 SGB VIII) hilfreich sein.

Ungeachtet dessen mangelt es jungen alleinerziehenden Müttern an gleichaltrigen Vorbildern und Peers. Oftmals fehlen ein unterstützendes soziales Netzwerk sowie der soziale Kontakt und Austausch mit Personen, die ähnliche Erfahrungen teilen. Zugehörigkeit zur Gruppe der Gleichaltrigen kann nur singulär hergestellt werden. In urbanen Räumen bieten oft Schwangerschaftsberatungsstellen und andere soziale Einrichtungen gezielte Programme für junge alleinerziehende Mütter an. Auch wenn die gleichen soziodemografischen Kategorien (›jung‹ und ›alleinerziehend‹) nicht automatisch zu emotionaler und mentaler Übereinstimmung oder gegenseitiger Sympathie führen, sind derlei Angebote zu befürworten und können insbesondere in der Anfangszeit der Mutterschaft wichtige Anlaufstellen darstellen. In ruralen Gebieten kollidiert hingegen der Wunsch nach sozialer Anbindung mit den Realitäten des ländlichen Raums. Institutionelle Angebote sind rar gesät und die Fahrt in die nächstgelegene Stadt kann mit erheblichen logistischen und finanziellen Hürden verbunden sein.

Gut zu wissen – gut zu merken

- *Herausforderungen in ländlichen Räumen:* Einelternfamilien auf dem Land stehen vor spezifischen Herausforderungen in Bezug auf Mobilität, begrenzte Infrastruktur und traditionalistische Rollenbilder. Diese Faktoren erschweren ihre Teilnahme am sozialen und wirtschaftlichen Leben, verstärken soziale Isolation und schränken berufliche Möglichkeiten ein.

- *soziale Zugehörigkeit und Exklusion:* Zugehörigkeit kann von Geburt an bestehen, durch Rückkehr an den Herkunftsort gestärkt oder durch aktives Engagement in der Gemeinschaft erworben werden. Vernetzungen über lokale Vereine können Zugehörigkeit fördern.
- *Einfluss traditioneller Rollenbilder:* Traditionelle Rollen- und Familienleitbilder im ländlichen Raum beeinflussen die Selbstwahrnehmung und soziale Stellung von Einelternfamilien. Diese Normen können als Stigmatisierung wahrgenommen werden und die Akzeptanz alternativer Lebensformen erschweren, was zu Marginalisierung führen kann.
- *Herausforderungen und Stigmatisierung:* Junge alleinerziehende Mütter stehen unter erheblichem Druck durch die doppelte Marginalisierung als ›jung und Mutter‹ sowie ›Mutter und alleinerziehend‹. Diese gesellschaftlichen Stigmata und Diskriminierungskategorien erschweren die Entwicklung eines positiven Selbstbildes und erfordern spezielle Bewältigungsstrategien.
- *Rolle der sozialen Unterstützung:* Familiäre Unterstützung ist für junge alleinerziehende Mütter entscheidend, insbesondere wenn positive Vorbilder und Kompetenzen noch unentwickelt sind. Soziale Einrichtungen können in diesem Fall wichtige Anlaufstellen bieten.
- *Potenzial für persönliche Weiterentwicklung:* Trotz der Herausforderungen berichten viele junge Mütter von persönlichem Wachstum und der Entwicklung von Verantwortung und sozialen Kompetenzen. Die Auseinandersetzung mit Elternschaft in jungen Jahren kann zu wertvollen persönlichen Einsichten und einem stärkeren Selbstbewusstsein führen.

Literaturempfehlungen

Monse, P. (2020). Alleinerziehende junge Mütter. *Sozialmagazin, 45*(7–8), 37–41.

Vogelgesang, W., Kopp, J., Jacob, R. & Hahn, A. (2018). *Stadt – Land – Fluss. Sozialer Wandel im regionalen Kontext.* Wiesbaden: Springer VS.

7 Kinder in Einelternfamilien

Was Sie in diesem Kapitel lernen können

- In diesem Kapitel richten wir den Blick gezielt auf die Kinder in Einelternfamilien. Dabei erfahren Sie, dass die Lebenssituation der Kinder weniger von der Struktur der Einelternfamilie, sondern vielmehr von der sozioökonomischen Situation ihrer Eltern und deren Verhältnis zueinander geprägt ist.
- Um die Situation besser zu verstehen, lassen wir die Kinder selbst ›zu Wort kommen‹.
- Neben wissenschaftlichen Erkenntnissen werden deshalb auch zwei Befragungen mit Kindern sowie jungen Erwachsenen vorgestellt, die als Kinder in einer Einelternfamilie aufgewachsen sind.

Zur Einführung in dieses Kapitel soll nochmals vor Augen geführt werden, dass aktuell 2,5 Millionen Kinder mit einem Elternteil zusammenleben. Das entspricht 17% aller Minderjährigen in Deutschland. Die überwiegende Mehrheit davon wächst bei ihrer Mutter im Haushalt auf.

7.1 Aufwachsen in Einelternfamilien: Wissenschaftliche Erkenntnisse zu relevanten Einflussfaktoren

Das Verhältnis der getrenntlebenden Elternteile zueinander spielt eine entscheidende Rolle für das Aufwachsen von Kindern in Einelternfamilien, besonders wenn die Eltern die Kinderbetreuung im Wechselmodell – sei es symmetrisch oder asymmetrisch – organisieren. Solche Modelle erfordern nicht nur regelmäßige Begegnungen bei der Übergabe der Kinder, sondern auch umfassende Absprachen und die Klärung organisatorischer Alltagsfragen, insbesondere wenn die Kinder noch jünger sind. Eine größere räumliche Distanz zwischen den Wohnorten der Eltern macht die Begegnung bei der Übergabe oft unausweichlich, was in konfliktreichen Trennungsphasen sowohl für Eltern als auch für die Kinder belastend sein kann.

Positiv hervorzuheben ist, dass im Jahr 2022 ein gutes Drittel der getrenntlebenden Eltern ihr Verhältnis zueinander als gut (24 %) oder sogar sehr gut (10 %) einschätzt. Weitere 30 % bewerteten ihr Verhältnis als in Ordnung, während nur 16 % angaben, dass ihr Verhältnis weniger oder gar nicht gut sei. Dennoch kam es bei einem Fünftel (20 %) der Eltern zu einem vollständigen Kontaktabbruch oder einer Reduzierung der Beziehung auf ein Minimum (BMFSFJ 2024, S. 43). Erfreulicherweise verbessert sich das Verhältnis der Elternteile häufig mit der Zeit, denn während der akuten Trennungszeit bewertete knapp über die Hälfte der getrennten Elternpaare ihr Verhältnis als weniger oder gar nicht gut (ebd.).

Empirische Studien zu Betreuungsmodellen in Deutschland zeigen, dass Kinder im Wechselmodell hinsichtlich ihres Wohlbefindens tendenziell besser abschneiden als Kinder im Residenzmodell (▶ Kap. 2.7). Interessanterweise waren die positiven Effekte bei Kindern im asymmetrischen Wechselmodell teilweise stärker ausgeprägt als im symmetrischen Modell, was auf eine Kombination der Vorteile häufigen Kontakts mit dem nicht betreuenden Elternteil und der Stabilität eines festen Wohnsitzes beim hauptbetreuenden Elternteil zurückgeführt wird.

Wie bereits ausgeführt, stellt das Leben von alleinerziehenden Müttern und Vätern oft eine erhebliche Herausforderung dar, insbesondere aufgrund der strukturellen Rahmenbedingungen, die die Vereinbarkeit von Erwerbstätigkeit und Kinderbetreuung erschweren. Die Verantwortung für Haushalt, Kinderbetreuung, soziale Kontakte und Erwerbsarbeit (▶ Kap. 3) führt häufig zu chronischem Zeitmangel und erhöhtem Stressniveau im Vergleich zu Paarhaushalten. Zudem verfügen Einelternfamilien durchschnittlich über weniger finanzielle Ressourcen als Haushalte mit zwei potenziell erwerbstätigen Elternteilen, was die Belastung weiter verstärkt (▶ Kap. 3.1).

Die Vereinbarkeitsproblematik von Erwerbstätigkeit und Kinderbetreuung schlägt bei Einelternfamilien in besonderen Maßen zu Buche. Zwar steigt die Betreuungsquote der unter Dreijährigen kontinuierlich an, jedoch kann der aktuelle Betreuungsbedarf dieser Altersgruppe durch die derzeit zur Verfügung stehenden Betreuungsplätze nicht vollständig gedeckt werden. Es besteht – insbesondere in Westdeutschland – eine Betreuungslücke. Gleiches gilt für die Ganztagsbetreuung von Grundschulkindern. Auch hier besteht ein erheblicher Ausbaubedarf, um dem Rechtsanspruch auf Ganztagsbetreuung von Grundschulkindern ab 2026 gerecht zu werden.

Rechtsanspruch auf Kindertagesbetreuung

Kinder ab dem ersten Lebensjahr:
Kinder ab dem ersten Lebensjahr haben Rechtsanspruch auf Förderung in einer Kindertagesbetreuung, wenn beide Eltern erwerbstätig oder arbeitssuchend sind oder sich noch in Ausbildung befinden.

Kinder ab drei Jahre bis zum Schuleintritt:
Seit 1996 besteht ein uneingeschränkter Anspruch auf Förderung in einer Kindertagesbetreuung für Kinder ab drei Jahren bis zum Schuleintritt: Die Träger

der öffentlichen kommunalen Kinder- und Jugendhilfe tragen die Gesamtverantwortung für ein bedarfsgerechtes Angebot an Ganztagsplätzen.

Rechtsanspruch auf Ganztagsbetreuung für Grundschulkinder ab 2026

Das Gesetzt sieht Folgendes zur Ausgestaltung des Rechtsanspruchs vor: »Betreuung für Kinder in den Klassenstufen 1–4; Betreuung für acht Zeitstunden an fünf Tagen in der Woche; Betreuung auch in den Ferien. Hierbei können die Länder Ferienschließzeiten von bis zu vier Wochen regeln. Diese müsse nicht zusammenhängend sein; Betreuung in Horten oder in schulischen Angeboten, auch in Kooperation mit der Kinder- und Jugendhilfe« (Lenze 2021, S. 80)

Bei all den genannten Aspekten drängt sich die Frage auf, ob sich die strukturellen Gegebenheiten eventuell doch negativ auf die Entwicklung und das Wohlergehen von minderjährigen Kindern in Einelternfamilien auswirken.

Ein Blick in die Kinder- und Jugendhilfestatistik zeigt, dass alleinerziehende Elternteile überproportional häufig Angebote der Kinder- und Jugendhilfe nach SGB VIII nutzen (▶ Kap. 10.2). Bedeutet dies, dass Alleinerziehende als besondere Risikogruppe für das Kindeswohl einzuschätzen sind, man gar von einem ›Risikofaktor alleinerziehend‹ sprechen kann? »Die relative Wahrscheinlichkeit von Familien mit alleinerziehenden Eltern eine Erziehungsmaßnahme des Jugendamtes (jenseits der Erziehungsberatung) zu erhalten, ist gegenüber Familien in denen beide (biologischen) Elternteile in einem Haushalt leben um das Vier- bis Fünffache erhöht« (Ziegler 2020, S. 49). Hier schlagen vor allem familienersetzende Leistungen zu Buche. »Etwa fünf von sechs fremduntergebrachten jungen Menschen kommen nicht aus einer Paarfamilie« (ebd.).

Doch kann von diesen statistischen Aussagen des Kinder- und Jugendhilfesystems bereits darauf geschlossen werden, dass Einelternfamilien aufgrund ihrer personellen Zusammensetzung grundsätzlich nicht in der Lage oder willens sind, gut für ihre Kinder zu sorgen? Oder reagiert das Kinder- und Jugendhilfesystem seinerseits besonders sensibel auf den Status ›alleinerziehend‹ und offeriert schneller umfassendere Unterstützungsangebote? Wie frei sind Fachkräfte der öffentlichen und freien Jugendhilfe von normativen Familien(leit)bildern bzw. wirken (auch) in ihnen noch die Vorstellungen des ›broken homes‹ aus den 1970er Jahren nach, wodurch automatisch ein Hilfebedarf attestiert wird? Oder bitten alleinerziehende Mütter und Väter ihrerseits rascher um Hilfe, da durch die Trennung bei ihnen die Angst mitschwingt, diese müsste zweifelsohne negative Konsequenzen für ihre Kinder haben? Und kann es sein, dass allein- bzw. getrennterziehende Elternteile jede Verhaltensweise der Kinder vor dem Hintergrund ihrer Trennungserfahrung lesen und interpretieren?

Um es gleich vorwegzunehmen, nichts deutet in aktuellen empirischen Studien darauf hin, dass das Aufwachsen von Kindern in Einelternfamilien per se eine Entwicklungseinschränkung darstellt und automatisch kindliche Verhaltensauffälligkeiten zur Folge haben!

Betrachtet man die empirische Sachlage genauer, lassen sich stattdessen folgende Zusammenhänge feststellen:

- Dauerhafte familiale und elterliche Konflikte können nachteilige Auswirkungen auf die kindliche Entwicklung haben (Walper & Schwarz 2002; Walper & Wendt 2005). Dass Trennungen und Scheidungen in der Regel mit elterlichen Konflikten gepaart sind, ist häufig unvermeidbar. Wie oben dargestellt reduziert sich das Konfliktpotenzial zwischen den getrenntlebenden Elternteilen in der Regel mit Dauer der Trennung und viele ehemalige Paare finden einen guten bis neutralen Umgang miteinander. Das Aufwachsen in hochkonfliktreichen Paarfamilien bringt jedoch stärkere negative Auswirkungen auf die Entwicklung von Kindern mit sich als das Aufwachsen bei allein- bzw. getrennterziehenden Eltern (Demo & Fine 2010), die ihre Konflikte im Laufe der Zeit beilegen konnten. Die Auswirkungen von Trennungen zeigen in der Regel eher kurzfristige Effekte und nehmen im Laufe der Zeit hinsichtlich vieler kindbezogener Parameter so weit ab, dass statistisch kaum noch Unterschiede zu Kindern feststellbar sind, deren Eltern nicht getrennt sind (Schmidt-Denter 2002).
- Blickt man auf Kinder, die in prekären sozioökonomischen Lebenslagen aufwachsen, lassen sich in Hinblick auf Belastungen und Entwicklungsprobleme empirisch nur wenige Unterschiede zwischen Kindern aus Einelternfamilien und Kindern aus Paarfamilien finden (Ziegler 2020, S. 52). Auffällig hingegen ist, dass Erziehungsberechtigte mit einer geringen finanziellen Ressourcenausstattung überproportional häufig von der Jugendhilfe adressiert werden.
- »Nimmt man lediglich die Familienform in den Blick, sind Problematiken bei Kindern aus Haushalten alleinerziehender Mütter im Durchschnitt stärker ausgeprägt als bei Kindern aus Haushalten alleinerziehender Väter« (ebd.). Was auf den ersten Eindruck verstörend wirken mag, wird nachvollziehbar, wenn man sich vor Augen hält, dass in der Regel ältere Kinder und vermehrt nur ein Kind im Haushalt des alleinerziehenden Vaters lebt. Statistisch betrachtet sind alleinerziehende Väter häufiger vollzeiterwerbstätig als alleinerziehende Mütter und können dadurch ein höheres Einkommen erwirtschaften. Oftmals sind Kinder in Haushalten alleinerziehender Väter zehn Jahre oder älter und haben die Trennung und Scheidung ihrer Eltern erst im jugendlichen Alter miterlebt.
- Berücksichtigt man sozioökonomische und weitere demografische Einflüsse auf das Leben von Einelternfamilien, zeigen die Studien von Walper et al., dass es praktisch keinen Unterschied macht, ob Kinder in Eineltern- oder Paarfamilien aufwachsen (Walper et al. 2015; Wendt & Walper 2007).

Um die Situation von Kindern und Jugendlichen in Einelternfamilien tatsächlich nachvollziehen zu können, ist es – neben allen wissenschaftlichen Erkenntnissen – wichtig, ihnen selbst Gehör zu schenken, um ihre subjektive Sichtweise auf ihre Lebenssituation zu erfassen.

7.2 Aufwachsen in Einelternfamilien aus Sicht der Kinder und Jugendlichen

Bislang gibt es in Deutschland nur wenige empirische Studien, die die Kinder und Jugendlichen selbst zu ihrem Befinden und Aufwachsen in Einelternfamilien befragt haben. Zwei dieser Studien werden nachfolgend exemplarisch vorgestellt.

7.2.1 Quantitative Befragung von Kindern in sechs deutschen Großstädten

Im Auftrag der Bepanthen-Kinderförderung führte die Universität Bielefeld im Jahr 2011 eine quantitative angelegte, vergleichende Studie zum Thema ›Alleinerziehung‹ und deren Auswirkungen auf die physische und psychische Entwicklung von Kindern durch. Hierfür wurden über 1.000 Eltern und deren Kinder im Alter von sechs bis 13 Jahren in sechs deutschen Großstädten (Hamburg, Berlin, Dresden, Dortmund, Mainz, München) befragt – unter diesen waren auch Einelternfamilien. In den Blick genommen wurden dabei unter anderem die selbst wahrgenommenen Fähigkeiten der Kinder, ihre emotionalen Belastungen, ihr Selbstwirksamkeitserleben, die von ihnen erlebten Erziehungspraktiken ihrer Eltern, ihre Erfahrung mit Netzwerken, aber auch ihre Ausgrenzungserfahrungen.

Zentrales Ergebnis war, dass sich Kinder, die bei einem Elternteil aufwachsen, nicht aufgrund ihrer Familienform benachteiligt fühlen. Indes nannten die Kinder erhöhte Belastungen, wenn mit dem Familienstatus auch finanzielle Engpässe oder Armutserfahrungen verbunden waren. In diesem Fall berichteten sie auch vermehrt von Mobbing- und Ausgrenzungserfahrungen.

> »Bei den Angaben der befragten jungen Menschen zeigte sich mehr oder weniger umfassend, dass der Familienstatus für die Kinder – nach Kontrolle des sozioökonomischen Status – weder im Erziehungserleben noch in den Elternbeziehungen noch im allgemeinen oder gesundheitlichen Wohlbefinden, bei Ausgrenzungserfahrungen oder bei Problembelastungen (inklusive des Ausmaßes an emotionalen Problemen) oder im Ausmaß von Care, von dem die Kinder berichteten, eine Rolle spielte. Auch das Ausmaß an Aufmerksamkeit, die sie von ihren Eltern bekommen oder von Mitbestimmungsmöglichkeiten, über die die Kinder in ihrer Familie berichteten, war in Familien mit alleinerziehender Elternschaft nicht geringer, sondern tendenziell etwas höher« (Ziegler 2020, S. 54).

Neben der materiellen Situation hat die von den Kindern wahrgenommene Erziehungspraxis – und nicht der von den Eltern angegebene Erziehungsstil – einen entscheidenden Einfluss auf ihre Lebensqualität, darunter Wohlergehen, Selbstwirksamkeit und Stressbewältigung. Kinder aus sozioökonomisch benachteiligten Familien und Einelternfamilien erleben ebenso häufig eine interessierte und zugewandte Erziehungspraxis wie andere Kinder. Dies widerlegt das Vorurteil, dass in benachteiligten Milieus oder bei Alleinerziehenden keine gute Erziehung praktiziert wird (Ziegler o.J.).

Alle befragten Kinder zeigten ein ausgeprägtes Selbstwirksamkeitsempfinden: 70 bis 80% der Befragten stimmen zu, dass sie »Probleme lösen können« und

»wissen, wie sie sich selbst helfen können«. Bemerkenswerterweise ist dieses Selbstwirksamkeitsempfinden bei Kindern sozial benachteiligter Alleinerziehender tendenziell sogar höher ausgeprägt als bei privilegierten Kindern. Dies deutet darauf hin, dass diese Kinder offenbar früh lernen, mit Einschränkungen und Schwierigkeiten umzugehen (ebd.).

7.2.2 Biografische rekonstruktive Studie zum Aufwachsen in Einelternfamilien

Eine weitere, jedoch qualitativ angelegte Studie zum Aufwachsen in Einelternfamilien wurde an der Katholischen Hochschule Nordrhein-Westfalen, Abt. Münster, von Mai 2021 bis Mai 2022 durchgeführt (Wernberger & Nickel 2022). Mittels biografisch-narrativer Interviews blickten dabei junge Erwachsene retrospektiv auf ihr Leben und Aufwachsen in Einelternfamilien zurück. Zum Befragungszeitpunkt waren die Untersuchungsteilnehmenden (N = 7) zwischen 18 und 24 Jahre alt und lebten in Münster bzw. im Münsterland. Zwei der Befragten definierten sich als männlich, alle anderen als weiblich. Viele der Befragten lebten in ihrer Kindheit bzw. Jugendzeit dauerhaft bzw. phasenweise in ländlich strukturierten Kontexten – auch darin besteht ein Unterschied zur Bepanthen-Studie. Bis auf eine Person waren alle Befragten im Haushalt der Mutter aufgewachsen. Aufgrund der kleinen Fallzahl können diese Ergebnisse zwar nicht verallgemeinert werden. Trotzdem vermitteln die biografischen Erfahrungen der jungen Erwachsenen erste Eindrücke in die Erlebnis- und Erfahrungswirklichkeit(en) des Aufwachsens in Einelternfamilien.

Im biografischen Erzählen ordneten die jungen Erwachsenen ihre individuellen Erfahrungen in die damaligen sozialen (gesellschaftlichen) Kontexte ein und verglichen die durchlebten familialen Lebensphasen, wie das Zusammenleben als Familie vor der Trennung, nach der Trennung als Einelternfamilie und in einer eventuell nachfolgenden Patchwork-Konstellation, evaluierend:

Veränderungen und Umbrüche

Grundsätzlich ist festzustellen, dass eine Trennung der Eltern Kinder immer mit Veränderungen und oftmals mit erheblichen Umbrüchen konfrontiert. Umzüge in eventuell kleinere Wohnungen (einhergehend mit begrenzteren räumlichen Verhältnissen und geringerem sozioökonomischen Status), Orts- und Schulwechsel, Abbruch bislang bestehender Kontakte und Freundschaften verbunden mit der Herausforderung des sozialen Re-Embedding an neuen Orten und in soziale Zusammenhänge – und dies eventuell auch mehrmals im Laufe des Heranwachsens.

So schilderten einzelne Befragte, dass sich durch den Umzug in beengtere Wohnverhältnisse ihre Möglichkeiten reduzierten, Gleichaltrige einzuladen und – im Gegenzug – von diesen auch eingeladen zu werden. Auch wurden zum Teil Armutserfahrungen formuliert, die zu reduzierter sozialer Teilhabe geführt haben (bspw. Nicht-Annehmen von Geburtstagseinladungen, fehlende Design- oder

Markenartikel etc.). Die Belastungserfahrungen durch sozioökonomische Begrenzungen zeigten sich damit auch in den qualitativen Interviewdaten. Emma (20 Jahre), eine junge Frau aus der Gruppe, die in begrenzten finanziellen Verhältnissen aufwuchs, berichtet darüber hinaus von Mobbing- und Ausgrenzungserfahrungen, die sie auf die Einelternfamilien-Konstellation, die geringe finanzielle Ausstattung ihrer Familie und das junge Alter ihrer alleinerziehenden Mutter zurückführte und die dadurch verstärkt wurden, dass die Einelternfamilie aus einem anderen Bundesland zugezogen war und nicht den lokalen Dialekt sprach.

Unabhängig davon, ob sich die Eltern bereits vor der Geburt trennten oder erst nach einer Phase des Zusammenlebens in einem gemeinsamen Haushalt, berichteten alle Befragten von erlebten Veränderungen, die kleinere oder auch größere Herausforderungen für sie darstellten und offen oder implizit einen verstärkten Wunsch nach Stabilität und Beständigkeit in ihnen nährten.

Innerfamiliale (Verarbeitungs-)Prozesse

Wie Kinder oder Jugendliche damit zurechtkommen, hängt entscheidend vom Verhalten ihrer getrenntlebenden Eltern und dem Fortbestehen gesicherter sozioökonomischer Verhältnisse ab. Gelingt es den getrenntlebenden Eltern, ihren Kindern souverän zur Seite zu stehen und sie altersgemäß über die bevorstehenden oder vollzogenen Veränderungen zu informieren, so kommen Kinder und Jugendliche nach einer Phase der Umstellung und Neuorientierung gut mit der neuen Situation zurecht – insbesondere dann, wenn mit der Trennung keine sozioökonomischen Einbußen verbunden sind.

Treffen die Kinder und Jugendlichen jedoch auf eine Kultur des Schweigens und Nicht-Thematisierens innerhalb des getrennten Familiensystems, fehlt es ihnen an dem Wissen, das notwendig dafür ist, die Situation für sich einordnen zu können. Erleben sie zudem ihre getrenntlebenden Eltern als belastet oder selbst mit der Situation überfordert, ziehen sich die die betreffenden Kinder und Jugendlichen auf sich selbst zurück, was zu Gefühlen des Allein- und Ausgeliefertseins und internalisierenden Bewältigungsstrategien führt. In den Erzählungen der Befragten werden dann Erfahrungswirklichkeiten des ›Ausgesetztseins‹ und fehlender bzw. eingeschränkter biografischer Handlungsmacht sichtbar. Im Zuge dessen berichten die betreffenden Befragten dann auch von depressiven Phasen bis hin zu Depressionen und damit einhergehenden klinischen Behandlungsbedarfen.

In derlei Situationen waren für die Befragten vertrauensvolle Geschwisterbeziehungen von besonderem Wert und boten zum Teil eine Art ›Begleitschutz‹. Mehrere der Befragten der Münsteraner Studie (Wernberger & Nickel 2022) hoben auch die gute bis sehr gute Beziehung zu ihren Großeltern hervor. Es scheint, als fungieren viele Großeltern als sicherer, beständiger Hafen, bieten Stabilität und Beständigkeit in einer sich verändernden Lebenssituation. Neben einem Ort der Verlässlichkeit können diese als wichtige Ansprechpersonen für Themen fungieren, mit denen die eigenen Eltern nicht konfrontiert werden wollen oder können. In den Schilderungen zeigten sich dabei geschlechtsspezifische Rollenverteilungen.

Großmütter wurden als vertrauensvolle und fürsorgliche Ansprechpartner genannt, wohingegen der Großvater einer Befragten ersatzweise die Vaterrolle übernahm und sie beispielsweise zum Väter-Kinder-Lager im Kindergarten begleitete.

Die Qualität der Beziehung zwischen den getrenntlebenden Eltern nimmt ebenfalls erheblichen Einfluss auf das Wohlbefinden der Kinder. Gelingt es den Erwachsenen alltägliche Begegnungen wie beispielsweise beim Betreuungswechsel neutral bis konstruktiv zu gestalten, befördert dies bei den Kindern das Gefühl der Verlässlichkeit und Tragfähigkeit der Elternbeziehung. Gleiches gilt für Treffen bei öffentlichen Veranstaltungen wie Schulfesten oder Abiturball. Ist dies nicht der Fall, belastet dies die Kinder zusätzlich.

Eine gesteigerte Sensibilität für die Bedürfnisse und Belange der getrenntlebenden Erwachsenen zieht sich wie ein roter Faden durch die Erzählungen der befragten Erwachsenen. Es scheint, als entwickelten Kinder und Jugendliche eine Art vorausschauende Feinfühligkeit für die Belastbarkeit ihrer Erziehungspersonen und vermeiden Konfrontationen, die zu (neuerlichen) Verletzungen führen könnten. In einigen Interviews zeigte sich, dass die Befragten hierfür auch eigene (kindliche) Bedürfnisse hintenanstellten, um nicht zusätzlich zu belasten oder Ärger zu provozieren, und eine bemerkenswerte Perspektivendifferenzierung an den Tag legen. So äußerte eine der Befragten die Vermutung, dass es für ihre Mutter wohl anstrengender war alleinerziehende Mutter zu sein, als für sie als Kind in diesem Familienmodell aufzuwachsen.

Kommen die erziehungsberechtigten Erwachsenen mit der Trennung und einer eigenständigen, existenzsichernden Lebens- und Haushaltsführung nur bedingt oder eingeschränkt zurecht, reagieren Kinder und Jugendliche mit unterschiedlichen Bewältigungsstrategien darauf.

In derlei Situationen zeigten vor allem weibliche Befragte folgende Verhaltensweisen:

Internalisierende Verhaltensweisen

- verstärkte Neigung zur Anpassung, um niemanden zu verletzen oder zu überfordern.
- Internalisierung und Schutz der Eltern vor eigenen kindlichen Bedürfnissen und Ansprüchen
- Rückbezug auf sich selbst und Funktionieren(-Müssen).

Hingegen reagierte einer der männlichen Befragten in dieser Situation mit folgenden Verhaltensweisen:

Externalisierende Verhaltensweisen

- verstärkte Außenorientierung
- Schwierigkeiten in der Schule
- ›falsche‹ Freunde und grenzüberschreitendes Verhalten

Gelingt es hingegen den erziehungsberechtigten Erwachsenen, tragfähige Arrangements der Existenzsicherung und Haushaltsführung zu entwickeln, eigene emotionale Beeinträchtigungen zu verarbeiten und die beteiligten Kinder in die neue Form der familialen Lebensführung konstruktiv zu integrieren, ließen sich folgende Verhaltensweisen im Datenmaterial finden:

Proaktive Verhaltensweisen

- vermehrte Mithilfe im Haushalt (freiwillig oder nach Aufforderung)
- Entwicklung von Eigenverantwortung und frühe Selbstständigkeit
- erhöhte Bildungsaffinität und sehr gute schulische Leistungen

Einer der Befragten formulierte seine Erfahrungen rückblickend folgendermaßen:

> »Aber ich glaube, dass ich dadurch auch nen bisschen andere Werte als manch andere mitgekriegt hab und relativ früh auch recht eigenständig geworden bin, würd ich persönlich behaupten« (Peter G.).

In der Retrospektive werden die Herausforderungen des Aufwachsens in einer Einelternfamilie von allen Befragten überwiegend positiv bewertet. Zwar gestaltete sich dieses für die einen schwieriger als für die anderen. Im Nachgang werden jedoch die damit einhergehenden Belastungen als gemeisterte Herausforderungen gedeutet und als stärkend für die eigene Persönlichkeitsentwicklung interpretiert. Auf unterschiedlichen Wegen gelang es allen Befragten ihre angestrebten Bildungsziele zu verwirklichen und sie befanden sich zum Zeitpunkt der Erhebung in Ausbildung oder absolvierten ein Studium.

Erweiterte Familiensysteme

Zur veränderten familialen Konstellation können ferner kurz- oder auch langfristig neue Partnerschaften der getrenntlebenden Eltern hinzukommen und, aus Sicht der Befragten, das Familiensystem erweitern oder bestehende Konflikte verstärken und Abspaltungen bis hin zu Kontaktabbrüchen vorantreiben – in diesem Fall zu den getrennten und neu verpartnerten Vätern. Bis auf zwei Personen berichteten alle Befragten von neuen (manchmal auch mehrmaligen) Partnerschaften ihrer getrennten Elternteile. Die Vorteile einer neuen Partnerschaft aufseiten der Mutter sahen die Befragten allemal in einer verbesserten Ressourcenausstattung (bspw. Umzug aus einer Wohnung in ein Haus, verbesserte finanzielle Ausstattung), von der sie persönlich profitierten, weniger hingegen in der dazukommenden Person. Wie ein neuer Mann an der Seite der Mutter beurteilt wurde, hing stark davon ab, wie dieser sich gegenüber der Mutter verhielt. Konflikte oder negative Verhaltensweisen führten zur Abwertung bis hin zur Ablehnung des neuen Partners.

Bringen neue Partner:innen zudem eigene Kinder in das Zusammenleben mit Allein- bzw. Getrennterziehenden mit ein, vervielfältigt sich das familiale System, was auch bestehende Eltern-Kind-Beziehungen verändern kann. Gleiches gilt für die Geburt von Stiefgeschwistern.

Durch die geringere Aufenthaltszeit im Haushalt des getrenntlebenden Elternteils resultierte daraus für die Befragten die Gefahr, in die Rolle von Besucher:innen zu rutschen. Einer der Befragten brachte dies folgendermaßen auf den Punkt:

»Man ist zwar da, aber gehört nicht mehr richtig dazu« (Frederick L.).

Kinder und Jugendliche von allein- bzw. getrennterziehenden Eltern stehen häufig vor der Herausforderung einen familialen Schwerpunkt zu setzen. Hatten die Befragten keinen Kontakt zum Vater, aufgrund Kontaktabbruchs seitens des Vaters oder weil sie ihren Vater seit Geburt nie kennengelernt hatten, war dies automatisch der mütterliche Haushalt. Bis auf eine Befragte orientieren sich auch alle weiteren Befragten am Familiensystem ihres überwiegenden Aufenthaltsortes (in einem Fall beim Vater). Nur eine Person orientierte sich sowohl am Familiensystems der Mutter als auch an dem des Vaters. Da diese beiden Systeme einander jedoch konflikthaft gegenüberstanden, ging dies für die Jugendliche mit einem erhöhten Maß von Unsicherheit und Phasen der Desorientierung einher.

Komponenten sozialer Einbindung

Über alle Interviews hinweg zeigte sich, dass Kinder und Jugendliche ihre eigene familiale Situation mit anderen abgleichen. Die Ergebnisse bestätigen damit die Untersuchungsergebnisse von Walper aus dem Jahr 2005. Das soziale Umfeld wird zur Vergleichsmatrix des Eigenen.

Je heterogener die jeweiligen Familienkonstellationen am Wohnort sind, desto leichter fällt es Kindern und Jugendlichen, ihre eigene Familie als etwas ganz Normales anzusehen, das keiner zusätzlichen Erklärung bedarf und einfach so ist, wie es ist. In Freundschaften mit sozial Ähnlichen (Kindern aus Eineltern-, Patchwork- oder Pflegefamilien) fällt das unvoreingenommene Sprechen über die eigene Situation leicht und implizites Verstehen ist wechselseitig gegeben. Es besteht eine gemeinsam geteilte Normalität, die eigenen Lebensverhältnisse entsprechen denen der Umwelt.

Aber auch ein gelassener, selbstverständlicher Umgang mit Einelternfamilien durch Lehrer:innen, Erzieher:innen oder in der Nachbarschaft befördert bei Kindern und Jugendlichen das Gefühl der Normalität. Dauerhafte, verlässliche und vorurteilsfreie soziale Kontakte sowie die Einbindung in Vereine bzw. Ehrenämter (bspw. Messdiener in Kirchengemeinden) gehören zum gewohnten Alltag und wirken sich stabilisierend auf Kinder und Jugendliche allein- bzw. getrennterziehender Eltern aus.

Dementgegen stehen Erfahrungen in sozialen Kontexten, die sich stark an traditionellen Vorstellungen der bürgerlichen Kleinfamilie orientieren bzw. entsprechend strukturiert sind. In solchen Situationen erlebten die Befragten ihre familiale Andersartigkeit hautnah, insbesondere in kleinräumigen Kontexten wie Dorfgemeinschaften, was soziale Scham evozierte und das Eigene (nun mehr) erklärungsbedürftig machte.

In Reaktion darauf strebten die Kinder und Jugendlichen der im Außen gelebten Normalität nach und bemühten sich vermehrt um soziale Unauffälligkeit. Nachbar:innen, die mit vorgehaltener Hand vermeintliche Anteilnahme signalisierten, dem Zusammenleben in der Einelternfamilie nachforschten oder dieses direkt oder indirekt negativ bewerteten, wurden als extrem übergriffig erlebt, worauf die Kinder und Jugendlichen mit Rückzug oder Auflehnung reagierten. Ebenso wurden hilfloses Schweigen oder Vermeiden des Themas bei Fachkräften in Schulen oder Betreuungseinrichtungen geschildert, was irritierenden Rechtfertigungsdruck auslöste für etwas, was man selbst (bislang) als selbstverständlich hinnahm.

Auch die öffentlich-mediale Berichterstattung geht nicht an Kindern und Jugendlichen in Einelternfamilien vorüber, und der tendenziell defizitorientierte Blick wird durchaus registriert. So wird eine erfolgreiche Bildungsbiografie retrospektiv zum Gefühl, es ›trotzdem geschafft zu haben‹ – trotz des häufig negativen und Stigma-behafteten Bildes von Einelternfamilien in der Öffentlichkeit und trotz der gegenteiligen Meinung von Lehrer:innen und anderen Vertreter:innen der Gesellschaft.

Gut zu wissen – gut zu merken

- *Herausforderungen des Aufwachsens:* Kinder in Einelternfamilien erleben oft große Veränderungen wie Umzüge und sozioökonomische Einschränkungen, die ihre soziale Teilhabe beeinträchtigen können.
- *Einfluss der elterlichen Beziehung:* Das Wohlbefinden der Kinder wird erheblich durch die Qualität der Beziehung zwischen den getrenntlebenden Eltern beeinflusst. Eine konstruktive Zusammenarbeit fördert das Gefühl der Stabilität bei den Kindern.
- *innerfamiliale Bewältigung:* Kinder, die in einem unterstützenden Umfeld aufwachsen, entwickeln in der Regel gesunde Bewältigungsstrategien. Bei fehlender elterlicher Unterstützung neigen sie zu internalisierenden oder externalisierenden Verhaltensweisen.
- *Rolle der erweiterten Familie:* Großeltern bieten oft wichtige emotionale Unterstützung und Stabilität. Neue Partnerschaften der Eltern können sowohl Ressourcen als auch Konflikte in die familiäre Dynamik einbringen.
- *soziale Einbindung und Vergleich:* Positive soziale Netzwerke und ein heterogenes Umfeld erleichtern es Kindern, ihre familiale Situation als normal anzusehen. Negativ bewertende soziale Kontexte können jedoch zu Scham und dem Wunsch nach sozialem Rückzug führen.
- *Einfluss von Armut und Bildung:* Entwicklungsbelastungen von Kindern in Einelternfamilien hängen weniger mit der Familienstruktur an sich zusammen als vielmehr mit der Erfahrung von Armut, reduzierter sozialer Teilhabe und dem Bildungsniveau der alleinerziehenden Eltern.
- *Erfolg trotz Widrigkeiten:* Viele Kinder aus Einelternfamilien sehen ihre erfolgreiche Bildungsbiografie rückblickend als eine Leistung ›trotz‹ der Herausforderungen und der oft defizitorientierten Darstellung von Einelternfamilien in der Öffentlichkeit.

Literaturempfehlung

Walper, S., Thönnissen, C. & Alt, P. (2015). Effects of family structure and the experience of parental separation: A study on adolescents' well-being. *Comparative Population Studies, 40*(3), 335–364.

8 Normative Vorstellungen von Familie und deren Auswirkung auf die (Selbst-) Bewertung, Alltagsgestaltung und professionelle Zusammenarbeit mit Einelternfamilien

☞ Was Sie in diesem Kapitel lernen können

- In diesem Kapitel lernen Sie die Begriffe ›Familienleitbild‹ und ›Familienbild‹ kennen und erfahren, wie Sie diese voneinander abgrenzen können.
- Sie werden erkennen, dass gesellschaftliche Familienleitbilder sowohl die Selbstwahrnehmung alleinerziehender Mütter und Väter als auch den Umgang pädagogischer Fachkräfte mit ihnen prägen.
- Darüber hinaus werden Sie darin sensibilisiert, Ihre eigenen (normativen) Vorstellungen zu reflektieren, um als (angehende) Fachkräfte der Sozialen Arbeit stigmatisierende Verhaltensweisen gegenüber alleinerziehenden Eltern und deren Kindern zu vermeiden.

8.1 Familien(leit)bilder

In Familienleitbildern bilden sich kulturelle Vorstellungen zu Partnerschaft, Elternschaft und Familienleben ab, die eng mit normativen Erwartungen an deren Ausgestaltung verknüpft sind (► Kap.8.2). Dahinter verbergen sich Überzeugungen hinsichtlich einer ›normalen‹ Familie und des idealen – also ›richtigen‹ – Familienlebens. Leitbilder dienen den Menschen stets zur Orientierung beim eigenen Handeln und sind damit unabdingbar. Zudem fungieren sie aber auch als Bewertungsmaßstab des eigenen Handelns und des Handelns anderer. Leitbilder werden bereits in der Herkunftsfamilie gelernt und sind häufig unbewusst. Sie werden sowohl für die individuelle Lebensplanung als auch gesamtgesellschaftlich als kollektive Plangrößen verwendet, anhand derer sich wohlfahrtsstaatliche Maßnahmen und Formen der infrastrukturellen Unterstützung ausrichten (► Kap. 8.3).

In ihrer Struktur bestehen Familienleitbilder aus verschiedenen Teilaspekten (Lück & Diabaté 2015, S. 22). Diese umfassen beispielsweise Vorstellungen vom guten Vater bzw. der guten Mutter, von Partnerschaft bzw. Ehe oder von innerfamilialen Rollenverteilungen, die in Beziehung zueinander stehen und das Gesamtbild, etwa der bürgerlichen Kleinfamilie, formen. Solche Normalitätskonstruktionen erstrecken sich auch auf Leitvorstellungen ›normaler‹ familienbiografischer Abfolgen (ebd., S. 23), wie beispielsweise Kennenlernen, Eheschließung,

Geburt von einem oder mehreren Kindern, Empty-Nest-Phase, wenn die erwachsenen Kinder den Familienhaushalt verlassen etc.

Als soziale Konstruktionen unterliegen Familienleitbilder sozialen Wandlungsprozessen und können Grundlage sozialer Divergenzen sein. Dies resultiert daraus, dass »selbst zwischen verschiedenen Generationen, Regionen, sozialen Milieus und sozialen Lagen innerhalb einer Gesellschaft Unterschiede« (ebd., S. 24) in den handlungsleitenden Vorstellungen dazu existieren, was eine Familie ausmacht. Dissonanzen können auf der Makro- und Mesoebene auftreten, jedoch auch auf der Ebene des Individuums, das in Konflikt mit bestehenden kulturellen Normalitätsvorstellungen geraten kann, wenn die individuelle Lebenspraxis nicht den normativen Mustern der ›Normalfamilie‹ entspricht. Dies kann zu individuellen Belastungen und psychischen Problemen führen (Nave-Herz 2013, S. 19), deren Bearbeitung durch spezifische Bewältigungsstrategien beizukommen versucht wird (▶ Kap. 8.2).

Was eine Familie ist und was sie ausmacht, kann grundsätzlich aus zwei verschiedenen Blickwinkeln analysiert werden: anhand ihrer *Struktur* (▶ Kap. 1.2) und anhand ihrer *Praktiken*, die sie als familiale Lebensform auszeichnen.

Blickt man anhand von *strukturfunktionalen Kriterien* auf Familie, wird dies oftmals an drei Determinanten festgemacht, nämlich an einer gemeinsamen Haushaltsführung, dem Zusammenleben von mindestens zwei Generationen und wirtschaftlicher Unabhängigkeit. Folgt man dieser Heteronormativität, dann ist das heterosexuelle Zusammenleben durch eine Eheschließung institutionalisiert, der Ehemann ist voll erwerbstätig, während die Ehefrau für die Reproduktion und allenfalls für einen Zuverdienst zum Familienunterhalt zuständig ist. Den normativen Gepflogenheiten folgend geht hieraus eine existenzsichernde Konstellation hervor, die ihr finanzielles Auskommen ohne Zuhilfenahme staatlicher Transferleistungen sicherstellt. Laut Tyrell und Herlth (1994) war für westliche Kulturen in den letzten 200 Jahren die »institutionelle Koppelung zweier grundlegender Beziehungsmuster, nämlich von liebesfundierter Ehe und Elternschaft« (ebd., S. 1) prägend. Zugleich geht damit implizit die normative Erwartung einher, dass Familien ihren Lebensunterhalt aus eigener Kraft und Anstrengung gewährleisten. »Wirtschaftlicher Unabhängigkeit kommt höchste soziale Wertschätzung zu und formiert so als gesellschaftlich anzustrebendes Gut. Entwicklungspsychologisch betrachtet gilt wirtschaftliche Unabhängigkeit als Indiz für den Übergang ins Erwachsenenleben« (Wernberger 2017, S. 196) und stellt die soziale Integration in gesamtgesellschaftliche Bezüge sicher.

Vor diesem Hintergrund werden insbesondere alleinerziehende Mütter häufig einzig als von staatlicher Hilfe abhängige Randgruppe der Gesellschaft wahrgenommen und in medialen Diskursen entsprechend bewertet. Denn die landläufige Vorstellung von Normalfamilie orientiert sich weiterhin maßgeblich an einem männlichen Hauptverdiener und einer allenfalls zuverdienenden teilzeitbeschäftigten Ehefrau.

> »Der Maßstab und damit Bedingung der Anerkennung ist eben immer wieder und immer noch die ›Normalfamilie‹, an dem sich die Alleinerziehenden bewähren müssen. Ob und inwieweit dies aus Sicht der sozialen Umwelt gelingt, entscheidet, mit wie viel Wohlwollen man auf die Frauen mit ihrer alternativen Lebensweise blickt« (Wörndl 2006, S. 23).

Fasst man Familie indes als »familiale Lebensform« (Schneider 1996; Schneider, Rosenkranz & Limmer 1998) auf, so treten statt formaler Strukturkriterien die *Praktiken* ins Relief der Betrachtung, unter Zuhilfenahme derer soziale Akteure ihre subjektiven familialen Wirklichkeiten konstruieren und gemeinsam herstellen.

Im Jahr 2014 hat die Philosophin Rahel Jaeggi ihre Vorstellung einer allgemeinen Konzeption sozialer Lebensformen (Jaeggi 2014) veröffentlicht. Ihr zufolge lassen sich soziale Lebensformen allgemein als ein Ensemble *sozialer Praktiken* verstehen, die sich vielfältig aufeinander beziehen und zur Lösung von Problemen dienen, »die sich uns in historisch und kulturell je spezifischer und normativ vordefinierter Form stellen« (ebd., S. 141). Ihrem Verständnis folgend handelt es sich bei Familien um familiale Lebensformen, die durch kooperative soziale Praktiken kleinräumige Formen sozialen Zusammenlebens und eine spezifische Ordnung menschlicher Koexistenz gestalten.

Berücksichtigt man nicht die kollektiven Vorstellungswelten über die Struktur einer Familie und die damit einhergehenden Normalitätsvorstellungen, sondern die tatsächlich gelebte familiale Praxis, offenbart sich empirisch ein ausgesprochen heterogenes Bild. Diese Sichtweise korrespondiert mit den konzeptionellen Überlegungen von Schier und Jurczyk (2008), die Familie als praktische Herstellungsleistung begreifen. »Familie als Herstellungsleistung fokussiert zum einen auf die Prozesse, in denen im alltäglichen und biographischen Handeln Familie als gemeinschaftliches Ganzes permanent neu hergestellt wird (›Doing Family‹), zum anderen auf die konkreten Praktiken und Gestaltungsleistungen der Familienmitglieder, um Familie im Alltag lebbar zu machen« (Schier & Jurczyk 2008, S. 9). Dies kann zu einer Vielzahl unterschiedlicher familialer Lebenskonstellationen führen.

Trotz der empirisch feststellbaren Pluralisierung familialer Lebensformen (Peukert 2012, S. 19 ff.) ist jedoch zu beobachten, dass die angewandten sozialen Praktiken in der Regel weder willkürlich noch beliebig sind. Obwohl die gelebte familiale Realität häufig nicht vollständig dem »normalen Familienmodell« (Nave-Herz 2013, S. 18) entspricht, entstammen die dabei praktizierten familialen Handlungen doch stets einem bestehenden sozialen Normgefüge (Jaeggi 2014, S. 89) und sind daher eng mit kollektiv geteilten Vorstellungen und Prinzipien verbunden. Demzufolge sind gelebte familiale Praxen als »normativ verfasste Formationen des ›Sittlichen‹« (ebd., S. 65) zu verstehen. Der Begriff Sitte verweist auf Verhaltensweisen, die auf Tradition und Gewohnheit innerhalb einer bestimmten sozialen Gemeinschaft beruhen und stets auch eng mit moralischen Werten und Regeln verknüpft sind (DWDS, o.J., b).

Der praktische Vollzug einer familialen Lebensform muss sich folglich nicht nur als eine erfolgreiche Bewältigung eines individuell und gesellschaftlich bestehenden Problemzusammenhangs erweisen, sondern auch den moralisch verfassten Verhaltenserwartungen familialen Zusammenlebens innerhalb einer spezifischen Gemeinschaft entsprechen. Nur unter diesen Bedingungen können die praktizierten familialen Handlungen vom sozialen Umfeld als solche erkannt, verstanden und akzeptiert werden. Dies bedeutet, dass die tradierten sozialen Verhaltenserwartungen nicht sofort obsolet werden. Stattdessen bleiben sie unter der Hand erst einmal wirksam und dienen sowohl als Orientierungsmarken als auch als Vergleichs- und Bewertungsgrößen, an denen sich die Nützlichkeit und moralische Sittlichkeit neuer familialer Praktiken erst ein Stück weit er- und beweisen muss. Dieser Umstand spiegelt sich auch in der praktischen Lebenswirklichkeit von Einelternfamilien wider und nimmt Einfluss auf deren Selbstwahrnehmung als Familie.

8.2 Selbstwahrnehmung und Bewältigungsstrategien alleinerziehender Mütter und Väter

Elternteile, die temporär oder dauerhaft in der familiären Konstellation einer Einelternfamilie leben, orientieren sich häufig vor allem am Anfang noch am Idealbild der bürgerlichen Kleinfamilie. So berichtet eine alleinerziehende Mutter im Interview:

> »Ich wäre halt gern verheiratet. Ich hätte gern Familie, ich hätte gern, ich hätte gern das, was so eine Familie ausmacht …« (Ulrike H.).

Gleichzeitig sieht sie sich mit den normativen Familienleitbildern ihrer Umwelt konfrontiert:

> »Also, das Bild ist halt, das ist halt ein Stand, der nicht erstrebenswert ist. Es ist halt, ›lieber eine schlechte Ehe aushalten, wie in diesen Familienstand reinkommen – reinrutschen‹. Das merke ich auch in der Arbeitswelt und unter den Kollegen, die ich habe ist es also, dass … als Frau allein mit dem Kind, ist kein erstrebenswertes [Leben], auch wenn es einem gut geht« (Ulrike, H.).

Demzufolge sehen sich alleinerziehende Mütter und Väter zum einen der Herausforderung gegenübergestellt, sich in irgendeiner Weise zum familiären Normverständnis ihrer sozialen Umwelt zu positionieren. Zum anderen sind sie gezwungen, ihre eigenen, verinnerlichten normativen Familienvorstellungen identitätsstiftend zu reflektieren und der eigenen gelebten Realität anzupassen.

Dieser Prozess beginnt in der Regel mit der Trennung vom Partner bzw. der Partnerin und stellt eine basale Erfahrung von Diskontinuität dar, einer Unterbrechung des bisherigen Lebensverlaufs und angestrebten biografischen Musters. Dieser biografische Bruch, der unter Umständen im Vorfeld bereits über längere Zeit hinweg versucht wurde zu vermeiden bzw. unter Einsatz persönlicher und emotionaler Mittel abzuwenden, ruft bei den Beteiligten das Gefühl hervor, eine existenzielle Krise zu durchleben. Bisherige Orientierungs- und Handlungsmuster greifen ins Leere und entsprechen dann nicht länger der eigenen Lebenssituation.

Das Aufrechterhalten eines positiven Selbstbildes wird zusätzlich durch die Art der öffentlichen Berichterstattung beeinträchtigt. Wiederkehrende Medienberichte über das Armutsrisiko von Alleinerziehenden, die erhöhte Inanspruchnahme sozialer Leistungen, den überdurchschnittlich langen Verbleib im Bezug öffentlicher

Transferleistungen und Hinweise auf die potenzielle Gefahr, den Anforderungen der Lebenssituation zum Nachteil der eigenen Kinder nicht gerecht zu werden, erschweren eine positive Identifikation mit dieser Lebensform. Solche normalistischen Diskurse (Brunner 2013; Link 1999) verweben sich mitunter unglücklich zu einem nachteiligen öffentlichen Bild alleinerziehender Personen. Unter diesen Umständen fällt es schwer, sich als »Alleinerziehend« zu identifizieren und dies öffentlich zu kommunizieren:

> »Ja, wie gesagt, ›alleinerziehend‹, das Wort an sich ist, ja. Nein! Ich weiß noch, wie ich damals auch, wie der Niki drei war, da machst du so einen Aufnahmebogen [im Kindergarten], wer das Kind abholen darf, wer es bringen darf und so, ja, da denke ich mir ›was schreibst du jetzt da hin?‹ und mir war das so zuwider, damals schon, einfach hinzuschreiben ›alleinerziehend, Ausrufezeichen‹. [...] Aber es halt einfach auch so, ja, das Wort ›allein‹, weißt du, ›allein‹, das hört sich schon so isoliert und so abgekapselt an« (Karla H.).

Dieses Vermeiden des Sichtbarwerdens kann sich gleichfalls auf der Ebene der konkreten Handlungspraxis widerspiegeln. So schildert eine andere befragte Mutter beispielsweise folgende Situation:

> »Also, mittlerweile sage ich, geht es wieder, aber die erste Zeit [nach der Trennung], da wollte ich am Wochenende nicht raus, weil ich mich irgendwie geschämt habe, weil ich am Wochenende, das ist ja eigentlich Familientag und dann bin ich allein mit den Kindern unterwegs. Also, das hat mich damals immer brutale Überwindung gekostet, dass ich sage, ich gehe raus« (Berta, B.).

Diese Aussage verdeutlicht, dass bereits einfache Freizeitpraktiken wie Aktivitäten am Wochenende durch normative Vorstellungen von Familienleben und die Dominanz bürgerlicher Familienkonstellationen – also der Vater-Mutter-Kind-Struktur – beeinflusst sein können. Wenn alleinerziehende Personen diese sozial verankerten Vorstellungen teilen, können sich ihre sozialen Handlungsspielräume entsprechend reduzieren.

Unter diesen Bedingungen kann das Hervorheben der normkonformen Praktiken eigener Lebensgestaltung (Jaeggi 2014) hilfreich für eine positive Selbstkonstruktion sein. Hierzu nochmals Ulrike H.:

> »Ich leb wirklich ein Leben, da kann keiner was finden. Ich halte das Haus sauber, es ist nichts verwildert, ich bin nicht schlampig angezogen, man kann nichts finden« (Ulrike H.).

Der Verweis auf die Wohlanständigkeit der eigenen praktischen Lebensführung wird so zum Vehikel legitimatorischer Identitätskonstruktionen.

Wie alle Leitbilder, so sind auch bürgerliche Familienvorstellungen in sich strukturiert (Lück & Diabaté 2021, S. 22) und umfassen spezifische Rollenvorstellungen hinsichtlich moralisch angemessener Verhaltensweisen als Frau und Mutter bzw. Mann und Vater. Verstärkt trifft dies auf junge alleinerziehende Mütter und ländlichen Kontexte zu. So resümiert eine alleinerziehende Mutter im ländlichen Raum:

> »Als Alleinerziehende muss man besonders anständig sein« (Regina M.).

Nach ihrer Auffassung sind Praktiken im öffentlichen Raum scheinbar weder frei wählbar noch gemäß den eigenen Bedürfnissen gestaltbar, sondern unterliegen ebenfalls sozialen Bewertungsprozessen. Diese Bewertungsprozesse orientieren sich häufig an bürgerlichen Familienvorstellungen und den damit verbundenen geschlechtsspezifischen Konventionen und können zu sozialen Schließungsprozessen führen. Dabei geht die Distanzierung vielfach von Frauen in Paarfamilien aus. Diese Aussage bedarf jedoch einer differenzierten Betrachtung in zweierlei Hinsicht: Erstens lässt sich die Tendenz zur sozialen Schließung nicht generell auf alle Zweielternfamilien übertragen. Stattdessen lassen sich diese Verhaltensmuster vornehmlich bei Frauen bzw. Familien beobachten, die stark am bürgerlichen Modell orientiert sind. Zweitens treten diese Tendenzen verstärkt gegenüber Frauen auf. So berichten alleinerziehende Männer, dass alleinerziehende Frauen ihren Beobachtungen nach häufiger mit solchen Abgrenzungstendenzen konfrontiert würden als Männer.

Alleinerziehende Mütter und Väter werden zum einen beständig in den unterschiedlichsten Bereichen des sozialen Miteinanders mit familiären Normalitätsvorstellungen konfrontiert. Zum anderen sind sie selbst nicht frei von diesen normativen Werten. Diese Diskrepanz von sozialen wie personalen Wertvorstellungen und eigener Lebensform wirkt als zusätzlicher Belastungsfaktor und Stressor auf Einelternfamilien und mobilisiert unterschiedliche subjektive Bewältigungsstrategien. Die Bewältigungsstrategien variieren je nach Dauer der Lebensform und dem Grad der Übereinstimmung zwischen Umweltreaktionen und eigenen Norm- und Wertvorstellungen.

Typologisch vereinfacht lassen sich *sechs Bewältigungsmuster* als Reaktion auf die Nichterfüllung normativer Rollen- und Familienvorstellungen unterschieden:

Je kürzer die Lebensform besteht und je stärker die abwertenden Reaktionen der Umwelt mit den eigenen Wertvorstellungen übereinstimmen, desto eher führt dies zu einer *ausweichenden, introvertierten Bewältigungsstrategie:* sozialer Rückzug und selbstgewählte Isolation aufgrund *sozialer Scham* (1). Infolgedessen werden mögliche informelle Unterstützungsangebote nicht wahrgenommen oder nicht aufgebaut. Soziale Scham verhindert oder erschwert zudem die Inanspruchnahme institutioneller Unterstützungsformen.

Diese Scham kann vermieden, umgangen oder weniger gefühlt werden durch den performativen Identitätsentwurf eines »ich war schon immer anders« (Karla H.). Hier wird auf *vorgängige Normabweichungen* und ein *identitäres Anderssein* zurückgegriffen, in die sich der (neuerliche) Normbruch kohärent einordnen lässt und so einen konsistenten, an den individuellen Werten ausgerichteten Lebensverlauf dokumentiert (2).

Extrovertierte Bewältigungsstrategien äußern sich oft in Form von *Auflehnung und Wut* gegenüber als übertrieben empfundenen Mutter- bzw. Familienmustern (3). Eine alleinerziehende Mutter artikuliert dies folgendermaßen:

> »Ich weiß nicht, alle, die ich sehe und die glücklich sind so als Familie, da denke ich mir: Boa, ihr geht mir so auf die Nerven. Das nervt mich« (Jana H.).

Dabei hilft die Wut gesellschaftliche Normvorstellungen infrage zu stellen und zu diskreditieren. Trotz dieser Wut bleiben jedoch die eigenen verinnerlichten sozialen Werte bestehen, wie Jana H. weiter erläutert:

> »... denn, so soll es sein und so ist es einfach nicht. Und das, ja, tut halt irgendwo weh«.

Je länger die Lebensform besteht und je mehr sie den eigenen veränderten Wertmaßstäben gerecht werden kann, desto eher kommt es zu Reaktionen *sozialer Immunisierung* (4). Eigenen Wertmaßstäben wird dann mehr Bedeutung beigemessen als denen der anderen.

Eine weitere Bewältigungsstrategie ist die *Legitimation* (5) der aktuellen Lebenssituation als unverschuldet. Sowohl die soziale Immunisierung als auch die Legitimation erleichtern die Inanspruchnahme sozialer Unterstützungsleistungen. Diese alleinerziehenden Mütter und Väter entwickeln ein Selbstverständnis von Einelternfamilien als eine von vielen möglichen gleichberechtigten Familienformen. Sie lehnen es ab, ihre Lebenssituation als defizitär zu betrachten.

Dabei können Formen der Legitimation auch so weit gehen, dass die defizitäre Sichtweise umgekehrt wird und Einelternfamilien als besondere gesellschaftliche Leistung gesehen werden, die staatliche Unterstützung verdienen. Transferleistungen und wohlfahrtsstaatliche Unterstützung werden als gerechtfertigt und verdient eingestuft und können folglich ohne Selbstwerteinbußen in Anspruch genommen werden.

Eine fünfte Bewältigungsstrategie liegt in der *Hinwendung zu sozial Ähnlichen* (6): Einelternfamilien schließen sich zusammen, und grenzen sich ihrerseits von Zweielternfamilien ab.

> »Am Anfang war ich immer traurig, hab mir gedacht, irgendwie schade, die [Ehepaare] reden da miteinander, trinken Kaffee mit andern und ich, ich tue ja niemandem was, ich will ja nix. Aber das merkt man schon, dass sich die Ehepaare so zusammentun. ... Ja, und dann, ... mehrere Alleinerziehende tun sich dann auch zusammen, dann trinken die halt dann bei den Alleinerziehenden Kaffee« (Edeltraud H.).

Insbesondere in der Anfangszeit dieser Lebensform besteht vielfach ein erhöhter Bedarf nach Austausch mit Menschen mit gleichartigen Lebensverläufen und Bedarfslagen. Der Austausch mit anderen Alleinerziehenden ermöglicht die Integration des Erlebten in das bestehende Selbstkonzept bzw. trägt zu dessen Umstrukturierung gemäß der neuen Lebenssituation bei und offeriert zudem Verständnis und Unterstützung. Professionelle Angebote wie Gesprächsgruppen oder Treffs für Alleinerziehende können hierbei hilfreich sein.

Trennung und Scheidung passieren nicht über Nacht, sondern vollziehen sich vielmehr als (schleichender) Prozess. Gleiches gilt auch für die Zeit danach. Das Erleben »nichts ist mehr, wie es war« (Karla H.) stellt einen massiven Bruch in der eigenen Biografie dar und wird als Diskontinuität erlebt. Die damit einhergehende Orientierungslosigkeit forciert intensive ›Suchbewegungen‹, um die verunsichernde *›Orientierungslücke‹* in irgendeiner Form wieder zu schließen. In der anschließenden *Orientierungsphase* gilt es die Diskrepanz zwischen eigener Lebenssituation und dem normativen Modell der bürgerlichen Kleinfamilie zu bewältigen (Bewältigungsstrategien). Längerfristig betrachtet gehen damit sowohl Umstrukturierungen im Selbstbild als auch Modifikationen in den handlungsleitenden Orientierungen einher. Dies lässt sich an der Aussage von Ulrike H. veranschaulichen:

»Am Anfang bin ich wirklich tausend Tode gestorben, bis ich beim Bäcker war und zurück, aber mittlerweile denke ich nur noch, ihr armen Geister und so geht es mir besser« (Ulrike B.).

Die *Reorganisation der eigenen Familienleitbilder* kann als spiralförmiges Prozessgeschehen verstanden werden. »Dieser Prozess gestaltet sich nicht als lineare Abfolge verschiedener klar voneinander abgrenzbarer Stadien, sondern vielmehr als eine Art freies Vaszillieren, in dessen Verlauf sich die [...]« Beteiligten »intensiv mit ihrer Lebenssituation und den sie anleitenden Orientierungen reflexiv auseinandersetzen, oder sie im lebenspraktischen Vollzug implizit überprüfen, verwerfen oder modifizieren, um sie daran anschließend in eine konsolidiertere Form zu überführen« (Wernberger 2017, S. 203).

Mit dem Begriff des Vaszillierens beschreibt Lüscher (2013, S. 243) eine zweidimensionale Suchbewegung – räumlich und zeitlich – im Rahmen von Ambivalenzerfahrungen. Damit hebt er die zeitliche Dimension des Hin- und Hergerissenseins hervor.

In der darauffolgenden *Konsolidierungsphase* rückt die besondere Situation des Alleinerziehend-Seins in den Hintergrund. Alleinerziehende Mütter und Väter definieren sich zunehmend als eine spezifische Form von Familie. Dies fällt umso leichter, je mehr soziales und ökonomisches Kapital der Einelternfamilie zur Verfügung steht, beispielsweise durch eine wertschätzende und anerkennende Einbindung und Freundes- und Familienkreis und existenzsichernde Berufstätigkeit (► Kap. 4). Das Bedürfnis nach ›schützendem‹ Kontakt mit sozial Ähnlichen tritt zurück und macht vermehrt dem Verlangen Platz, dass ihr eigenes ›Normalitätserleben‹ auch im Verhältnis zu Zweielternfamilien öffentlich anerkannt wird. Im alltäglichen Vollzug formiert sich eine spezifische soziale Praxis der Einelternfamilie. Diese Praxis ist mit vielfältigen Erlebnissen und neuen Erfahrungen verbunden, die eine Redefinition des eigenen Familienverständnisses fördern.

Innerhalb der gemeinsamen Lebensführung mit einem oder mehreren Kindern werden die typischen familialen Funktionen wahrgenommen. Dadurch machen Einelternfamilien die Erfahrung, als Familie im klassischen Sinne erlebbar zu sein (► Kap. 8.1). Beschreibungen ihres Familienstatus als defizitär lehnen Alleinerziehende zunehmend ab und verwehren sich gegen solche Darstellungen. Gleichzeitig entwickelt sich der Wunsch nach sozialer Akzeptanz und Anerkennung zur berechtigten Erwartung.

Prozesse der Formierung sowie der fortgesetzte Vollzug der sozialen Praxis von Einelternfamilien gehen, wie dargestellt, in der Regel mit der Entwicklung neuer oder der Veränderung bislang geltender individueller Wertmaßstäbe einher. Diese modifizieren bestehende sozialüberformte Vorstellungen familiären Zusammenlebens gemäß der eigenen Realität und passen sie dem eigenen Erleben an. Die Dauer dieses Transformationsprozesses handlungsleitender Orientierungen variiert individuell. Das Ergebnis ist eine Handlungsorientierung, die als ›familial‹ bezeichnet werden kann, da eigenständige Lebensführung, soziale Integration und Elternschaft weiterhin zentrale handlungsleitende Maximen bleiben. Basierend auf dem Erleben des eigenen familialen Alltags entwickeln alleinerziehende Mütter und Väter ein individuelles Familienbild von sich als eine (weitere) mögliche Form des familialen Zusammenlebens in der heutigen Gesellschaft.

Die genannten Phasen lassen sich als Typik eines Transformationsprozesses wie folgt darstellen (▶ Abb. 8.1).

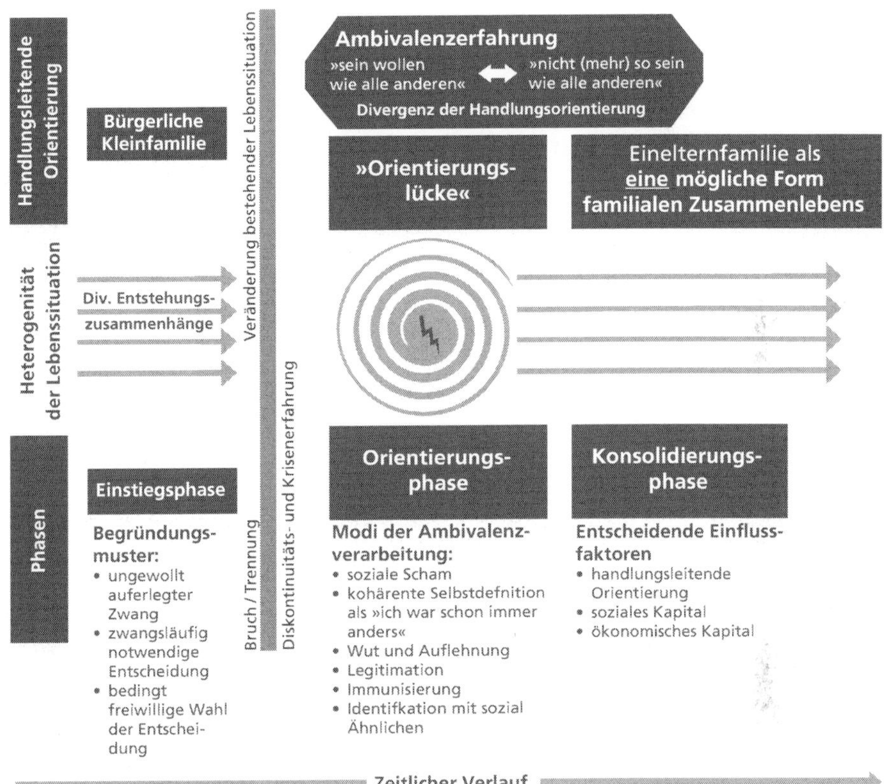

Abb. 8.1: Phasentypik als Transformationsprozess der grundlegenden handlungsleitenden Orientierungen (Quelle: Wernberger 2017: *Einelternfamilien im ländlichen Raum*, S. 210; © 2017 Beltz Juventa in der Beltz Verlagsgruppe, Weinheim Basel)

Im ›doing family‹ von Einelternfamilien wird dabei dem gedeihlichen Aufwachsen der Kinder sowie der eigenständigen Lebensführung durch existenzsichernde Erwerbsarbeit besondere Bedeutung beigemessen. Diese Aspekte stellen die alleinerziehenden Personen jedoch unter den strukturellen Rahmenbedingungen von Einelternfamilien vor erhebliche Herausforderungen. Denn wirtschaftliche Unabhängigkeit und Elternschaft lassen das Thema der Vereinbarkeit von Erwerbsarbeit und Kinderbetreuung virulent werden. Gleichzeitig soll es den Kindern an nichts mangeln (sowohl finanziell als auch emotional) und ihre Teilhabe an sozialen Kontexten wie beispielsweise Kindergeburtstagen, Schul- und Ferienfreizeiten soll gesichert sein – ein Spagat, der oftmals durch Einsparungen an der eigenen Person zu lösen versucht wird. Dies verdeutlicht abschließend die Aussage von Berta B: »... wie gesagt, selbst mache ich sowieso nichts oder ich gehe nicht weg [...]. Man möchte den Kindern mehr bieten können, dass sie in der Gesellschaft mit drinnen bleiben«.

8.3 Handlungsleitende Familienbilder von Fachkräften und deren Auswirkungen auf die Zusammenarbeit mit Einelternfamilien

Werden Einelternfamilien zu Adressat:innen familienpolitischer Programmatiken bzw. sozialarbeiterischer Angebote, steht ihr Verständnis von sich als eine Form familialen Zusammenlebens den handlungsleitenden Familienbildern von sozialpolitischen Entscheidungsträgern und Fachkräften gegenüber. Wie alle Menschen tragen auch Fachkräfte Bilder und Vorstellungen von Familie, ›guter Kindheit‹ und ›richtiger‹ Erziehung in sich, die als Bezugspunkte ihres pädagogischen Handelns dienen (Bauer & Wiezorek 2017b, S. 7). Diese Familienbilder transportieren zum einen Idealvorstellungen von Familie, sagen also etwas darüber aus, wie Familie (bestenfalls) sein sollte. Folglich sind die Familienbilder sozialpolitischer Entscheidungsträger und von Fachkräften Sozialer Arbeit nie wertneutral, »sondern bilden immer auch Vorstellungen davon ab, was an Familie und am familialen Zusammenleben als normal oder als wünschenswert angesehen wird (Wahl 1997)« (ebd.). Zum anderen sind sie tief in der persönlichen Biografie der individuellen Fachkraft verankert und damit als erfahrungsbezogene Wirklichkeitsbeschreibungen von Familie zu begreifen. »Als Repräsentationen oder Abbilder eines ›individuelle[n] oder familienspezifische[n] Gedächtnis[ses] der erlebten Wirklichkeit‹ (Cyprian 2003, S. 13) sind sie Ausdruck eigener Erfahrungen mit Familie und insofern immer auch emotional besetzt bzw. aufgeladen« (ebd.). Das heißt, nicht nur die Idealvorstellung von Familie, sondern auch das eigene, tatsächliche Erleben von Familie prägt die Familienvorstellungen von Fachkräften. Ihr Aufwachsen in der Herkunftsfamilie und ihre aktuell gelebte oder auch intendierte Familiensituation beeinflussen ihr familiales Verständnis und damit implizit ihr berufliches Handeln. Die subjektiven Familienbilder von Fachkräften haben also nicht nur eine identitätsstiftende Funktion für sie, sondern auch eine orientierende Funktion (ebd.), anhand derer sie ihr Handeln in beruflichen Kontexten bewusst oder unbewusst ausrichten. Die eigenen Vorstellungen und Präferenzen in Bezug auf Familie stellen den Vergleichshorizont dar für die Beurteilung anderer familialer Lebensformen und Praktiken (ebd., S. 8). In der Beratung alleinerziehender Mütter und Väter stehen sich deren Vorstellungen von Familie und die Familienvorstellungen der Fachkräfte gegenüber und nehmen implizit Einfluss auf das Beratungsgeschehen.

Wirkmächtigkeit von Familienbildern Professioneller

Die Familienbilder Professioneller zeigen ihre Wirkmächtigkeit im konkreten Umgang mit Familien. Wie sprechen sie über Familien? Was ist für sie eine Familie? Worauf achten sie bei der Bewertung von Familien und deren Funktionsfähigkeit? All das trägt maßgeblich dazu bei, dass sich Mitglieder von Einelternfamilien als ›vollwertige‹ Familie anerkannt fühlen oder auch nicht.

In der subjektiven Haltung von Fachkräften in Bezug auf Familie und deren anerkennungswerte Leistungen liegt ein ungemeines Beschämungspotenzial für Mitglieder von Einelternfamilien. Sei es in bemitleidenden Verhaltensweisen von Erzieher:innen gegenüber Kindern alleinerziehender Mütter und Väter (»Oh, du bist ganz allein mit der Mama ...«) oder in der implizit rügenden Haltung gegenüber alleinerziehenden Elternteilen, wenn diese – aufgrund fehlender Kinderbetreuung – nicht zum Elternabend kommen können oder – aufgrund von Vereinbarkeitsproblematiken mit Berufstätigkeit – ihre Kinder erst in letzter Minute abends von der Kindertagesstätte abholen. Entscheidend dabei ist, ob die fehlende Anwesenheit des zweiten Elternteils im Haushalt als Stigma angesehen wird und kindliche Fehlentwicklungen prädestiniert oder als ganz normale lebensweltliche Tatsache, die zum Teil strukturelle Herausforderungen mit sich bringen kann, akzeptiert wird. So kann es für manche traditionell orientierte Erziehungsfachkraft in einem Kindergarten zum wahren ›Aha-Erlebnis‹ werden, wenn sich Kinder aus Einelternfamilien zufällig gemeinsam am Brotzeittisch einfinden und sich wie selbstverständlich über die unterschiedlichen Besuchsregelungen und -konstellationen mit ihrem nicht im Haushalt lebenden Elternteil austauschen.

Im Umgang mit (Eineltern-)Familien müssen Professionelle aufgrund ihrer begrenzten »Ökonomie der Aufmerksamkeit« (Franck 1993) Schwerpunkte setzen, die soziale Wirkmächtigkeit im Umgang mit ihren Adressat:innen zeigen (Fegter et al. 2015).

> »Familienbilder besitzen offensichtlich eine große Relevanz für professionelles Handeln, gerade auch in pädagogischen Feldern (vgl. für einen Überblick: Bauer et al. 2015). Sie fungieren als Referenzrahmen für die Begründung von Interventionen, indem sie normativ fundierte Zielvorstellungen professioneller Arbeit mit Familien prägen, und sie stellen [...] die Grundlage für familienbezogene Diagnosen von Problemstellungen und Schwierigkeiten dar, durch die Familien zu Adressat_innen pädagogischer Arbeit werden. In Form von Werthaltungen, Kategorisierungen und Stereotypisierungen fließen Familienbilder in Prozesse der Urteilsbildung ein und sind in dieser Weise handlungsleitend in Bezug auf die Gestaltung von Zugängen zu Familien und konkreten familienbezogenen Interventionen oder in Bezug auf die Gestaltung der Zusammenarbeit von Eltern und pädagogischen Fachkräften« (Bauer & Wiezorek 2017b, S. 9).

Familienvorstellungen von Fachkräften können den Zugang zur Lebenswirklichkeit von Einelternfamilien eröffnen oder verschließen. Sie können die Basis nachvollziehenden Verstehens lebensweltlicher Herausforderungen sein und so die Grundlage für eine vertrauensvolle und am Bedarf orientierte Zusammenarbeit mit Einelternfamilien schaffen.

Statt einer vorschnellen Kategorisierung ist es notwendig, dass Fachkräfte reflexiv auf die eigenen normativ geprägten Familienbilder Bezug nehmen, damit diese nicht allzu schnell zum »zentralen Maßstab aller familienbezogenen Maßnahmen werden. Nur dadurch können Familien konkret in ihrem Erziehungsbemühen gestärkt und soziale (Ungleichheits-)Ordnungen eher aufgebrochen als reproduziert werden« (ebd., S. 23).

Anstelle von Strukturkriterien (Zusammensetzung der im Haushalt lebenden Familienmitgliedern) sollten (Eineltern-)Familien an ihrem konkreten alltagspraktischen familialen Tun bewertet, diagnostiziert und darauf bezogen unterstützt werden. Auch in Einelternfamilie steht Care als Fürsorge(-Aufgabe) im Zentrum des familialen Zusammenlebens. Wie bei allen Familienformen kann dies vollumfänglich, eingeschränkt oder nur rudimentär gelingen. Die Aufgabe von Fachkräften wäre es jedoch, Care unter den Bedingungen koordinierter Alltäglichkeit (► Kap. 3) in seinen vielfältigen Dimensionen und Ausgestaltungsformen zu ermöglichen, zu unterstützen und anzuerkennen. Hierfür gilt es die impliziten traditionellen handlungsorientierenden Familien(leit)bilder zu reflektieren und zu modifizieren, um (Unterstützungs-)Angebote für (Eineltern-)Familien entlang der Bedarfe ihrer alltäglichen Lebensführung und Praxis zu konzipieren. Um Wirksamkeit entfalten zu können, müssen Unterstützungsangebote »die elterlichen Vorstellungen von Familienleben sowie ihre Orientierungen an Erziehung und Bildung der Kinder berücksichtigen« (Andresen 2020, S. 354). Formen der Adressierung von Einelternfamilien und deren Mitglieder durch Fachkräfte können zum Gelingen von Unterstützung beitragen oder ein Hemmnis für die Inanspruchnahme darstellen. Entscheidend dabei ist, welche Erfahrungen alleinerziehende Mütter und Väter mit wohlfahrtsstaatlichen Hilfesystemen bislang machen konnten, welche Zugänge zu Unterstützungsangeboten bestehen, wie diese in ihrer Funktionalität erlebt werden und ob sich die Einelternfamilie als Familie wertgeschätzt fühlt als auch, ob die Angebote zur spezifischen Logik des Alltags von Einelternfamilien passen (Andresen 2020, S. 349).

Gut zu wissen – gut zu merken

- *Einfluss von Familienleitbildern:* Familienleitbilder, die kulturelle Vorstellungen von Partnerschaft und Familie darstellen, beeinflussen sowohl das individuelle Verhalten als auch gesellschaftliche Strukturen und Wohlfahrtsmaßnahmen. Sie manifestieren sich durch normative Erwartungen und dienen als Maßstab für Bewertung und Orientierung in der individuellen Lebensplanung.
- *Familie als soziale Konstruktion und gelebte Praxis:* Familien sind nicht nur durch formale Kriterien wie Haushaltsführung und wirtschaftliche Unabhängigkeit definiert, sondern auch durch soziale Praktiken, die familiäre Realität gestalten. Diese Praktiken sind eng mit sozialen Normen und kollektiven Vorstellungen von Moral verbunden.
- *Herausforderung der normativen Anpassung:* Einelternfamilien stehen häufig im Spannungsfeld zwischen idealisierten Familienbildern und ihrer eigenen

Realität. Die Abweichung von gesellschaftlichen Normen kann zu sozialen und persönlichen Belastungen führen, die individuelle Bewältigungsstrategien erfordern.

- *Transformationsprozesse und Selbstdefinition:* Trennung und Scheidung initiieren einen Prozess der Neuorientierung, wobei Einelternfamilien neue oder veränderte Wertmaßstäbe entwickeln. Dieser Prozess führt zu einer Neubewertung der eigenen Lebensform als legitime Familienstruktur, die zunehmend soziale Anerkennung und Integration sucht.
- *Einfluss von Familienbildern auf Fachkräfte:* Fachkräfte bringen eigene, oft unbewusste Familienbilder in ihre Arbeit mit ein, die beeinflussen, wie sie Einelternfamilien wahrnehmen und behandeln. Diese Bilder, geprägt durch persönliche Erfahrungen und gesellschaftliche Normen, dienen als Orientierung und können unterstützende oder stigmatisierende Wirkungen haben.
- *Reflexion und Sensibilisierung von pädagogischen Fachkräften:* Für eine wirksame Unterstützung von Einelternfamilien ist es entscheidend, dass Fachkräfte ihre normativ geprägten Vorstellungen von Familie reflektieren und anpassen. Fachkräfte sollten die Care-Arbeit von alleinerziehenden Eltern anerkennen und fördern.

Literaturempfehlungen

Andresen, S. (2020). Doing family unter prekären Bedingungen – Verständnisweisen von Eltern und Fachkräften. In K. Jurczyk (Hrsg.), *Doing und undoing family. Konzeptionelle und empirische Entwicklungen* (S. 340–354). Weinheim: Beltz Juventa.

Bauer, P. & Wiezorek, C. (Hrsg.). (2017). *Familienbilder zwischen Kontinuität und Wandel. Analysen zur (sozial-)pädagogischen Bezugnahme auf Familien.* Weinheim u. Basel: Beltz Juventa.

Wörndl, B. (2006). Ein-Eltern-Familie. Familienform unter Normalisierungsdruck. *Soziale Arbeit: Zeitschrift für soziale und sozialverwandte Gebiete, 55*(2), 42–51.

9 Familienpolitik und Einelternfamilien

☞ Was Sie in diesem Kapitel lernen können

- Sie lernen, in welchen Bereichen und in welchem Umfang Familienpolitik auch für Einelternfamilien zuständig ist und inwiefern von Bundes- und Landesprogrammen sowie Modellprojekten Impulse für die kommunale Familienpolitik für Einelternfamilien ausgehen können.
- Sie erfahren, welche Erfolgsfaktoren für die Wirksamkeit von Netzwerkprogrammen entscheidend sind. Dazu gehören intensive Betreuung, flexible Angebote auf dem Arbeitsmarkt und die Bedeutung der Vernetzung von Jobcentern, Jugendämtern und Arbeitgebern.
- Sie lernen die Herausforderungen der Netzwerkarbeit kennen, inklusive der unterschiedlichen Logiken der beteiligten Akteure. Sie lernen, wie wichtig die Abstimmung und Weiterentwicklung der Programme für deren Nachhaltigkeit und Effektivität ist.
- Sie erkennen die zentrale Rolle, die kommunale Familienpolitik bei der Unterstützung von Einelternfamilien spielt. Sie lernen, wie durch klare Strukturen und vernetzte Hilfesysteme spezifische Bedarfe adressiert werden können und sich Diskriminierung vermeiden lässt.
- Sie lernen, wie sozialräumliche und gruppenspezifische Analysen im Rahmen von kommunalen Handlungskonzepten genutzt werden können, um bedarfsgerechte Unterstützungsangebote zu entwickeln, insbesondere in wichtigen Feldern wie der Kinderbetreuung.

9.1 Förderprogramme und Netzwerke für alleinerziehende Mütter und Väter auf Bundes- und Landesebene

Die zentrale Aufgabe der Sozialpolitik in Bezug auf Familien besteht darin, Rahmenbedingungen zu schaffen, die das Wohlergehen, die Stabilität und die Unterstützung von Familien fördern. In Hinblick auf Einelternfamilien hat die Sozialpolitik jedoch über viele Jahre hinweg vor allem die »deutlich schlechtere materielle Situation und ein höheres Armutsrisiko von Alleinerziehenden im Vergleich zu Paarfamilien […] als besonders problematische Merkmale« (Engelbert & Gaffron 2017, S. 251) in den Fokus genommen. Dies führte zur Schaffung vielfältiger Förderprogramme auf Bundes- und Länderebene, mit dem Ziel, insbesondere die Arbeitsmarktintegration von alleinerziehenden Müttern und Vätern im SGB-II-Leistungsbezug zu fördern.

So startete beispielsweise das Bundesministerium für Arbeit und Soziales (BMAS) im Zeitraum von 2009 bis 2012 den bundesweiten Ideenwettbewerb »Gute Arbeit für Alleinerziehende«, der über Mittel des Europäischen Sozialfonds (ESF) finanziert und in Zusammenarbeit mit der Bundesagentur für Arbeit (BA) durchgeführt wurde (Engelbert & Gaffron 2017, S. 223). Ziel dieses ESF-Ideenwettbewerbs war es, den Arbeitsmarktzugang von alleinerziehenden Müttern und Vätern im SGB-II-Bezug zu verbessern. Hierfür wurden zielgruppenspezifische Ansätze zur Aktivierung, Stabilisierung und Integration Alleinerziehender in den Arbeitsmarkt entwickelt und bundesweit in 77 Projekten erprobt.

Im Rahmen der Projektlaufzeit konnten folgende wesentliche Erfolgsfaktoren und Erkenntnisse für die Integrationsarbeit der Jobcenter mit alleinerziehenden Müttern und Vätern im SGB-II-Leistungsbezug identifiziert und ausgearbeitet werden:

- »Insbesondere eine intensive Betreuung der Alleinerziehenden [ist] eine notwendige Voraussetzung, um langfristig ihren Zugang zum Arbeitsmarkt zu erleichtern.
- Die Bemühungen [sollten] darauf ausgerichtet werden, den Arbeitgebern zu vermitteln, welches Arbeitskräftepotential erschlossen werden kann, wenn den Ressourcen und Bedürfnissen der Alleinerziehenden mit etwas mehr Flexibilität begegnet wird.
- Als besonders wichtig stellte sich auch eine enge Zusammenarbeit der Jobcenter mit den Jugendämtern vor Ort heraus«
(BMAS 2013).

Auch das Bundesministerium für Familie, Senioren, Frauen und Jugend (BMFSFJ) hat das Thema der Vereinbarkeit von Familie und Erwerbstätigkeit für alleinerziehende Mütter und Väter in den Fokus genommen. Eine zentrale Erkenntnis war, dass es zwar bereits zahlreiche Unterstützungsangebote für Alleinerziehende auf kommunaler Ebene gibt, diese jedoch wenig miteinander vernetzt oder verzahnt sind. Darüber hinaus bestehen weiterhin Versorgungslücken. Häufig gelingt es insbesondere nicht, alleinerziehende Frauen im SGB-II-Leistungsbezug mithilfe der bestehenden Instrumente zur Bekämpfung der Langzeitarbeitslosigkeit dauerhaft in den Arbeitsmarkt zu integrieren.

Diese Erkenntnisse verdeutlichen, dass für eine verbesserte Vereinbarkeit von Familie und Beruf für Alleinerziehende auf verschiedenen Ebenen angesetzt werden muss und diese miteinander verknüpft werden sollten:

Vernetzung von Angeboten zur gezielten Verbesserung der Vereinbarkeit von Familie und Beruf für Alleinerziehende

»1. Es sind lokale Angebote zu entwickeln, die der Vielfalt und Komplexität der Lebenssituation von Alleinerziehenden gerecht werden. Die Angebote müssen die unterschiedlichen Bedarfslagen reflektieren. Entscheidend ist die Vielfalt der Unterstützungsangebote, um die Handlungsfelder Arbeit, Qualifikation, Kinder(-betreuung), Gesundheit oder auch soziale Integration abzudecken.

2. Aus der Vielfalt von Angeboten entsteht durch die einzelfallbezogene Kombination von spezifischen Angeboten ein fallbezogener Leistungsprozess. Ein komplexes Hilfeangebot ist aber auch schnell unübersichtlich, und viele Adressatinnen und Adressaten sind nur schwer in der Lage, die vorhandenen Angebote und Maßnahmen unterschiedlicher Träger so zu nutzen, dass sie die optimale Unterstützung erfahren. Damit alle Personen der Zielgruppe unabhängig von ihren Bewältigungsstrategien ›ihr‹ fallbezogenes Netzwerk aus den bestehenden Angeboten knüpfen können, ist die flexible Einrichtung koordinierender und betreuender Angebote sinnvoll. Diese können von Informationsmedien bis Case Management reichen und entweder im Rahmen eines Fallmanagements im SGB II oder bei einer ›Anlaufstelle‹ angesiedelt sein.
3. Lokale Unterstützungsangebote werden in der Summe von unterschiedlichen Institutionen erbracht. Voraussetzung für die funktionierende Integration unterschiedlicher Angebote auf der Einzelfallebene ist die Existenz vernetzter Hilfesysteme. Deren Aufgabe es ist, über den Einzelfall hinaus stabil, nachhaltig und langfristig einen ›idealen Leistungsprozess‹ zu entwerfen, in dem die Angebote systematisch vernetzt sind. Das Ideal besteht darin, über die rein additive Herangehensweise hinaus vielfältige und aufeinander aufbauende Unterstützungsleistungen und Maßnahmen vorzuhalten, die über ausgearbeitete Beratungskonzepte und eine Angebotssteuerung miteinander verbunden sind. Dafür müssen stabile Netzwerkstrukturen etabliert sein, in denen von mehreren lokalen Akteuren gemeinsam komplexe Dienstleistungen für die Zielgruppe geplant und erbracht werden können. Für diese ›Produktionsnetzwerke‹ [...] müssen nachhaltige Steuerungsstrukturen aufgebaut und geeignete Steuerungsinstrumente entwickelt werden, um die ggf. unterschiedlichen Organisationslogiken bearbeiten zu können«

(Reis et al. 2010, S. 8f.).

Auf der Grundlage dieser Überlegungen entwickelten das Bundesministerium für Familie, Senioren, Frauen und Jugend (BMFSFJ) und das Institut für Stadt- und Regionalentwicklung (ISR) das Modellprojekt »Vereinbarkeit von Familie und Beruf für Alleinerziehende«. Dieses Projekt wurde von April 2009 bis Mai 2010 an zwölf ausgewählten Standorten in Deutschland erprobt. Sowohl die Systemebene als auch die Verzahnung von System- und Fallebene wurden dabei betrachtet. Ziel war es, engstirnige und vereinzelte Organisationsperspektiven zugunsten eines integrierten Unterstützungsangebots für alleinerziehende Mütter und Väter zu überwinden und dieses, in Form von Produktionsnetzwerken und Dienstleistungsketten, an den individuellen Bedarfen der Zielgruppe auszurichten (Reis et al. 2010).

»Eine Dienstleistungskette ist ein Instrument, um voneinander getrennt erbrachte Leistungen [bspw. Jobcenter, Kindertagesstätte, Jugendamt] und Beratungsangebote [Schuldner- und Erziehungsberatung] für Alleinerziehende aufeinander abzustimmen und zu koordinieren. Ziel ist es, einen durchgängigen und lückenlosen Leistungsprozess zu gestalten, bei dem die einzelnen Unterstützungsangebote sinnvoll miteinander verknüpft werden – unabhängig davon, wer sie erbringt« (ebd., S. 84).

Die Erfahrungen und Ergebnisse des Modellprojekts sowie konkrete Umsetzungsschritte zum Aufbau von Produktionsnetzwerken sind im Handbuch *Unterstützungsnetzwerke für Alleinerziehende* (Reis et al. 2013) nachzulesen, das vom Bundesministerium für Familie, Senioren, Frauen und Jugend herausgegeben wurde.

Von 2011 bis 2013 initiierte das Bundesministerium für Arbeit und Soziales (BMAS) das Programm »Netzwerke wirksamer Hilfen für Alleinerziehende«, das vorwiegend auf struktureller Ebene ansetzte. Es stellte die Frage, ob vor Ort durch die bestehenden Unterstützungsstrukturen noch mehr für Alleinerziehende und ihre Familien erreicht werden kann (BMAS 2013, S. 72).

Das Ziel war, dass lokale Netzwerkakteure ihre Dienstleistungsangebote für Alleinerziehende optimieren, koordinieren und zu ganzheitlichen Leistungsketten verknüpfen. Gleichzeitig sollten diese Angebote weiter professionalisiert und entwickelt werden, um Synergien zu schaffen und bestehende Angebotslücken zu schließen. Dabei mussten die oft komplexen Bedarfslagen der Alleinerziehenden umfassend berücksichtigt werden, wobei deren gesamte Lebenswelt fokussiert wurde.

Die wesentlichen Bereiche, die im Rahmen der Netzwerkarbeit integriert werden sollten, umfassten: Ausbildung, Qualifizierung und Vermittlung in Beschäftigung, bedarfsgerechte Kinderbetreuung, Mobilität, Erziehung und Gesundheit sowie Unterstützung bei finanziellen Fragen und psychosozialen Problemen. Besonders wichtig war die Einbindung der lokalen Arbeitgeber. Erfolgreich erprobte Strukturen sollten in die Regelorganisation der beteiligten Institutionen, insbesondere der Jobcenter, überführt werden.

Mit finanzieller Unterstützung des Bundesministeriums für Arbeit und Soziales (BMAS) und des Europäischen Sozialfonds arbeiteten bundesweit insgesamt 102 Netzwerke daran, die gesteckten Zielvorgaben umzusetzen und lokale sowie regionale Unterstützungsangebote zielgenau und nachhaltig zu bündeln – unabhängig vom Beschäftigungsstatus oder Sozialleistungsbezug der Alleinerziehenden. Der Fokus des Programms lag auf der Entwicklung regional angemessener Lösungen.

Eine zentrale Aufgabe der Projektpartner war es, sich zu produktiven Netzwerken mit klar definierten Arbeitszielen und Umsetzungsschritten zu entwickeln. Folgende Schwerpunkte wurden bearbeitet:

- Bestands- und Bedarfsanalysen
- Knüpfung von Dienstleistungsketten durch konkrete Schnittstellenvereinbarungen oder lokale Lotsensysteme
- Informationsangebote wie Websites, Newsletter oder Wegweiser
- Förderung und Organisation von Teilzeitausbildung

Ziel war die Verstetigung guter Ansätze über den Förderzeitraum hinaus und deren Integration in die Regelabläufe der zuständigen Stellen.

Dies gelang in vielen, jedoch nicht in allen Fällen. Trotz des theoretisch sinnvollen Ansatzes zeigte sich, dass

> »gerade die prozessorientierte Verknüpfung von Unterstützungsangeboten zu Dienstleistungsketten bestehende Schnittstellenprobleme zwischen Unterstützungsangeboten für Alleinerziehende deutlich macht [...]. Hinzu kommt die bis Ende der Projektlaufzeit schwierige aktive Einbindung von Unternehmen in das Netzwerk: Insbesondere gerät das Aufschließen von Unternehmen für das Beschäftigungspotential von Alleinerziehenden dort an Grenzen, wo es sich weder um qualifizierte Fachkräfte noch um solche Alleinerziehenden handelt, die eine berufliche Qualifizierung anstreben« (Vaudt 2013, S. 77).

Zehn Jahre nach Programmabschluss lassen sich entsprechend nur noch wenige der ursprünglich aufgebauten Netzwerkstrukturen wiederfinden.

Auch wenn alle Beteiligten im Feld wirksame Hilfen für alleinerziehende Mütter und Väter anstreben, unterscheiden sich die Akteure wohl doch erheblich in ihren Systemlogiken sowie in gesellschaftspolitischen und marktwirtschaftlichen Intentionen. Unternehmen sind an der Arbeitskraft Alleinerziehender interessiert, soziale Dienstleister und Beratungsstellen am Wohlergehen der Eltern, Jugendämter und Kindertageseinrichtungen am Schutz und Wohlergehen der Kinder und Jobcenter an der Erhöhung der Integrationsquote von Alleinerziehenden in den Arbeitsmarkt, ohne deren psychosoziale Situation außer Acht zu lassen. An den Schnittstellen zwischen den Systemen und teilweise innerhalb eines Systems treffen unterschiedliche Logiken aufeinander, was ›Übersetzungsleistungen‹ erforderlich macht und die Bereitschaft zur Weiterentwicklung innerhalb der beteiligten Organisationen und Unternehmen voraussetzt. Verwaltungseinheiten, Behörden und Unternehmen müssten daher bereit sein, sich durch die Impulse und Erfahrungen aus der Netzwerkarbeit positiv beeinflussen zu lassen, um sich zu lernenden Organisationen weiterzuentwickeln. Dies scheint aktuell noch nicht überall in ausreichendem Maße gegeben zu sein. Vaudt resümiert in ihrer abschließenden Evaluation des Netzwerks wirksamer Hilfen für Alleinerziehende in der Stadt Bielefeld entsprechend, dass der Netzwerkansatz unter den gegebenen Bedingungen hier an seine Grenzen stößt (ebd., S. 77).

9.2 Kommunale Familienpolitik und Einelternfamilien

Charlotte Hüppe & Larissa Lehmann

Hinsichtlich der Unterstützung und Förderung der Teilhabechancen von Einelternfamilien kommt der kommunalen Familienpolitik besondere Bedeutung zu. Generell umfasst die Familienpolitik alle Maßnahmen, die den Schutz und die

Förderung der Institution Familie und der einzelnen Familienmitglieder zum Ziel haben. Es wird von der Familienpolitik also vor allem zwei Zielen nachgegangen (Althammer et al. 2021, S. 281):

- Schutz der Familien vor einer wirtschaftlichen Schlechterstellung gegenüber anderen Lebensformen
- Förderung und Unterstützung der Familie als Institution

Um diese Ziele konsequent auch für die Zielgruppe Einelternfamilien zu verfolgen und umzusetzen, bedarf es klarer Strukturen und fester Verantwortlichkeiten auf kommunaler Ebene.

Im Folgenden wird zunächst in das Handlungsfeld der Familienpolitik eingeführt, die Bedeutung von zielgruppenspezifischer Familienpolitik für Einelternfamilien erläutert und im Sinne eines Good-Practice-Beispiels exemplarisch eine Vorlage für ein kommunales Handlungskonzept bezogen auf Einelternfamilien vorgestellt.

9.2.1 Familienpolitik als Querschnittsaufgabe

Generell sind Bund, Länder und *Gemeinden* durch Artikel 6 des Grundgesetzes (GG) dazu verpflichtet, Ehe und Familie unter besonderen Schutz der staatlichen Ordnung zu stellen (Artikel 6 Absatz 1 GG).

Der Rahmen sowie die Ausrichtung der Familienpolitik werden auf Bundesebene rechtlich vorgegeben. Durch die Sicherstellung von kommunaler Selbstverwaltung durch Artikel 28 des Grundgesetzes kommen neben Bund und Ländern auch den *Kommunen* wichtige Aufgaben im Bereich der Familienpolitik zu (Artikel 6 Absatz 2 GG).

Kommune

Mit dem Begriff ›Kommune‹ werden Gemeinden, kreisfreie Städte, kreisangehörige Städte sowie Landkreise bezeichnet (Bogumil & Jann 2020, S. 119f.). Kommunen gelten juristisch als Körperschaften des öffentlichen Rechts und verfügen zur Umsetzung des Selbstverwaltungsrechts über die Organisations-, Personal-, Finanz-, Planungs-, Satzungs-, Gebiets- und Aufgabenhoheit (ebd., S. 121).

Allerdings sind Kommunen hinsichtlich ihrer Finanzautonomie und hinsichtlich der administrativen und politischen Kompetenz die am schlechtesten ausgestattete Politikebene (ebd., S. 119). »Familienpolitik muss sich deshalb in weiten Teilen der Finanzlage der Kommune anpassen, […] was ihre Gestaltungschancen einschränkt und dazu führt, dass kommunales Engagement für Familien häufig anderen kommunalen Politikbereichen nachgeordnet wird« (Engelbert 2017, S. 9). Grundsätzlich sind Kommunen in ihrem Gebiet Träger der gesamten öffentlichen Verwaltung. Die konkrete Ausgestaltung der kommunalen Aufgaben wird durch die jeweilige Landesverfassung und Kommunalverfassungen geregelt (Bogumil & Jann 2020, S. 120 f.).

Wie der folgenden Abbildung (▶ Abb. 9.1) zu entnehmen ist, können die Aufgaben auf kommunaler Ebene den Bereichen der Auftragsangelegenheiten und der Selbstverwaltungsangelegenheiten zugeordnet werden (Wunderlich 2014, S. 73).

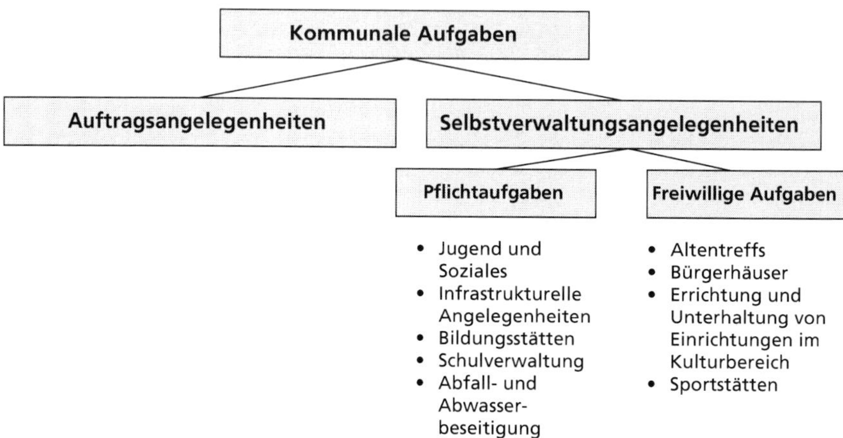

Abb. 9.1: Kommunale Aufgaben (eigene Darstellung, basierend auf Bogumil & Jann 2020, S. 122)

Die Aufgaben der Selbstverwaltungsangelegenheiten als nichtstaatliche Aufgaben der öffentlichen Selbstverwaltung lassen sich in freiwillige Aufgaben (z. B. Errichtung und Unterhaltung von Einrichtungen im Kulturbereich, Altentreffs, Bürgerhäusern, Sportstätten) und Pflichtaufgaben (z. B. Infrastrukturelle Angelegenheiten, Jugend und Soziales, Schulverwaltung, Bildungsstätten, Abfall- und Abwasserbeseitigung) unterteilen (Bogumil & Jann 2020, S. 122).

Der Schwerpunkt der kommunalen Familienpolitik liegt in der Ausführung von vorgegebenen Aufgaben wie der Kinder- und Jugendhilfe und Sozialhilfe sowie in der Bereitstellung familienunterstützender und ergänzender Angebote im Rahmen der Pflichtaufgaben der Selbstverwaltungsangelegenheiten. Laut dem Ministerium für Kinder, Familie, Flüchtlinge und Integration des Landes Nordrhein-Westfalen (MKFFI) können freiwillige Leistungen zudem zusätzliche materielle Leistungen, Moderationsaufgaben oder soziale Dienstleistungen, die über die Pflichtaufgaben hinaus gehen, umfassen (MKFFI 2010). Dabei ist allerdings häufig unklar, ob Angebote für Familien eher zum pflichtigen Aufgabenbereich (SGB-XIII-Leistungen) gehören oder ob es sich um freiwillige Aufgaben handelt (Engelbert 2017, S. 9).

Es gibt zahlreiche Schnittmengen der Familienpolitik mit anderen Politikfeldern und weiteren familienrelevanten Ressorts (Bujard 2015). Das Handlungsfeld der kommunalen Familienpolitik kann deshalb auch als Querschnittsaufgabe beschrieben werden, denn auch die Maßnahmen anderer Politikfelder wie der

Frauenpolitik, Jugendpolitik, Bildungspolitik oder der Arbeitsmarktpolitik haben Einfluss auf die Situation von Familien (Blum 2017, S. 309 f.).

Das Handlungsfeld der kommunalen Familienpolitik

Das Handlungsfeld der kommunalen Familienpolitik im engeren Sinne kann nach Blum in insgesamt fünf Handlungsbereiche unterteilt werden, denen die verschiedenen familienpolitischen Maßnahmen allerdings nicht immer trennscharf zuzuordnen sind (Blum 2017, S. 310):

- Familienrecht
- Familienlastenausgleich
- soziale Sicherung und Armutsvermeidung
- Vereinbarkeit von Beruf und Familie
- Unterstützungsleistungen für Familien.

Aus eigenem Interesse und auf Grundlage des eigenen Finanzhaushalts können Kommunen, wie auch an den fünf Handlungsbereichen erkennbar, familienpolitisch vor allem im Bereich der ökonomischen und pädagogischen Interventionsformen aktiv werden und haben in diesen Bereichen deshalb direkte Einflussmöglichkeiten (Wunderlich 2014, S. 75). Kommunen können demnach in die ökonomischen Bedingungen eingreifen, die rechtlich-institutionelle Gestaltung von Familienverhältnissen beeinflussen, die Gestaltung von Familienumwelten sowie die Kommunikation über Leitbilder familienbezogenen Verhaltens fördern (Gerlach 2004, S. 121).

Nach Wunderlich sollte sich eine moderne Familienpolitik inhaltlich dadurch auszeichnen, »dass sie als Familien- und Solidarpolitik verstanden wird, sich sozial- und gesellschaftspolitischer Maßnahmen bedient, sich an den Familienmitgliedern orientiert sowie eine lebenslaufbezogene Perspektive einnimmt und dabei die konkreten Maßnahmen an Engpassfaktoren ausrichtet« (Wunderlich 2014, S. 70).

9.2.2 Zielgruppenspezifische Familienpolitik für Einelternfamilien

Vor dem Hintergrund der Verpflichtung zur Gestaltung familienfreundlicher Umwelten und positiver Lebensbedingungen (vgl. § 1 Absatz 3 SGB VIII) und unter Berücksichtigung der aktuellen Entwicklungen im Bereich der Vielfalt der Lebensformen kann davon ausgegangen werden, dass sich die kommunale Familienpolitik grundsätzlich an den Bedarfen aller Familien orientieren sollte. Eine Fokussierung auf bestimmte Gruppen sollte dabei möglichst vermieden werden. Trotzdem muss davon ausgegangen werden, dass bestimmte Familienformen – einhergehend mit der begleitenden Lebenssituation – in besonderem Maße von Benachteiligung betroffen sein können. Daher ist der Blick der kommunalen Familienpolitik unter anderem auf die Familienform der Einelternfamilien gerichtet

(Engelbert 2017, S. 13). Insbesondere die überproportionale Inanspruchnahme von Hilfen im Bereich der Kinder- und Jugendhilfe (▶ Kap. 10.2) und ein erhöhtes Armutsrisiko begründen diesen Fokus auf die Familienform Einelternfamilien auf kommunaler Ebene.

Die Sozialpolitik steht dabei vor allem vor der Herausforderung, Einelternfamilien zum einen nicht als defizitäre Gruppe zu diskriminieren und zum anderen das erhöhte Risiko aufzufangen, das durch die besondere Struktur bedingt ist, sowie die soziale Integration und die Chancengleichheit zu sichern (Freigang 1997, S. 16; zit. n. Brand & Hammer 2002, S. 16).

Die Förderung familienpolitischer Anliegen für Einelternfamilien auf kommunaler Ebene ist stark durch die Ausrichtung der Förderung auf Bundesebene wie beispielsweise durch Bundes- und Landesinitiativen beeinflusst. Da auf Bundesebene insbesondere »die deutlich schlechtere materielle Situation und ein höheres Armutsrisiko von Alleinerziehenden im Vergleich zu Paarfamilien [...] als besonders problematische Merkmale ihrer Lebenssituation« (Engelbert & Gaffron 2017, S. 253) wahrgenommen werden, liegt der Schwerpunkt der Förderung häufig vor allem im Bereich ökonomischer Unterstützung und der (Re-)Integration in den Arbeitsmarkt sowie der Förderung der Erwerbsfähigkeit. Insbesondere im Zeitraum von 2009 bis 2013 gab es zu diesen Themen ausgehend von der Bundesebene verschiedene Erhebungen, Bundesinitiativen, Programme des Europäischen Sozialfonds und des Bundesministeriums für Arbeit und Soziales sowie einzelne große Förderprojekte, die auf unterschiedliche Weise die Lebenssituation von Einelternfamilien verbessern sollten (▶ Kap. 9.1). Die Förderung von Einelternfamilien auf kommunaler Ebene wird besonders durch diese Art von Bundes- und Landesinitiativen bestimmt, denn »hierdurch werden die kommunalen Aktivitäten maßgeblich beeinflusst, auch wenn letztlich jede Kommune den für sie richtigen Weg selbst finden und gehen muss« (Engelbert & Gaffron 2014, S. 93). Insbesondere die fehlende Festlegung, ob Angebote für Familien dem pflichtigen oder freiwilligen Aufgabenbereich zuzuordnen sind, erhöhen hierbei den Handlungsspielraum der Kommunen. Dies kann allerdings auch dazu führen, dass Kommunen auf Bedarfe außerhalb der Angebote und Hilfen, die über die Kinder- und Jugendhilfe als Pflichtaufgaben finanziert werden, weniger eingehen.

Im Rahmen des Lehrforschungsprojektes »Kommunale Familienpolitik für Alleinerziehende!?« (Laufzeit: 01/2021–02/2022), das von den Autorinnen unter Begleitung von Frau Prof. Dr. Angela Wernberger durchgeführt wurde, zeigte sich, dass es hinsichtlich des Themas Einelternfamilien und Alleinerziehen keine *klaren Zuständigkeiten auf kommunaler Ebene* gibt und diese *von Kommune zu Kommune stark variieren*. So wurde bei der durchgeführten bundesweiten, quantitativen Befragung von Gleichstellungsbeauftragten deutlich, dass das Wissen über Bedarfe von Einelternfamilien in den Kommunen sehr unterschiedlich verortet ist: In einigen Kommunen verfügen Vereine, Einrichtungen von Wohlfahrtsverbänden oder kirchliche Einrichtungen über einen größeren Überblick und befassen sich als Akteure des Sozialraums kommunalpolitisch stärker mit diesem Thema als örtliche Ansprechpersonen auf kommunaler Ebene (vgl. Hüppe, Lehmann & Mones 2022, S. 34). Bei einem Querschnittsthema wie dem der Familienpolitik können Unklarheiten und teilweise fehlendes Wissen zu fehlendem Handeln auf der kommunalen Ebene führen. Da der Ressourcenzugang während und nach dem Übergang ins Alleinerziehen unter anderem durch die gesellschaftlichen Makrostrukturen geprägt ist (Zagel 2018, S. 29), ist es wichtig, Zuständigkeiten zu klären, um den möglichen spezifischen Bedarfen auch auf struktureller Ebene angemessen begegnen zu können. Nach Engelbert ist es diesbezüglich sinnvoll, auf kommunaler Ebene »eine Bündelung von Aufgaben und Verantwortlichkeiten vorzunehmen und auch eindeutige Zuständigkeiten zu signalisieren, damit für Familien der Weg in die Verwaltung und die Suche nach Unterstützung leichter wird« (Engelbert 2017, S. 89).

Doch wie können Kommunen dem erhöhten Bedarf nach Koordination, Abstimmung und Vernetzung der vielfältigen Angebote zielgerichtet nachkommen und eventuelle Angebotslücken erkennen? Eine Möglichkeit, die im Folgenden genauer betrachtet werden soll und die in Bezug auf Einelternfamilien von einzelnen Kommunen bereits umgesetzt wird, ist die *Entwicklung kommunaler Handlungskonzepte.*

Kommunale Handlungskonzepte

Kommunale Handlungskonzepte entstehen meist auf der Basis von Bedarfsanalysen und betrachten soziale Ungleichheiten zwischen Sozialräumen oder die Bedürfnisse von verschiedenen Zielgruppen. Sie sind deshalb entweder sozialräumlich oder gruppenspezifisch angelegt (Zühlke 2011, S. 47). Ziel ist die Erstellung konkreter Handlungsleitlinien und die Entwicklung nachhaltiger Maßnahmen zur Deckung des festgestellten Bedarfs (Nutz et al. 2020, S. 151). Ein kommunales Handlungskonzept regelt hierbei insbesondere die Zusammenarbeit und Arbeitsteilung zwischen Verwaltung und freien Trägern und soll lokale Akteure aktivieren, Prozesse mitzugestalten (Zühlke 2011, S. 47; Nutz et al. 2020, S. 151).

Die Verantwortung für die Erstellung liegt meist bei der Kommunal- oder Kreisverwaltung im Bereich der Sozialplanung. Der *Einbezug* von *lokalen* und auch *zivilgesellschaftlichen Akteuren* ist bei der Entwicklung empfehlenswert, da so *lokale Expertise* genutzt und die Umsetzung der Handlungskonzepte sichergestellt werden kann. Das Handlungskonzept sollte immer auch den kommunalpolitischen Gremien vorgelegt und offiziell durch den Stadt- oder Gemeinderat beschlossen werden. So wird die *Kommunalverwaltung zur Umsetzung beauftragt* und kann gegebenenfalls auch entsprechende *Fördermittel einsetzen* (Nutz et al. 2020, S. 151 ff.). Im Folgenden wird eine Vorlage für ein zielgruppenspezifisches kommunales Handlungskonzept zur Unterstützung von Einelternfamilien vorgestellt.

9.2.3 Kommunales Handlungskonzept für die Zielgruppe Einelternfamilien

Bereits 2005 veröffentlichte das Deutsche Jugendinstitut (DJI) im Auftrag des Bundesministeriums für Familie, Senioren, Frauen und Jugend (BMFSFJ) ein kommunales Handlungskonzept mit dem Titel »Unterstützung für Alleinerziehende – Arbeitsmarktintegration und soziale Teilhabe«. Grundlage für das Handlungskonzept waren das als problematisch wahrgenommene erhöhte Armutsrisiko von Einelternfamilien und die Ergebnisse einer empirischen Erhebung innerhalb des Projekts »Armutsprävention bei Alleinerziehenden« in Nürnberg. Das Handlungskonzept knüpft an die Erkenntnis an, dass eine nachhaltige Familienpolitik dem erhöhten Armutsrisiko nur dann entgegenwirken kann, wenn entsprechende Strukturen und Verantwortlichkeiten auf kommunaler Ebene bereitgehalten werden und das Zusammenwirken der Akteure und interdisziplinäre Vernetzung konkrete Umsetzung vor Ort finden (DJI 2005, S. 8 ff.). Da Kommunen diesbezüglich nicht gesetzlich verpflichtet sind, fehlt es häufig genau an diesen notwendigen Strukturen und Verantwortlichkeiten. Obwohl das Handlungskonzept bereits 2005 veröffentlicht wurde, ist es nach wie vor inhaltlich hochaktuell und relevant. So bietet es wichtige Impulse für die Unterstützung von Einelternfamilien auf kommunaler Ebene.

Handlungsfelder eines kommunalen Handlungskonzeptes

Die vom DJI entwickelte Handreichung fasst *Ziele und Aufgaben* in insgesamt *vier* miteinander verknüpften *Handlungsfeldern* zusammen:

- Arbeitsberatung und -vermittlung für Alleinerziehende
- Qualifizierungswege für Alleinerziehende
- flexible Kinderbetreuung
- die Nachbarschaft als soziales Netz – offene Angebote in Stadtteilen

Die Handreichung beinhaltet zu diesen vier Bereichen jeweils eine theoretische Einführung zum Handlungsfeld sowie die Beschreibung des Nutzens einer Weiterentwicklung für Einelternfamilien und die Kommunen. Außerdem werden die spezifischen Bedarfe der Familien bezogen auf das Handlungsfeld zusammengefasst, konkrete Gestaltungsempfehlungen gegeben und zu jedem Handlungsfeld jeweils zwei Good-Practice-Beispiele vorgestellt. Darüber hinaus gibt es zu jedem Handlungsfeld eine entsprechende Checkliste zur Überprüfung des Ist-Zustands in der Kommune. Die vier Handlungsfelder können dabei als Bausteine gedacht werden, die Anstöße und Ideen für Lösungsmuster geben können. Die Kommunen dürfen kreativ mit den Impulsen umgehen und eine Umsetzung auf ganz eigene Weise gestalten (ebd., S. 14). Das Handlungskonzept kann somit als Vorlage für Kommunen dienen und die einzelnen Aspekte können entsprechend von den Kommunen für die Arbeit vor Ort angepasst und genutzt werden.

Beispielhaft wird im Folgenden das *Handlungsfeld »Flexible Kinderbetreuung«* vorgestellt, um ausschnitthaft zu zeigen, wie die Vorlage vom DJI in Kommunen genutzt werden kann. Die Darstellung dieses dritten Handlungsfelds erfolgt aufgrund des *starken Einflusses der Bereitstellung von Kinderbetreuungsangeboten* sowohl für die *Arbeitsmarktintegration* als auch für die *soziale Teilhabe* der Alleinerziehenden. Dem Handlungsfeld kommt deswegen als verbindender Baustein und als Voraussetzung für die Umsetzung der weiteren Handlungsfelder besondere Bedeutung zu.

Hintergrund dieses Handlungsfelds ist die Schwierigkeit, dass viele bestehende Kinderbetreuungsangebote den Bedarf von Einelternfamilien zeitlich nicht ausreichend decken können und auch den finanziellen Möglichkeiten der Familien oft nicht entsprechen (ebd., S. 82). Ein individuell passendes Kinderbetreuungsarrangement ist insbesondere vor dem Hintergrund wichtig, dass sich Alleinerziehende mental häufig in einer ambivalenten Ausgangssituation befinden: Auf der einen Seite besteht der Wunsch, der Mutter- bzw. Vaterrolle nachzukommen und möglichst viel Zeit mit den Kindern zu verbringen, auf der anderen Seite steht der möglichst frühe Wiedereinstieg in das Erwerbsleben, um den Lebensunterhalt decken zu können. Eine Flexibilisierung der Kinderbetreuungsangebote sowie der Kosten kann somit strukturelle Hürden abbauen, die persönliche Entscheidungsfindung unterstützen und die Lebenssituation der alleinerziehenden Person insgesamt entlasten (ebd.). Auch für die Situation der Kinder kann eine Flexibilisierung entlastend wirken, wenn hierdurch komplizierte Betreuungsarrangements mit täglichem Wechsel minimiert werden.

Aufseiten der Kommune bedeutet die Bereitstellung von Kinderbetreuungsangeboten zwar zunächst einen finanziellen Mehraufwand, der *ökonomische Nutzen* unter anderem durch die arbeitsmarktpolitische Bedeutung ist aber *sowohl volkswirtschaftlich als auch betriebswirtschaftlich belegt* (ebd., S. 86).

Die Anforderungen, die Kinderbetreuungsangebote dem Handlungskonzept zufolge erfüllen sollten, sind unter anderem ein *passgerechter Betreuungsumfang*, eine *hohe Zuverlässigkeit der Betreuung*, *flexible Betreuungsangebote auch zu atypischen Betreuungszeiten*, *kostengünstige Betreuung* sowie *qualitativ hochwertige Angebote* hinsichtlich Betreuung und Bildung (ebd., S. 90ff.).

Das DJI schlägt in der Handreichung zum Thema »Flexible Kinderbetreuung« vier Gestaltungsempfehlungen vor:

- sozialraumbezogene Bestands- und Bedarfserfassung der Kinderbetreuung vor Ort
- quantitativer Ausbau der Kinderbetreuung
- Flexibilisierung der Kinderbetreuungsangebote
- Beratung rund um Familie und Beruf

Bei der ersten Gestaltungsempfehlung, der *sozialraumbezogenen Bestands- und Bedarfserfassung der Kinderbetreuung vor Ort*, sollen insbesondere Angebote zu atypischen Zeiten in den Blick genommen werden. So können Informationen über die Nutzung der bestehenden Angebote sowie über noch ungedeckte Bedarfe erfasst werden (ebd., S. 94f.).

Als zweite Gestaltungsempfehlung folgt der *quantitative Ausbau der Kinderbetreuung*, um eine ausreichende Bedarfsdeckung sicherzustellen und eine Betreuungsgarantie für Familien zu ermöglichen (ebd., S. 95 f.).

Die Flexibilisierung der Kinderbetreuungsangebote lässt sich in zwei Aspekte differenzieren: die *zeitliche Flexibilisierung* und die *Kostenflexibilisierung*. Erstere beinhaltet die Betreuung zu atypischen Betreuungszeiten, kurzfristigere Planungszeiträume, die Bereitstellung von »Zusatzplätzen« bei Notfällen, die Einrichtung von Vertretungsplänen oder Stützpunkten (ebd., S. 97 f.). Bezüglich der Kostenflexibilität wird empfohlen, die Kosten nach Umfang der gebuchten Betreuungsblöcke zu berechnen und nicht nach dem Tag mit der längsten Nutzungsdauer (ebd., S. 99). Sowohl die zeitliche als auch die finanzielle Flexibilisierung erfordern konzeptionelle Veränderungen für die Einrichtungen hinsichtlich der Arbeitszeiten, einer Neustrukturierung des Tagesablaufs, einer möglichen Öffnung von Gruppen, Weiterbildung, Qualifizierung und Elternarbeit. Die Flexibilisierung kann durch die Vernetzung von institutionellen und privaten Diensten vereinfacht werden. Auch verschiedene Lösungen betrieblicher Kinderbetreuung können hilfreich für einige Einelternfamilien sein (ebd., S. 100 ff.).

Als vierte Gestaltungsempfehlung geht das Handlungskonzept auf *Beratung rund um Familie und Beruf* ein, die vor allem die Beratung zum Umgang mit Ambivalenzen in Bezug auf die Vereinbarkeit von Familie und Beruf sowie zur Herstellung geeigneter Kinderbetreuungsarrangements umfassen sollte. Ziel dabei sollte es sein, Beratung für Einelternfamilien in allen Lebenslagen und -bereichen durch zentrale Beratungsstellen anzubieten (ebd., S. 107 ff.).

Die vier beschriebenen Gestaltungsempfehlungen fasst das DJI auch übersichtlich aufgeteilt in einzelne Handlungsschritte in einer Checkliste zusammen, mit deren Hilfe der Umsetzungsstand in der Kommune dokumentiert werden kann. Die Checkliste kann somit als Handlungsleitfaden genutzt werden.

Die *Stadt Nürnberg*, die auch an der Vorlage des DJI beteiligt gewesen ist, hat die Vorlage genutzt, um für die eigene Kommune 2013 ein entsprechendes Arbeitspapier auszuarbeiten, in dem die lokalen Ansätze zur Unterstützung und Vernetzung von Einelternfamilien dargestellt werden. Das Arbeitspapier greift das Handlungskonzept auf und beschreibt lokale Akteure und ihre Aufgaben hinsichtlich der sozialen Teilhabe der Zielgruppe Einelternfamilie (Referat für Jugend, Familie und Soziales der Stadt Nürnberg 2013). Die *Stadt Bremen* arbeitet ebenfalls seit 2019 an einem kommunalen Aktionsplan für Einelternfamilien, der aber bislang noch nicht veröffentlicht wurde. Angeknüpft werden soll dabei an die Erkenntnisse aus dem Projekt »Vermittlung und Integration von Alleinerziehenden in Arbeit«. Es sollen die Oberthemen »Arbeitsmarktintegration«, »Beratung und Unterstützung« und »Kinderbetreuung« aufgegriffen werden. (Senat der Stadt Bremen 2021).

Neben der Möglichkeit, spezifische kommunale Handlungskonzepte für die Zielgruppe von Einelternfamilien zu entwickeln ist die Strategie einiger Kommunen auch die Entwicklung *zielgruppenübergreifender Handlungskonzepte*. Zielgruppenübergreifende Lösungen können beispielsweise Handlungskonzepte zur *Förderung der Familienfreundlichkeit der Kommunen* oder *thematisch spezifizierte Konzepte* zum Beispiel zur Armutsprävention sein:

Beispiele

- Die Stadt Leipzig verfolgte von 2011 bis 2015 einen Aktionsplan, der die Stadt kinder- und familienfreundlicher gestalten sollte, in dem auch Einelternfamilien als Familienform innerhalb der Handlungsziele aufgegriffen werden (vgl. Stadt Leipzig 2011).
- Ein weiteres Beispiel ist die Handreichung »Familienfreundliche Kommune« des Statistischen Landesamts Baden-Württemberg, die ebenfalls in einigen der aufgegriffenen Handlungsfelder die Bedarfe von Einelternfamilien berücksichtigt (vgl. Statistisches Landesamt Baden-Württemberg 2020).
- Beispielhaft für ein Handlungskonzept zur Armutsprävention kann an dieser Stelle die Armutspräventionsstrategie der Stadt Jena genannt werden, die die Lebenssituation von Einelternfamilien in Bezug auf die ökonomischen Rahmenbedingungen einbezieht (vgl. Stadt Jena 2019).

Der Auswahl der Beispiele liegt keine empirische Erhebung oder systematische Bewertung zugrunde und die Handlungskonzepte sind somit lediglich als Repräsentanten für weitere kommunale Handlungskonzepte anzusehen. Sie dienen vorwiegend als Anregung und als Ausgangspunkt für eine mögliche freiwillige thematische Vertiefung.

Insbesondere unter der Prämisse, eine Fokussierung bestimmter Zielgruppen zu vermeiden, um Diskriminierungsprozessen vorzubeugen, ist die Lösung eines zielgruppenübergreifenden Handlungskonzepts einem spezifischen Handlungskonzept für Einelternfamilien in der Regel vorzuziehen. Zielgruppenübergreifende Handlungskonzepte bergen allerdings die Gefahr einer Verallgemeinerung von Bedarfen und damit einhergehender schwammiger Zielformulierungen. Es ist deshalb dringend zu beachten, dass zielgruppenübergreifende Handlungskonzepte alle Familienformen adressieren und somit auch die spezifischen Bedarfe einzelner Familienformen mitberücksichtigen. In kommunaler Verantwortung liegen nach Wernberger und Dill (2011) vor allem das Schaffen passgenauer Rahmenbedingungen für alle Familienformen, die Anerkennung verschiedener Familienformen als vollwertige, sozial akzeptierte und gleichberechtigte Familien und die entsprechende differenzierte Darstellung in der Öffentlichkeit (ebd., S. 175). Weitere Anforderungen an ein zielgerichtetes Handlungskonzept sind die Festlegung von Zuständigkeiten auf kommunaler Ebene, die Verknüpfung institutioneller und informeller Unterstützungsarrangements sowie die Verknüpfung der bundes- und länderspezifischen Regelungen, kommunaler Strukturen und der informellen Netzwerke (ebd., S. 176; Jurczyk 2003, S. 41). Nur so können gleichberechtigte Zugänge und Teilhabechancen für alle Familien gesichert werden.

Gut zu wissen – gut zu merken

- *Herausforderungen in der Unterstützung von Einelternfamilien:* Sozialpolitische Programme haben sich auf die finanzielle Benachteiligung und das Armutsrisiko von Alleinerziehenden konzentriert, jedoch fehlt es oft an vernetzten

Unterstützungsangeboten. Die Integration in den Arbeitsmarkt bleibt eine Herausforderung, insbesondere für Frauen im SGB-II-Bezug.

- *Erfolgsfaktoren für Netzwerkprogramme:* Intensive Betreuung und flexible Arbeitsmarktangebote sind entscheidende Erfolgsfaktoren. Die Vernetzung von Jobcentern, Jugendämtern und anderen Dienstleistern, sowie die Einbeziehung lokaler Arbeitgeber sind notwendig dafür, nachhaltige und passende Unterstützungsstrukturen zu schaffen.
- *Grenzen und Potenzial von Netzwerkarbeit:* Netzwerke zur Unterstützung von Einelternfamilien zeigen trotz Erfolgen auch Grenzen, insbesondere durch unterschiedliche Systemlogiken der beteiligten Akteure. Eine bessere Abstimmung und Bereitschaft zur Weiterentwicklung sind dafür erforderlich, die langfristige Wirksamkeit solcher Programme zu sichern.
- *Rolle der kommunalen Familienpolitik:* Die kommunale Familienpolitik ist entscheidend für die Förderung und Unterstützung von Einelternfamilien. Sie muss klare Strukturen, Zuständigkeiten und vernetzte Hilfesysteme schaffen, um gezielt auf die spezifischen Bedarfe der Familien einzugehen und Diskriminierung zu vermeiden.
- *Handlungsfelder und Konzepte:* Kommunale Handlungskonzepte sollten sozialräumliche und gruppenspezifische Bedarfe analysieren, um umfassende Unterstützungsleistungen für Einelternfamilien zu entwickeln. Handlungsfelder wie flexible Kinderbetreuung sind zentral für die Förderung von Arbeitsmarktintegration und sozialer Teilhabe.
- *zielgruppenübergreifende Ansätze:* Zielgruppenübergreifende Konzepte sind oft vorzuziehen, da sie Diskriminierung vermeiden, müssen aber spezifische Bedarfe aller Familienformen berücksichtigen, um gleiche Teilhabechancen zu gewährleisten. Die Verknüpfung von Regelungen auf Bundesebene und kommunaler Ebene ist notwendig, um effektive Unterstützung zu sichern.

Literaturempfehlungen

BMAS – Bundesministerium für Arbeit und Soziales (2013). Programmbegleitung des ESF-Ideenwettbewerbs »Gute Arbeit für Alleinerziehende«. Endbericht. Berlin https://www.bmas.de/SharedDocs/Downloads/DE/Ministerium/schwerpunkt-alleinerziehende-abschlussbericht-programmbegleitung-gafa.pdf?__blob=publicationFile&v=2 (24.08.2024).

BMAS – Bundesministerium für Arbeit und Soziales (2013). Unterstützung Alleinerziehender durch nachhaltige Netzwerkarbeit vor Ort. Ergebnisse und Handlungsempfehlungen aus dem ESF-Bundesprogramm »Netzwerke wirksamer Hilfen für Alleinerziehende«. Berlin https://www.bmas.de/SharedDocs/Downloads/DE/Ministerium/schwerpunkt-alleinerziehende-abschlussbericht-netzwerke-nefa.pdf?__blob=publicationFile&v=2 (24.08.2024).

Engel, H. (2011). *Sozialpolitische Grundlagen der Sozialen Arbeit.* Stuttgart: Kohlhammer.

Engelbert, A. (Hrsg.). (2017). *Kommunalpolitik für Familien. Herausforderungen, Instrumente, Erfahrungen.* ZEFIR-Materialien Band 4. Bochum: Ruhr-Universität Bochum, Zentrum für interdisziplinäre Regionalforschung.

10 Soziale Arbeit und Einelternfamilien

Was Sie in diesem Kapitel lernen können

- In diesem Kapitel lernen Sie, bei der Konzeption und Durchführung von Unterstützungsangeboten auf die spezifischen Bedarfe von Einelternfamilien zu achten.
- Sie erfahren, dass unterschiedliche Einelternfamilien unterschiedliche Bedürfnisse haben und dass unpassende Angebote Diskriminierungsaspekte aufweisen können.
- Dabei erkennen Sie, dass es zwar einerseits neuer Konzepte für Kinderbetreuung und berufliche Integration bedarf, andererseits aber nicht alle Einelternfamilien unterstützungsbedürftig sind.
- Sie erhalten Informationen darüber, warum alleinerziehende Mütter und Väter überproportional häufig Leistungen der Kinder- und Jugendhilfe nach SGB VIII in Anspruch nehmen und inwiefern ihre sozioökonomische Situation darauf Einfluss nimmt.
- Außerdem lernen Sie eine Vielzahl von handlungsfeldspezifischen Beratungs- und Unterstützungsangeboten für Einelternfamilien in der Kinder- und Jugendhilfe kennen, die sich an alleinerziehende Mütter und Väter vor, während oder nach einer Trennung sowie an deren Kinder richten. Dazu gehören unter anderem Erziehungs- und Familienberatung, Frühe Hilfen und spezialisierte Unterstützungsangebote wie gemeinsame Wohnformen für getrennt lebende Eltern mit Kindern.

10.1 Soziale Arbeit mit Einelternfamilien unter Berücksichtigung spezifischer Bedarfslagen und Entwicklungsphasen

Etwa ein Fünftel aller Familien in Deutschland sind Einelternfamilien (► Kap. 1). Das Phänomen der allein- oder auch getrennterziehenden Elternschaft ist in der Mitte unserer Gesellschaft angekommen. In allen Handlungsfelder der Sozialen

Arbeit sind folglich immer auch allein- bzw. getrennterziehende Eltern und deren Kinder anzutreffen.

Doch Einelternfamilie ist nicht gleich Einelternfamilie (▶ Kap. 2 und ▶ Kap. 3). Es macht einen Unterschied, ob sich die Einelternfamilie als spezifische Familienform gerade erst restrukturieren und neu etablieren muss, was mit entsprechenden Modifikationen ihrer Alltagspraxis und handlungsleitenden Familienmuster einhergeht; oder ob sie bereits zu einer neuen identitätsstiftenden Form des familialen Zusammenlebens gefunden hat und sich selbst als eine spezifische Form von Familie erlebt und als solche auch von Dritten (bspw. professionellen Fachkräften) anerkannt und behandelt werden möchte (▶ Kap. 8.2 zur Phasentypik als Transformationsprozess der grundlegenden handlungsleitenden Orientierungen). Der Beendigung einer Beziehung oder Ehe, häufig ursächlich für das Entstehen einer Einelternfamilie, ist zweifellos die Erfahrung des Scheiterns inhärent. Ehemalige Vorstellungen von familialem Zusammenleben und Zukunftsplanung zerbrechen. Schmerzhafte Emotionen müssen verarbeitet und neue Familienkonzepte entwickelt und gelebt werden. Eine häufig partnerschaftlich strukturierte und am Ideal der bürgerlichen Kleinfamilien ausgerichtete Lebenswelt offeriert für alleinerziehende Mütter und Väter vielfältige Anlässe und Formen der sozialen Beschämung (▶ Kap. 8.2). Angesichts dessen *bedarf es einer grundlegenden Sensibilisierung von Fachkräften in der Sozialen Arbeit für die Erfahrungswirklichkeit von Einelternfamilien.* Dabei kann es unter anderem von Belang sein, *wie lange* die Konstellation der *Einelternfamilie* bereits *besteht.* Stehen alleinerziehende Mütter und Väter noch am *Beginn des Transformationsprozesses ihrer ursprünglich handlungsleitenden Orientierungen* (▶ Kap. 8.2 zur Orientierungsphase), dann sind eventuell *Austausch- und Erfahrungsräume mit sozialen Ähnlichen* vonnöten, um die individuellen Erfahrungen benennen, verarbeiten und einordnen zu können. Das Erleben »Ich bin nicht allein, anderen geht es ähnlich wie mir« ist für viele alleinerziehende Mütter und Väter hilfreich. (Informelle) Gruppenzusammenhänge bieten Schutz und ermöglichen wechselseitige Hilfeleistungen. Gemeinsam mit anderen alleinerziehenden Müttern und Väter fällt der Schritt nach draußen vielleicht leichter und *gemeinsame Freizeitaktivitäten* schützen vor sozialem Rückzug und Isolation. Auch *spezielle Beratungsangebote zu Trennung und Scheidung,* Fragen zum adäquaten *Umgang mit den Kindern* und *finanziellen wie rechtlichen Aspekten* können diesen Übergangsprozess unterstützend flankieren. Dabei können Fachkräfte der Sozialen Arbeit beratend und begleitend zur Seite stehen und Orientierung hinsichtlich Sozialleistungen und Hilfsangeboten geben. Wichtig ist dabei, dass diese *Informations- und Anlaufstellen öffentlich bekannt und leicht erreichbar* sind. Dies schließt auch *digitale Angebote* mit ein, wodurch deren Nutzung für Alleinerziehende erleichtert wird. Informationen im Netz sollten auf die Region bzw. Kommune bezogen gebündelt zur Verfügung gestellt und regelmäßig aktualisiert werden. Derlei digitale Handreichungen für allein- bzw. getrennterziehende Elternteile sollten im Internet leicht auffindbar, ansprechend konzipiert und übersichtlich strukturiert sein.

Hat sich die Einelternfamilie hingegen bereits konsolidiert (▶ Kap. 8.2 zur Konsolidierungsphase), wollen sich alleinerziehende Mütter und Väter häufig vom Stigma, ›nur‹ eine Einelternfamilie zu sein, befreien und als vollwertige, gesellschaftstragende Form von Familie anerkannt und respektiert werden. In diesem Fall steht die *gleichberechtigte Teilhabe als ›normale‹ Familie in gesamtgesellschaftlichen Bezügen im Vordergrund.* Hinweise auf Alleinerziehenden-Treffs oder auf spezielle Angebote für alleinerziehende Mütter und Väter könnten dann irritieren oder ihrerseits als beschämend erlebt werden. *Damit wandelt sich die Rolle von Fachkräften von einer beratenden, begleitenden und unterstützenden Funktion hin zum Eröffnen von Zugängen und Ermöglichen von Teilhabe.* Hierbei gilt es dann eher zu überprüfen, inwiefern Einelternfamilien von der Nutzung allgemeiner Angebotsstrukturen strukturell ausgeschlossen sind, beispielsweise weil Arbeitszeit mit Kinderbetreuungszeiten kollidieren oder Veranstaltungen auf Zweielternfamilien ausgerichtet sind und sich allein- bzw. getrennterziehende Elternteile dadurch bereits strukturell exkludiert und nicht angesprochen fühlen. *Die Reduzierung einzig auf den Status ›alleinerziehend‹ wird der Komplexität des familialen Zusammenlebens in Einelternfamilien nicht gerecht.* Dies gilt sowohl für die Konsolidierungs- wie auch für die anfängliche Orientierungsphase! Familienleben ist in seiner Ausgestaltung bunt und vielfältig. Fokussieren Fachkräfte einzig auf Strukturkriterien der Zusammensetzung von Familien, werden rigide traditionelle Familienvorstellungen unter der Hand reproduziert, was Anlass zu vermehrten Defiziterfahrungen gibt. Stattdessen gilt es die empirische Pluralität von Familie – ob Regenbogen-, Patchwork-, Ein- oder Zweielternfamilien – anzuerkennen und das Hauptaugenmerk auf das Unterstützen fürsorglichen familialen Zusammenlebens und das Ermöglichen individueller und sozialer Wohlfahrt zu richten.

Wie alle familialen Lebensformen sind auch Einelternfamilien äußerst heterogen und damit unterschiedlich in ihren *Bedarfslagen.* Die jeweiligen Bedarfe resultieren gemeinhin aus den zur Verfügung stehenden Anteilen an *ökonomischem* und *sozialem Kapital* (▸ Kap. 4 zu typologisierten Bedarfslagen von Einelternfamilien). Deshalb kann und sollte man Einelternfamilien nicht über einen Kamm scheren. Damit würde man der Komplexität dieser Lebensform nicht gerecht.

›Sozial etablierte‹ Einelternfamilien benötigen in der Regel keine zusätzliche Unterstützung durch besondere Leistungen der Sozialen Arbeit. Nichtsdestotrotz sollte man ihnen die Vereinbarkeit von Kinderbetreuung und Erwerbstätigkeit nicht noch zusätzlich erschweren. Hier scheint noch einiges an Verbesserungsbedarf zu bestehen. So äußerten im Jahr 2020 24 % der in der Kinderbetreuungsstudie des Deutschen Jugendinstituts (KiBS) befragten

> »alleinlebenden Frauen mit Kindern viel Verbesserungsbedarf im Hinblick auf die Verlässlichkeit des Betreuungsangebots im Vergleich zu 17 Prozent der Kernfamilien. Dies ist nicht verwunderlich, da alleinlebende Frauen mit Kindern auch häufiger von Schwierigkeiten berichten, eine Betreuungslösung zu finden, wenn die Einrichtung an einzelnen Tagen oder auch über mehrere Tage geschlossen ist« (BMFSFJ 2025, S. 238).

Kurzfristige Schließungen von Kindertagesstätten oder Unterrichtsausfall an Schulen stellen alleinerziehende Mütter und Väter vor große Herausforderungen. Hierfür ist seitens der jeweiligen Träger ein bedarfsgerechter und qualifizierter Ersatz der Kinderbetreuung sicherzustellen. Zu bedenken ist zudem, dass alleinerziehende Mütter und Väter eventuell in Schichtarbeit oder im Einzelhandel bis 20 oder 22 Uhr tätig sind. Hier mangelt es weiterhin an flächendeckenden Konzepten der Kinderbetreuung in sogenannten Randzeiten und am Wochenende. Wie lassen sich an dieser Stelle eventuell formelle und informelle soziale Betreuungs- und Unterstützungsangebote miteinander verzahnen und gemeinsam weiterentwickeln? Ferner gilt es zu bedenken, dass es von beruflich erfolgreichen alleinerziehenden Müttern und Vätern zeitweise erwartet wird, an Kongressen oder Tagungen teilzunehmen bzw. mehrtätige Geschäftsreisen zu absolvieren. In diesen Bereichen besteht noch erheblicher Handlungsbedarf und der Spielraum für innovative Ideen ist längst noch nicht ausgeschöpft. Projekte wie Familienpaten oder von erfahrenen Personen, die partiell die Betreuung der Kinder im Haushalt der Einelternfamilie übernehmen, wenn die alleinerziehende Person berufs- oder krankheitsbedingt abwesend ist, stehen erst am Anfang. Überlegenswert sind auch Kooperationen von Unternehmen und Trägern von Kindertageseinrichtungen. Eine zunehmend flexibilisierte Arbeitswelt bedarf zunehmend flexiblerer und qualitativ hochwertiger Betreuungsangebote für Kinder berufstätiger (alleinerziehender) Mütter und Väter. Der Wandel der Arbeit muss sich auch in der konzeptionellen Weiterentwicklung von Kinderbetreuungsangeboten niederschlagen.

Auch sollten Informationsveranstaltungen in Kindertageseinrichtungen und Schulen beispielsweise nicht in den Abendstunden stattfinden, um die Teilnahme von alleinerziehenden Eltern zu ermöglichen. Angebote im Bereich Ferienbetreuung sollten ganztägig sein, damit berufstätige alleinerziehende Mütter und Väter in dieser Zeit vollumfänglich ihrer Erwerbstätigkeit verlässlich nachgehen können und die Kinder in den Schulferienzeiten gut betreut wissen. Auch ist zu überlegen, inwiefern die Teilnahmegebühren an derlei Veranstaltungen entsprechend der Einkommenssituation der Einelternfamilie gestaffelt werden könnten.

Ein weiterer wichtiger Aspekt ist, dass Einelternfamilien gegenüber anderen Familienformen nicht strukturell benachteiligt werden dürfen. So sollten Familienkarten für Freibäder oder andere Freizeiteinrichtungen auch für Einelternfamilien erhältlich sein und nicht das Strukturkriterium Vater-Mutter-Kind zugrunde legen.

Unabhängig von der jeweiligen Typik an Bedarfslagen von Einelternfamilien sind Fachkräfte in allen Handlungsfeldern der Sozialen Arbeit dazu aufgerufen, ihre Adressierungen von Einelternfamilien zu überprüfen. Werden Einelternfamilien als gleichwertige Familienform angesprochen oder werden sie ausschließlich entlang von Defiziten adressiert? Sind sie explizit mit eingeladen bei Angeboten für Familien in der Kirche, der Gemeinde oder dem Sportverein oder unterliegt den Einladungen ein subtiles Verständnis traditioneller bürgerlicher Kleinfamilien? Was kann seitens der professionellen Akteure in der Sozialen Arbeit getan werden, damit sich alleinerziehende Mütter und Väter in gemischten familialen Gruppen wohl und zugehörig fühlen? Wie bereits beschrieben (▶ Kap. 8.2) ist es eines der Hauptanliegen von Alleinerziehenden – quer zu allen Bedarfslagen –, als spezifische Form von Familie anerkannt und wertgeschätzt zu werden. Dies bedeutet, dass es gilt, die Leistung von alleinerziehenden Müttern und Vätern zu würdigen und ihr Bemühen um das Wohl ihrer Kinder zu honorieren.

> »Denn solange zugleich die Inanspruchnahme von Angeboten Sozialer Arbeit mit einer Stigmatisierung einhergeht, sind zudem auch jene Nutzer:innen, denen eine positive Nutzung gelingt, gefährdet, eine Einschränkung der Gebrauchswerthaltigkeit und mög-

licherweise auch eine Schädigung durch die Nutzung zu erfahren. Diese negativen Vorerfahrungen und das Wissen um diese Stigmatisierungen wiederum können eine Nutzungsbarriere bzw. einen nutzenlimitierenden Einfluss bei der künftigen Inanspruchnahme Sozialer Dienstleistungen darstellen« (Jepkens & van Rießen 2020, S. 299 f.).

Dies hätte insbesondere für *›sozial isolierte‹* Einelternfamilien fatale Folgen. Einelternfamilien, die aufgrund eines Umzugs oder des Wegfallens ehemaliger sozialer Kontakte über eine geringere soziale Einbindung verfügen, benötigen insbesondere leicht zugängliche und niederschwellige soziale Kontaktangebote. Wie bereits dargestellt (▶ Kap. 3) wirken soziale Kontakte identitätsstiftend, ermöglichen emotionalen Austausch und eröffnen Möglichkeiten der gemeinsamen Freizeitgestaltung, der Erholung und des Verfolgens gemeinsamer Interessen. Soziale Einbindung und Zugehörigkeitserfahrungen wirken sich positiv auf das Allgemeinbefinden aus und fördern die Resilienz gegenüber Umweltfaktoren. Zudem erhöhen soziale Netzwerke die Chancen auf wechselseitige Unterstützung und Hilfestellung bei Herausforderungen des familialen Alltags. Fachkräfte der Sozialen Arbeit sind aufgefordert, zum einen Möglichkeitsräume zu schaffen, in denen eine lebensweltliche und -praktische Vernetzung von Einelternfamilie untereinander möglich ist; zum anderen zielgruppenübergreifende Formate so zu gestalten und zu bewerben, dass sich alle Formen familialen Zusammenlebens eingeladen und willkommen fühlen – sei dies in Stadtteiltreffs und -festen, Familienzentren, Angeboten der Kirchengemeinden, bei Festen in Kindertagesstätten und Schulen, Sportveranstaltungen oder Ähnlichem. Nutzungsbarrieren durch fehlende Kinderbetreuung oder Marginalisierungsprozesse sind abzubauen. Dies sollte insbesondere auch in der Gemeinwesenarbeit im Blick behalten werden und Konzepte der Sozialraumorientierung sind daraufhin zu überprüfen. Denn nimmt man Sozialraumorientierung beim Wort, geht es um die Pflege und Herstellung des Sozialen im regionalen Bezug und die Ermöglichung von sozialer Teilhabe und Zusammenhalt aller (familialer) Lebensformen.

›Sozial gestützte‹ Einelternfamilien verfügen hingegen über vielfältige und gegebenenfalls belastbare soziale Ressourcen. Hier steht nicht die Einbindung in soziale Bezüge, sondern in passgenaue Arbeitsverhältnisse im Vordergrund professioneller Unterstützungsleistungen. Vorbehalte von Unternehmen gegenüber (allein-)erziehenden Personen sind abzubauen und Möglichkeiten der Vereinbarkeit von Kinderbetreuung und Erwerbstätigkeit aufzubauen.

»Fehlende bzw. nur unzureichende oder nicht zu Randzeiten verfügbare Kinderbetreuung wir von allen Akteurinnen und Akteuren am Arbeitsmarkt als der mit Abstand wichtigste Grund dafür genannt, dass Alleinerziehende – insbesondere alleinerziehende Mütter mit Kleinkindern – dem Arbeitsmarkt nicht oder nicht in ausreichendem Maße zur Verfügung stehen« (BMFSFJ 2025, S. 289).

Auf die kreative Weiterentwicklung von Betreuungsarrangements wurde bereits hingewiesen. Besondere Bedeutung kommt dabei der Qualität der Kinderbetreuung zu. Nur wenn alleinerziehende Mütter und Väter ihre Kinder verlässlich und qualitativ gut betreut wissen, stehen sie dem Arbeitsmarkt zur Verfügung. Das Wohl der Kinder steht, wie bei den meisten Eltern, an erster Stelle. Anmeldeverfahren von Kindertagesstätten und Angeboten der offenen Ganztagsschule sind dahingehend zu überprüfen, inwiefern sie die zeitnahe Arbeitsaufnahme unterstützen. Anmeldezeiten, die ein ganzes oder halbes Jahr vor dem Eintritt des Kindes in Betreuungsverhältnisse liegen und eventuell sogar einen bestehenden Arbeitsvertrag voraussetzen, gehen an dem Bedarf, nicht nur von alleinerziehenden, nichterwerbstätigen Eltern vorbei.

> »(Ganztägige) Kinderbetreuungsangebote erweisen sich nicht nur für die Beschäftigungsaufnahme als einflussreich, sondern auch für die Teilnahme an beschäftigungswirksamen arbeitsmarktpolitischen Maßnahmen (insbesondere die Förderung der beruflichen Weiterbildung und betriebliche Trainingsmaßnahmen)« (ebd.).

Insbesondere für junge alleinerziehende Mütter und Väter (▸ Kap 6.2) sind die Möglichkeiten einer Teilzeitberufsausbildung bzw. des Nachholens eines schulischen Abschlusses weiter auszubauen und bundesweit bekannter zu machen. Die derzeit noch geringe Inanspruchnahme solcher Möglichkeiten verweist auf bestehende Nutzungsbarrieren, die beispielsweise durch fehlende bedarfsgerechte Kinderbetreuung oder durch Vorbehalte seitens Unternehmen gegeben sein können. »Die Vermittlung von Praktika und eine gute Betriebsbegleitung seitens der Jobcenter könnten hier helfen, das ›Eis zu brechen‹, teils müssten aber auch strukturelle Hemmnisse wie Sprach- und Mobilitätsbarrieren abgebaut [werden]« (ebd., S. 288 f.). Insbesondere in ländlichen Regionen verstellen Mobilitätshemmnisse den Weg in die Arbeitsmarktintegration. Die Möglichkeit der Finanzierung eines Führerscheins und die Vergabe eines zweckgebundenen Darlehns zur Anschaffung eines Pkw ist durch das Jobcenter zu prüfen und gegebenenfalls zu bewilligen. Auch die mit Unternehmen abgestimmte Weiterentwicklung von Sharing-Modellen oder Firmentaxis wären wünschenswert.

Zuweilen stehen psychosoziale Belastungen, gesundheitliche Einschränkungen, fehlende (schulische) Qualifikationen oder mangelnde Sprachkompetenzen einer reibungslosen Arbeitsaufnahme entgegen. Im Vorfeld einer erfolgreichen Arbeitsaufnahme müssen derlei Hemmnisse abgebaut bzw. reduziert werden. Dies kann erfolgen, indem alleinerziehende Mütter und Väter professionell begleitet werden, was je nach Fall unterschiedlich viel Zeit in Anspruch nimmt, und zugleich der Bezug zum Arbeitsmarkt aufrechterhalten wird.

> »Dies erfordert eine verbesserte Koordination und eine lebenslaufbezogene Planung von Qualifizierung und Arbeitsförderung, die den jeweiligen Lebensbedingungen von Alleinerziehenden Rechnung tragen. Vorbilder können hier jene Jobcenter sein, die Angebotsketten bestehend aus Informationsangeboten und lebenslagenstabilisierenden Unterstützungen und erst im weiteren Verlauf Angebote mit Arbeitsmarktbezug bereithalten« (ebd., S. 290).

Wichtig ist darüber hinaus, dass insbesondere alleinerziehende Mütter und Väter mit Kindern unter drei Jahren, die Bürgergeld beziehen, nicht einfach ad acta gelegt werden, sondern frühzeitig (bereits in der Schwangerschaft) die Arbeitsmarktintegration thematisiert und diese prozesshaft von Mitarbeitenden in Jobcentern begleitet wird. »Eine an die Jobcenter adressierte Empfehlung beinhaltet deshalb ein verpflichtendes Beratungsangebot der Jobcenter in den ersten drei Lebensjahren des Kindes, welches über den bisherigen Beratungsanspruch von erwerbsfähigen leistungsberechtigten Eltern mit Kleinkindern und mit Befreiung von der Suchverpflichtung hinausgeht« (ebd.). Auch an dieser Stelle soll nochmals auf die

Notwendigkeit der Reflexion handlungsleitender Familienbilder von Fachkräften (in Jobcentern) hingewiesen werden. Vor allem in Westdeutschland werden alleinerziehende Mütter häufig noch überwiegend in ihrer Betreuungsrolle adressiert, während die bei ihnen bestehende Notwendigkeit, gleichzeitig einer existenzsichernden Erwerbstätigkeit nachzugehen, wenig Beachtung findet. Hier zeigen sich geschlechts- und regionsspezifisch unterschiedliche Adressierungspraxen in den Jobcentern. »Im Vergleich mit Westdeutschland ist in Ostdeutschland ein signifikant höherer Anteil der alleinerziehenden Mütter zur Arbeitssuche verpflichtet und wird entsprechend beraten« (ebd.).

Wünschenswert wäre die Fortsetzung dieser Begleitung über die Arbeitsaufnahme hinaus. Vor allem in den ersten Monaten der neuen Berufstätigkeit finden Abstimmungsprozesse zwischen den lebensweltlichen Realitäten Alleinerziehender und betriebsspezifischen Anforderungsstrukturen statt. Dies kann einwandfrei gelingen, aber auch zu beidseitigen Irritationen bzw. Verunsicherungen führen. Durch eine professionelle Begleitung bislang arbeitsmarktferner alleinerziehender Mütter und Väter können Unstimmigkeiten während des Übergangs in nachhaltige Beschäftigungsverhältnisse frühzeitig erkannt und bestenfalls ausgeräumt werden. Die Vernetzung und Zusammenarbeit von Jobcenter, Arbeitsmarkt und Jugendhilfe sowie weiterer wohlfahrtsstaatlicher Subsysteme kann die Arbeitsmarktintegration alleinerziehender Mütter und Väter im Sozialleistungsbezug befördern und zum Teil auch erst ermöglichen (Stockmann & Wernberger 2025).

Zudem sollte berücksichtigt werden, dass Kinder aus Einelternfamilien in prekären finanziellen Situationen seltener nicht-formale Bildungs- und Freizeitangebote wahrnehmen (können). Dies betrifft sowohl Musik- und Kreativangebote als auch Verbands- und Vereinsaktivitäten. Dies sollte ausgleichend bei Angeboten im Bereich (vor-)schulischer Ganztagsbetreuung von Kindern berücksichtigt werden (BMFSFJ 2025, S. 241 ff.).

Die Bedarfskonstellation *›sozialgefährdeter‹* Einelternfamilien ist geprägt durch eine geringe Ausstattung mit ökonomischem und sozialem Kapital. Einkommensarmut und Armut an verlässlichen sozialen Kontakten, die unterstützend zur Seite stehen, reduzieren die zur Verfügung stehenden sozialen Ressourcen und verstärken sich gegenseitig in ihrem Belastungspotenzial. Mangelt es zudem an individuellen Kompetenzen im Bereich Haushaltsführung, Fürsorgearbeit und Kindererziehung, erhöht sich die Gefahr, den Aufgaben der Elternschaft und das Familienleben betreffend vorübergehend oder dauerhaft nicht mehr umfänglich gerecht zu werden. So entsteht eine Gemengelage, die am Einzelfall orientierte Unterstützungsleistungen annonciert, wie sie beispielsweise die Sozialpädagogische Familienhilfe nach § 31 SGB VIII anbietet.

Sozialpädagogische Familienhilfe

»Sozialpädagogische Familienhilfe soll durch intensive Betreuung und Begleitung Familien in ihren Erziehungsaufgaben, bei der Bewältigung von Alltagsproblemen, der Lösung von Konflikten und Krisen sowie im Kontakt mit Ämtern und Institutionen unterstützen und Hilfe zur Selbsthilfe geben. Sie ist in der

Regel auf längere Dauer angelegt und erfordert die Mitarbeit der Familie« (§ 31 SGB VIII).

Dabei ist es hilfreich, wenn die Sozialpädagogische Familienhilfe in ein sozialraumorientiertes Jugendhilfekonzept eingebunden ist. Dies vertieft einerseits das Verständnis für die lebensweltlichen Bezüge der Einelternfamilie und ermöglicht es andererseits, die im Sozialraum vorhandenen formellen und informellen Unterstützungssysteme entsprechend den Bedürfnissen der Einelternfamilie miteinander zu verknüpfen.

Besonders geeignet ist hierfür der Handlungsansatz des Case Managements. Ausgerichtet auf die Stärken und Ressourcen von Einelternfamilien mit vielfältigen Bedarfslagen wird in Zusammenarbeit mit der jeweiligen Einelternfamilie ein auf ihre Situation abgestimmtes Hilfenetzwerk aufgebaut. Dabei müssen sowohl informelle soziale Netzwerke als auch institutionelle Angebotsstrukturen für die Beteiligten nutzbar gemacht und aufeinander abgestimmt verzahnt werden. Auch können Informationsdefizite oder mangelnde Schrift-/Sprachkompetenzen den Zugang zu bestehenden Hilfeangeboten verbauen oder die divergierenden Anforderungslogiken der unterschiedlichen Behörden und Institutionen (► Kap. 9.1) führen zu einer Überforderung alleinerziehender Mütter und Väter, die sich daraufhin resigniert zurückziehen. An dieser Stelle ist die am Bedarf orientierte Begleitung durch Case Manger:innen nötig, die in der Lage sind, den Überblick zu bewahren, alleinerziehende Personen zur Inanspruchnahme von Leistungen und Angeboten zu motivieren und eventuell bestehende Nutzungshemmnisse auf Angebots- oder Nutzungsseite abzubauen.

Aus den oben genannten Punkten lassen sich für die Zusammenarbeit mit Einelternfamilien in der Sozialen Arbeit folgende grundlegende Punkte ableiten:

Essentials für die Zusammenarbeit mit Einelternfamilien in der Sozialen Arbeit

- Fachkräfte müssen ihre handlungsleitenden Familien(leit)bilder reflektieren (► Kap. 8.3).
- Bei der Konzeption von Angeboten ist die Heterogenität der Familienform zu berücksichtigen, die sich aus dem zeitlichen Bestehen der Lebensform und deren Ausstattung an ökonomischem und sozialem Kapital ergibt (► Kap. 2 bis ► Kap. 4).
- Die Vereinbarkeit von Kinderbetreuung und Erwerbstätigkeit ist zu verbessern und qualitativ auszubauen.
- Strukturelle Nutzungsbarrieren müssen abgebaut und soziale Stigmatisierungsprozesse vermieden werden.
- Einelternfamilien ist mit Wertschätzung zu begegnen und ihre familiale Lebensform als eine spezifische Familienform anzuerkennen (► Kap. 8.2).

10.2 Einelternfamilien in der Kinder- und Jugendhilfe

Wie alle Familien, so stehen auch Einelternfamilien »unter dem besonderen Schutz der staatlichen Ordnung« (Art. 6 GG, Abs. I.) und haben das Recht auf Pflege und Erziehung ihrer Kinder (ebd., Abs. II.). »Über ihre Betätigung wacht die staatliche Gemeinschaft« (ebd.), wobei dieses Wächteramt durch Jugendämter erbracht wird. Vor ihrer eingreifenden Funktion sind jedoch für die Kinder- und Jugendhilfe helfende, beratende, unterstützende und fördernde Hilfeleistungen vorrangig. Erst »wenn die Erziehungsberechtigten versagen oder wenn die Kinder aus anderen Gründen zu verwahrlosen drohen« (ebd.), dürfen Kinder auch gegen den Willen der Erziehungsberechtigten von der Familie getrennt werden.

Demgemäß lauten der Auftrag und das übergeordnete Ziel der Kinder- und Jugendhilfe:

§ 1 SGB VIII (Recht auf Erziehung, Elternverantwortung, Jugendhilfe)

(1) Jeder junge Mensch hat ein Recht auf Förderung seiner Entwicklung und auf Erziehung zu einer selbstbestimmten, eigenverantwortlichen und gemeinschaftsfähigen Persönlichkeit.

(2) Pflege und Erziehung der Kinder sind das natürliche Recht der Eltern und die zuvörderst ihnen obliegende Pflicht. Über ihre Betätigung wacht die staatliche Gemeinschaft.

(3) Jugendhilfe soll zur Verwirklichung des Rechts nach Absatz 1 insbesondere
1. junge Menschen in ihrer individuellen und sozialen Entwicklung fördern und dazu beitragen, Benachteiligungen zu vermeiden oder abzubauen,
2. junge Menschen ermöglichen oder erleichtern, entsprechend ihrem Alter und ihrer individuellen Fähigkeiten in allen sie betreffenden Lebensbereichen selbstbestimmt zu interagieren und damit gleichberechtigt am Leben in der Gesellschaft teilhaben zu können,
3. Eltern und andere Erziehungsberechtigte bei der Erziehung beraten und unterstützen,
4. Kinder und Jugendliche vor Gefahren für ihr Wohl schützen,
5. dazu beitragen, positive Lebensbedingungen für junge Menschen und ihre Familien sowie eine kinder- und familienfreundliche Umwelt zu erhalten oder zu schaffen.

Die Kinder- und Jugendhilfe in Deutschland hat also nicht nur den Auftrag, junge Menschen bei ihrer Entwicklung zu fördern und Eltern in ihrer Erziehung zu unterstützen, sondern auch »positive Lebensbedingungen für junge Menschen und ihre Familien sowie eine kinder- und familienfreundliche Umwelt zu erhalten oder zu schaffen« (§ 1 SGB VIII Absatz 3 Satz 5).

Betrachtet man die Beratungs- und Unterstützungsleistungen, die das SGB VIII im Kontext elterlicher Konflikt- und Notlagen vor, während und nach der Trennung vorsieht, zeigen sich die in der folgenden Tabelle aufgelisteten Leistungen (▶ Tab. 10.1).

Tab. 10.1: Übersicht der Beratungs- und Unterstützungsleistungen im Kontext elterlicher Konflikt- und Notlagen vor, während und nach Trennung (Quelle: BMFSFJ 2025, S. 292 f., eigene Darstellung)

Erziehungs- und Familienberatung, Ehe-, Familien- und Lebensberatung (§ 17, 18 und 28 SGB VIII)	insbesondere: • Beratung und Therapie für Eltern, Paare, Kinder und Jugendliche zu Fragen von Partnerschaft, Trennung, Scheidung, Umgang, Erziehung und Familie • Einzel-, Paar-, Familien- und Gruppenangebote weiterhin: • Präventions-, Netzwerk- und Öffentlichkeitsarbeit, zugehende Beratung • Beratung von und in kooperierenden Institutionen (z. B. Kindertagesstätten, Schulen)
Familien- und Elternbildung (§ 16 SGB VIII)	insbesondere: • Information über und Vermittlung von Kenntnissen zu Fragen der Partnerschaft, Erziehung und Familie • präventiv ausgerichtete Beratung von Eltern in allgemeinen Fragen der Erziehung oder Partnerschaft • Angebote überwiegend in Form von Gruppenangeboten und Kursen • genaue Angebotsstruktur unterliegt föderalen Ausgestaltungsmöglichkeiten
Beratung im Jugendamt, Allgemeiner Sozialer Dienst/Kommunaler Sozialer Dienst (§ 17, 18 SGB VIII)	insbesondere: • Beratung für Eltern zu Fragen von Partnerschaft, Trennung, Scheidung, Personensorge, Umgang und Unterhalt weiterhin: • Vermittlung von Hilfen und Beratung zu Fragen von Erziehung und Familie für Kinder, Jugendliche und Eltern, Schutz von Kindern und Jugendlichen
weitere und spezifische Hilfen wie	• Beratungs- und Anlaufstellen für Alleinerziehende • Frühe Hilfen • Hilfen zur Erziehung (§ 27 f., SGB VIII)

Eltern vor, während oder nach der Trennung oder Scheidung nutzen die oben aufgelisteten Beratungsangebot insbesondere für folgende Fragestellungen:

Beratungsbedarfe allein- bzw. getrennterziehender Eltern im Kontext von Trennung (Prognos AG 2024)

- Eltern-Kind-Beziehung, Umgang der Elternteile mit dem Kind/den Kindern
- praktische Regelungen zum Umgang miteinander bei Trennung und Scheidung
- Betreuungsmodell, Aufteilung der Kinderbetreuung
- Umgangsrecht, Umgang mit dem Kind
- Trennungsbewältigung, psychologische Beratung
- psychische Belastungen des Kindes/der Kinder
- Sorgerecht
- grundlegende Fragen der Erziehung
- Umgang mit neuer Partnerin/neuem Partner
- Wohnsituation

Um Gefährdungen des Kindeswohls zu vermeiden oder komplexen Anforderungssituationen konstruktiv zu begegnen, bietet sich eine frühzeitige Nutzung der genannten Beratungsangebote an, um präventive Wirkung zu entfalten. Unter derlei Präventivangebote fallen auch die Frühen Hilfen. Sie richten sich an werdende Mütter und Väter (ab Beginn der Schwangerschaft) und (Eineltern-)Familien mit Kindern unter drei Jahren, die sich im Alltag belastet fühlen. Die Frühen Hilfen sind ein kostenloses und niederschwelliges Angebot, das häufig bei Jugendämtern oder (Familien-)Beratungsstellen angesiedelt ist.

Sollten alleinerziehende Mütter oder Väter aufgrund ihrer Persönlichkeitsentwicklung nicht eigenständig in der Lage sein, die Pflege und Erziehung umfänglich zum Wohle des Kindes sicherzustellen, besteht für sie die Möglichkeit der Unterstützung in »Gemeinsamen Wohnformen für Mütter/Väter und Kinder« (§ 19 SGB VIII). Die dabei erfolgende Unterstützungsleistung bezieht sich sowohl auf »die Bedürfnisse der Mutter oder des Vaters sowie des Kindes und seiner Geschwister« (ebd., Abs. II). Entsprechende Einrichtungen wirken unter anderem darauf hin, dass »die Mutter oder der Vater eine schulische oder berufliche Ausbildung beginnt oder fortführt oder eine Berufstätigkeit aufnimmt« (ebd., Abs. III). Auch kann eine Mutter bereits vor der Geburt eines Kindes in eine entsprechende Wohnform aufgenommen werden (ebd., Abs. I, S. 3).

Einen Anspruch auf Hilfe zur Erziehung (HzE) nach §§ 27 ff. SGB VIII haben Einelternfamilien, falls sie eine Erziehung zum Wohle des Kindes nicht (umfänglich) gewährleisten können oder nicht in der Lage sind eine Schädigung des Kindeswohl abzuwenden. In gemeinsamen Gesprächen mit Mitarbeitenden des Allgemeinen Sozialdienstes (ASD) eines Jugendamtes erhalten alleinerziehende Mütter und Väter Auskunft über passende Unterstützungsleistungen. Bei Bedarfsfeststellung wird gemeinsam mit ihnen die Unterstützung geplant oder sie werden an einen entsprechenden Leistungserbringer bei freien Trägern weitervermittelt.

Dabei zeigt sich, dass Alleinerziehende ohne Partner:in in 49 % der Fälle Hilfen zur Erziehung (ohne § 28 SGB VIII) in Anspruch nehmen und sich damit erheblich von der bedeutend geringeren Inanspruchnahme durch zusammenlebende Eltern (28%) unterscheiden (Fendrich et al. 2023, S. 23). Betrachtet man die statistischen Daten für das Jahr 2021, bestätigt sich dieser Eindruck für alle ambulanten Hilfen sowie auch für die unterschiedlichen Formen der Fremdunterbringung. Einzige Ausnahme ist die Erziehungsberatung nach § 28 SGB VIII. Erziehungsberatungsangebote werden mit 43% häufiger von zusammenlebenden Eltern in Anspruch genommen als von alleinerziehenden Elternteilen (39%), wobei die Nutzung von Erziehungsberatung durch Einelternfamilien in Stadtstaaten wie Berlin und Hamburg mit 48% deutlich höher ausfällt als in anderen Bundesländern und ländlichen Regionen (ebd.). »Unter Berücksichtigung der Alleinerziehendenquote in der Bevölkerung (18%) zeigt sich eine deutliche Überrepräsentanz dieser Adressat:innengruppe in den Hilfen zur Erziehung« (ebd., S. 24).

Im Bereich der ambulanten Hilfen wird von Einelternfamilien die Sozialpädagogische Familienhilfe am häufigsten in Anspruch genommen (52% im Vergleich zu zusammenlebenden Eltern mit etwa 35%) (ebd., S. 23). Hierin spiegelt sich die potenziell multikomplexe Bedarfslage von Einelternfamilien wider (▶ Kap. 10.1).

Ein ähnliches Bild vermittelt der Blick auf die Zahlen der Inanspruchnahme von Fremdunterbringungen. Auch hier überwiegt die Inanspruchnahme von getrenntlebenden Eltern mit 49% der Fremdunterbringung von Kindern, deren Eltern gemeinsam in einem Haushalt wohnen (19%) (ebd.).

Bei genauerer Betrachtung zeigt sich jedoch ein Phänomen, auf das bereits hingewiesen wurde (▶ Kap. 7.1): »64% der Alleinerziehenden, die eine Hilfe zur Erziehung erhalten, sind gleichzeitig auf staatliche finanzielle Unterstützung angewiesen« (ebd., S. 25). Armut bzw. finanziell prekäre Lebenslagen nehmen maßgeblichen Einfluss auf die Erziehung und das Aufwachsen von Kindern und Jugendlichen. Mehr als jede zweite Familie, die 2021 erzieherische Hilfen (ausgenommen Erziehungsberatung) erhalten hat, hat auch staatliche Transferleistungen erhalten. Da alleinerziehende Haushalte überproportional häufig auf staatliche Transferleistungen angewiesen sind, mag es also nicht verwundern, dass Einelternfamilien auch überproportional häufig Hilfen zur Erziehung in Anspruch nehmen (müssen).

Damit bestätigen die Autor:innen von *Monitor Hilfen zur Erziehung* (Fendrich et al. 2023) die gleichlautende These Holger Zieglers, die bereits in Kapitel 7.1 dargelegt wurde, und weisen ebenfalls darauf hin, dass die vorliegenden statistischen Daten eventuell auch Rückschlüsse auf die Gewährungspraxis der Jugendämter zulassen. »Es entsteht der Eindruck, als würden Hilfen in den Jugendämtern vor Ort noch immer nach dem Muster gewährt: Intervenierende, also familienergänzende und familienersetzende Hilfen erhält eher die Gruppe der Alleinerziehenden, beratende Hilfe bekommen hingegen eher Kinder von zusammenlebenden Eltern« (ebd., S. 30). Zudem verstärken sie den in diesem Buch an vielen Stellen mahnenden Hinweis, dass sich Fachkräfte im Umgang mit Einelternfamilien immer auch kritisch mit eigenen handlungsleitenden Familienbildern auseinandersetzen sollten. »Die Wahrnehmungs-, Definitions- und Handlungsmuster von Fachkräften und Teams der Sozialen Dienste, die mitunter einen Einfluss auf die Gewährungspraxis erzieherischer Hilfen haben können, dürfen nicht außer Acht gelassen werden und bedürfen sicherlich einer regelmäßigen kritischen (Selbst-) Reflexion« (ebd.).

10.3 Spezielle Angebote für Einelternfamilien (Auswahl)

Neben handlungsfeldtypischen Unterstützungsangeboten, wie sie soeben dargestellt wurden (▶ Kap. 10.2), gibt es eine Vielzahl weiterer Angebote für alleinerziehende Mütter und Väter und deren Kinder. »Psychosoziale Unterstützungsleistungen, die allein- und getrennt erziehende Eltern und deren Kinder in Konflikt- und Notlagen betreffen, sind je nach Problemsituation verschieden und aufgrund ihrer Vielfalt schwer zu systematisieren« (BMFSFJ 2025, S. 292). Dementsprechend können und sollen die nachfolgend dargestellten speziellen Angebote für Einelternfamilien einzig als Impulse und Anregungen für die Praxis Sozialer Arbeit mit Einelternfamilien gelesen werden und erheben keinen Anspruch auf Vollständigkeit.

Da einer Einelternfamilie häufig eine Trennung oder Scheidung der Elternteile vorausgeht, soll hier an erster Stelle auf die digitale Plattform https://www.stark-familie.info hingewiesen werden. Diese Plattform richtet sich an *Familien in Streit- und Trennungssituationen:*

> »Die Plattform richtet sich mit zielgruppenspezifischen Inhalten an Eltern vor und in der Trennungsphase sowie an Eltern und Kinder beziehungsweise Jugendliche nach der Trennung. Diesen stehen sowohl informative Elemente zur Verfügung als auch psychoedukative Elemente, die dem Training von Bewältigungs- und Beziehungs- beziehungsweise Interaktionskompetenzen dienen.
>
> Erstmals gibt es auch einen eigenen Bereich nur für Kinder und Jugendliche, welche besonders häufig von Streit und Trennung der Eltern belastet sind.
>
> Gleichzeitig bietet die STARK-Plattform einen eigenen Bereich für Beratungsfachkräfte, in welchen Tools sowie Infomaterialien für die Praxis kostenfrei zur Verfügung stehen« (BMFSFJ 2024, S. 47).

Dieses digitale Angebot ergänzt Beratungsstellen für Trennungs- und Scheidungsfragen mit einem jederzeit auch von zu Hause aus verfügbaren Unterstützungs- und Informationsangebot.

Wie bereits erwähnt, wollen Einelternfamilien an erster Stelle als eine ›normale‹ Form des Familienlebens anerkannt und respektiert werden, jedoch stellt diese Lebensform, insbesondere in der *Anfangsphase* für viele Alleinerziehende eine besondere Herausforderung dar. In Phasen der (Neu-)Orientierung ist hier der *Austausch mit anderen alleinerziehenden Müttern und Vätern in ähnlichen Lebenssituationen hilfreich* und kann bei Unsicherheiten sowie bei Gefühlen der Überforderung und des Selbstzweifels entlastend wirken. Die Erfahrung, dass man mit seinen Schwierigkeiten nicht allein ist und es anderen in der gleichen Lebenssituation ähnlich geht, eröffnet Räume des Austausches, des Sich-Vernetzens und wechselseitigen Unterstützens. Der Alltag in Einelternfamilien bringt spezielle Anforderungen mit sich, die sich in Zweielternfamilien gar nicht oder in weit geringerem Ausmaß zeigen. Insbesondere für Einelternfamilien mit geringer ökonomischer Ausstattung und/oder fehlenden sozialen Kontakten und Unterstützungsnetzwerken können bedarfsorientiere professionelle Angebote einen sinnvollen Beitrag zur gelingenderen Alltagsbewältigung darstellen.

Wohlfahrtsverbände, aber auch Selbsthilfegruppen, haben bereits eine Vielzahl der spezifischen Bedarfe erkannt und bieten in (Groß-)Städten entsprechende Angebote wie *offene Treffs für Alleinerziehende*, *Frühstück für Alleinerziehende* und dergleichen an. In der Regel handelt es sich dabei um ein wöchentliches Angebot mit Kinderbetreuung. Häufig finden diese Treffen in den Räumen der jeweiligen Trägerorganisation statt.

Eine andere Herangehensweise hat die *evangelische Fachstelle Alleinerziehende* in Nürnberg mit dem Angebot »Eckstein-Treff« gewählt:

Beispiel: Eckstein-Treff Nürnberg

»Abends einmal raus aus den eigenen vier Wänden ohne Kinderbetreuung organisieren zu müssen, aufgeschlossene Leute in ähnlichen Lebensformen kennenlernen und treffen – das ist der eckstein-Treff.

Für den offenen Treff haben wir in der BarCelona Finca Plätze reserviert.

Die ehrenamtlichen Treffpunktleiterinnen, selbst alleinerziehende Frauen, kommen gerne mit anderen Alleinerziehenden oder frisch getrennten Müttern/Vätern ins Gespräch und geben Informationen weiter.

Bitte beachten:
Der eckstein-Treff findet von 18:00–21:00 Uhr in der BarCelona Finca, Vordere Insel Schütt 4, Nürnberg statt. Bitte fragen Sie dort nach dem reservierten Tisch für den Treffpunkt der Fachstelle Alleinerziehende.

Die Kinderbetreuung ist nach wie vor im eckstein im 4.Stock, Raum 4.03. Bei den Kinderbetreuer:innen können Sie Ihre Handy-Nummer hinterlassen.« (Evangelische Fachstelle Alleinerziehende Nürnberg o.J.)

Viele der evangelischen Landeskirchen und katholischen Bistümer haben *Fachstellen* für alleinerziehende Frauen und Männer eingerichtet, um auf die besonderen Bedarfe dieser Personengruppe zu reagieren. Unter dem Motto »Familie lebt in vielen Formen« bietet beispielsweise die evangelisch-lutherische Kirche in Bayern (Sitz München) neben der Seelsorge bei Trennung und Scheidung sowie Gottesdiensten auch Angebote wie gemeinsame Ausflüge und Familienreisen oder jahreszeitliche Aktivitäten oder gemeinsame Feste im Jahreskreis an. Darüber hinaus wird eine Vielzahl an Treffs für Alleinerziehende in und um München vorgehalten. Nähere Informationen findet man hierzu unter: https://www.alleinerziehend-evangelisch.de/wir-ueber-uns.

Solche Fachstellen für Alleinerziehende lassen sich auch auf kommunaler Ebene finden und sind häufig den Sozialdezernaten von Landkreisen und kreisfreien Kommunen angegliedert. Mit »Hilfe für Alleinerziehende« hat beispielsweise der

Landkreis Ludwigsburg »ein präventives Angebot der Jugendhilfe im Landratsamt für alle Alleinerziehenden, die mit ihren Kindern im Landkreis Ludwigsburg leben« geschaffen.

Beispiel: Hilfen für Alleinerziehende im Landkreis Ludwigsburg

»Wir bieten Ihnen ...

- Persönliche und telefonische Beratung
- Beratung in persönlichen Not- und Krisensituationen
- Information zu öffentlichen Hilfen und finanziellen Möglichkeiten: z.B. Elterngeld, Kindergeld, ALG II, Wohngeld, Kinderzuschlag, Sozial- und Jugendhilfe
- Unterstützung bei der Alltagsbewältigung: z.B. Wohnung, Familie, Geld, Ämter, Kinderbetreuung
- Hilfestellung bei Konflikten mit dem anderen Elternteil
- Beratung zum Sorgerecht und Umgangsrecht
- Information und praktische Hilfe bei Erziehungsfragen
- Kontakte mit anderen Alleinerziehenden
- Zeit für Ihre Fragen und gemeinsame Suche nach geeigneten Lösungen« (Landkreis Ludwigsburg o.J.)

Neben einer wöchentlichen offenen Sprechstunde zur Beratung sowie Information und praktischer Hilfestellung für den Erziehungsalltag mit Kindern werden *offene Treffs* angeboten, an denen Alleinerziehende gemeinsam mit ihren Kindern teilnehmen können. Austausch, gemeinsame Ausflüge, aber auch eine *Tauschbörse* für Gebrauchsgegenstände stehen hier im Zentrum der Aufmerksamkeit. Zudem werden spezifische *Seminarveranstaltungen* für Alleinerziehende offeriert, die kostenfrei und mit einer Kinderbetreuung versehen sind oder online stattfinden.

Bundesweit stellen vielerorts auch Familienbildungsstätten und Familienzentren *Kurse* und Angebote für Einelternfamilien zur Verfügung.

Einen anderen Weg, Beratungs- und Unterstützungsangebote an den alleinerziehenden Mann, respektive die alleinerziehende Frau, zu bringen, hat der Landkreis Kleve in Nordrhein-Westfalen eingeschlagen. In Kooperation mit dem AWO-Kreisverband Kleve bietet er mit seinem Projekt EFUS eine »auf Einelternfamilien zugeschnittene Förderung an. Im Rahmen des Projekts wird versucht, ganz individuelle Lösungen für die Probleme von Ein-Eltern-Familien zu finden«. Der Clou an der Sache ist, dass »mit dem EFUS-Mobil eine mobile Beratung ins Leben gerufen wurde«. Nicht die hilfesuchenden alleinerziehenden Mütter bzw. Väter mit ihren Kindern müssen den Weg in die nächste, häufig weit entfernte, Kreisstadt auf sich nehmen, um Hilfe und Unterstützung zu erhalten, sondern die Hilfe fährt mit dem EFUS-Mobil durch den Landkreis und kann dadurch Beratung vor Ort anbieten.

Beispiel: Projekt EFUS des Kreises Kleve – Einelternfamilien fördern und stärken! (Kreis Kleve o. J.)

Mobile aufsuchende Beratungs- und Unterstützungsarbeit vor Ort in der ländlichen Region Kleve. Eine solche aufsuchende Soziale Arbeit ist innovativ und an der Lebensrealität alleinerziehender Mütter und Väter im ländlichen Raum orientiert!

Einen ebenfalls aufsuchenden Weg geht das Programm wellcome. Es unterstützt Familien in der Anfangszeit mit ihren Babys und versteht sich als eine moderne Form der Nachbarschaftshilfe. »Als bundesweit agierendes Sozialunternehmen will wellcome mit seiner unmittelbaren Unterstützung Eltern entlasten, beraten und vernetzen, damit ihre Kinder in einer liebevollen Umgebung gesund aufwachsen können«. Mit praktischer Hilfe unterstützten *Ehrenamtliche* Familien nach der Geburt und während des ersten Lebensjahrs des Kindes. Wellcome ist als Social Franchise Unternehmen aufgebaut. Über 220 Organisationen und Träger der Kinder- und Jugendhilfe erbringen derzeit Unterstützungsleistungen vor Ort in den Haushalten der Familien (https://www.wellcome-online.de/ueber-wellcome/).

Darüber hinaus bietet die wellcome-*Onlineplattform »ElternLeben.de« ein digitales Beratungsangebot*, das Eltern von der Schwangerschaft bis zum Teenageralter der Kinder rund um die Uhr zur Verfügung steht (https://www.wellcome-online.de/elternleben/).

Mit dem *Spendenfonds für Familien in Not* bietet wellcome zudem finanzielle Unterstützungsleistungen für Familien, die im Netzwerk der Kooperationspartner von wellcome eingebettet sind. Es werden ausschließlich Bedarfe, die nicht durch Transferleistungen abgedeckt sind, wie Möbel, Kleidung und Familienaktivitäten, gefördert. Die Leistung erfolgt unbürokratisch, individuell und temporär. Die Entscheidung darüber trifft der erbringende Träger vor Ort (https://www.wellcome-online.de/spendenfonds/).

Unterstützungs- und Betreuungsleistungen werden an anderen Stellen auch durch sogenannte *Familienpaten* oder einen *Oma-Opa-Service* erbracht. Die Hilfe findet dann ebenfalls im Haushalt der Familien statt und soll diese bei der Bewältigung des vielfältigen und herausforderungsreichen Alltags unterstützen. Ziel des Oma-Opa-Services ist es, Generationen zusammenzubringen, um von- und miteinander zu lernen. Insbesondere alleinerziehenden Elternteilen und älteren Menschen in Großstädten mangelt es oftmals an sozialen Unterstützungsnetzwerken, da eigene Familienangehörige weiter entfernt wohnen. So können stadtteilnahe Vermittlungen dazu beitragen wechselseitig hilfreiche Kontakte aufzubauen.

Vielerorts wurden auch *Lotsenstellen für Einelternfamilien* eingerichtet, die individuelle Information, Beratung, Begleitung und Weitervermittlung an passgenaue Angebote und Unterstützungsmöglichkeiten anbieten sowie Hilfestellung beim Zurechtfinden in den zum Teil unübersichtlichen Behörden- und Antragsstrukturen geben.

Komprimiertes Wissen über Angebote, Hilfen und gesetzliche Grundlagen bieten auch sogenannte *Ämterkompasse* oder *»Wegweiser für Alleinerziehende«*. Diese sind im Netz frei verfügbar und stehen zum Download zur Verfügung. Meist werden solche Ratgeber von den jeweiligen Kommunen konzipiert und finden sich auf entsprechenden Seiten der Verwaltung, Gleichstellungsbeauftragten oder der Jugendämter.

Eine besondere Herausforderung für Einelternfamilien stellt bekanntlich die Betreuung von Kindern außerhalb der Öffnungszeiten von Kindertageseinrichtungen dar. Dies gilt vor allem für berufstätige Eltern in Schichtarbeit, im Einzelhandel oder in Ferienzeiten, aber auch im Krankheitsfall des alleinerziehenden Elternteils. Mit dem *Modellprojekt »Ergänzende Kinderbetreuung, Notfallbetreuung und Beratung für Einelternfamilien in Deutschland«* hat der Verband für alleinerziehende Mütter und Väter auf diese Betreuungslücke reagiert (https://vamv.de/de/presse/pressemitteilungen/modellprojekt-belegt-erganzende-kinderbetreuung-holt-alleinerziehende-aus-armut/). In der Laufzeit von 2014 bis 2017 konnte anhand des Modellprojektes nachgewiesen werden, dass das Schließen von Betreuungslücken die Erwerbschancen von alleinerziehenden Eltern erhöhen und das Einkommen steigern kann (vgl. VAMV 2018).

Der Ortsverband alleinerziehender Mütter und Väter reagiert in Münster mit seinem Angebot »DiNo« auf ähnliche Bedarfslagen. DiNo steht für »Dienst im Notfall« und bietet Kinderbetreuung in Notsituationen, etwa wenn Mutter oder Vater plötzlich krank werden, oder Eltern aus beruflichen Gründen kurzfristig eine Kinderbetreuung benötigen.

Beispiel: DinNo = Dienst im Notfall

DiNo »vermittelt erfahrene Betreuerinnen, die in die Familien gehen, dort die Kinder betreuen und den Haushalt mitversorgen.

Dieses Angebot können alle Eltern unabhängig von ihrem Familienstand in Anspruch nehmen. DiNo ist keine langfristige Betreuung, sondern nur eine vorübergehende Notfallbetreuung« (VAMV Münster o.J.).

Unterstützung im Bereich der *schulischen Qualifikation* bzw. hinsichtlich des *beruflichen (Wieder-)Einstiegs* können alleinerziehende Mütter ab 18 Jahren beispielsweise auch im Rahmen von Maßnahmen wie *»MiA« (Mütter in Aktion) oder »migram« (Mutter, Migration, Arbeit)* erhalten. Solche Maßnahmen zielen darauf ab, im individuellen Einzelcoaching persönliche Anliegen zu klären und Hemmnisse der beruflichen (Wieder-)Eingliederung zu beseitigen. Häufig stehen dabei die Unterstützung bei der Suche einer geeigneten Kinderbetreuung, eines Sprachkurses oder die Begleitung zu speziellen Beratungsstellen oder Behören im Zentrum. Auch Angebote zur beruflichen Orientierung und Bewerbungstrainings werden angeboten. Derlei Unterstützungsangebote werden häufig von externen Trägern im Auftrag von Jobcentern oder der Agentur für Arbeit erbracht und richten sich nicht nur, aber auch, an alleinerziehende Mütter.

Gut zu wissen – gut zu merken

- *Notwendigkeit der Reflexion bei Fachkräften:* Fachkräfte müssen ihre eigenen handlungsleitenden Familienbilder regelmäßig kritisch reflektieren, um Vorurteile und Stereotypen zu vermeiden und um sicherzustellen, dass Einelternfamilien nicht unfair behandelt oder mit unangebrachten Unterstützungsmaßnahmen konfrontiert werden.
- *Anerkennung von Einelternfamilien:* Einelternfamilien benötigen Unterstützung und Anerkennung als vollwertige Familienform. Die soziale Arbeit sollte die Vielfalt der Familienformen anerkennen und Einelternfamilien nicht aus einem Defizitblick ansprechen.
- *Beratungs- und Unterstützungsleistungen:* Einelternfamilien können eine Vielzahl von Beratungs- und Unterstützungsleistungen in Anspruch nehmen, die besonders bei Konflikten und Trennungen relevant sind. Dazu gehören Erziehungs- und Familienberatung, frühe Hilfen und spezialisierte Unterstützungsangebote wie gemeinsame Wohnformen für getrennt lebende Eltern mit Kindern.
- *Netzwerke und Unterstützung:* Sozialpädagogische Familienhilfe und Case Management sind effektive Mittel, um Einelternfamilien bedarfsgerecht zu unterstützen. Diese sollten in lokale Unterstützungsstrukturen integriert sein, um Hindernisse abzubauen und Ressourcen zu mobilisieren.
- *differenzierte Bedarfsanalysen:* Die Soziale Arbeit muss die spezifischen Bedarfslagen und Entwicklungsphasen von Einelternfamilien berücksichtigen, um passgenaue Leistungen anbieten zu können. Es besteht zudem Bedarf an neuen Konzepten für Kinderbetreuung und berufliche Integration, einschließlich der Schaffung vernetzter Systeme von Sozialarbeit, Jobcentern und Jugendhilfe.

Literaturempfehlung

Nicodemus, J., Altmann, N. & Juncke, D. (2023). Studie zu Beratungsstrukturen und Beratungsbedarfen im Kontext von Trennung. Ermittlung der Beratungsbedarfe von Eltern vor, während und nach der Trennungsphase und Bestandsaufnahme zu Struktur und Inhalten der Beratungspraxis. Studie im Auftrag des BMFSFJ. Düsseldorf: Prognos AG. https://www.prognos.com/sites/default/files/2024-03/Studie_Bedarfe_Strukturen_Trennungsberatung.pdf (24.02.2025).

Anhang: Weiterführende Informationen und Unterstützungsleistungen für Einelternfamilien (Auswahl)

Interessensvertretungen und Selbsthilfeverbände

- Verband alleinerziehender Mütter und Väter e. V. (VAMV)
  Interessenvertretung seit 1967 für alleinerziehender Mütter und Väter in zwölf Bundesländern.
  Der Verband alleinerziehender Mütter und Väter (VAMV) unterstützt die Alleinerziehenden durch aktuelle Informationen, professionelle Beratung und engagierte Lobbyarbeit.
  Der Verband ist in Bundes-, Länder, und Ortsverbände strukturiert. Auf Bundesebene nimmt er Einfluss auf die Gesetzgebung, setzt sich öffentlich wirksam für die besondere Situation von alleinerziehenden Müttern/Vätern und ihren Kindern ein und vertritt in Zusammenarbeit mit anderen bundesweiten Organisationen, Institutionen und Verbänden die Interessen von Einelternfamilien. Viermal jährlich werden aktuelle »Informationen für Einelternfamilien« veröffentlicht.
  Die Landesverbände halten Kontakt zu Ministerien, Organisationen, Institutionen und Parteien ihres Bundeslandes und nehmen speziell auf die Landesgesetzgebung Einfluss. Zudem fördern und unterstützen sie den Aufbau von Ortsverbänden und Kontaktstellen und führen zum Teil eigene Projekte durch.
  Die regionalen Ortsverbände und Kontaktstellen – aktuell gibt es davon 200 – dienen dem Erfahrungsaustausch und der gegenseitigen Hilfe und Unterstützung von Einelternfamilien. Hier reicht das vielfältige Angebot von Gesprächskreisen über Informations- und Beratungsangebote bis hin zu lokalen politischen Aktionen und Interessensvertretungen von Einelternfamilien. https://www.vamv.de/vamv (23. 06. 2023).
- Selbsthilfeinitiative Alleinerziehender e. V. (SHIA)
  Der Bundesverband versteht sich als Lobbyvertretung von Alleinerziehenden und deren Kindern in Politik und Gesellschaft. Ursprünglich wurde der Verband 1990 in Berlin und anderen Städten als Selbsthilfeverein Alleinerziehender gegründet. Der Verband versteht sich aber nicht nur als kompetente und professionelle Ansprechstelle für Einelternfamilie in Beratungsfragen, sondern vertritt deren Interessen auch in Verbänden und Ministerien. Ortsgruppen und Landesverbände stehen Einelternfamilien als kompetente Partner mit Beratungs- und Veranstaltungsangeboten zur Seite und bieten unterschiedliche Hilfen bei der Bewältigung alltäglicher Herausforderungen dieser Lebensform an. https://www.shia.de/index.html (23. 06. 2023).
  Landesverbände gibt es derzeit in Berlin, Brandenburg, Sachsen-Anhalt, Sach-

sen, Thüringen und Mecklenburg-Vorpommern. https://www.shia.de (23.06. 2023).

- MIA – Mütterinitiative für Alleinerziehende e.V. I. G.
  Bundesweite Initiative für Alleinerziehende, Mütter und Frauen mit Sitz in Berlin. Durch politische Aktionen und Gesprächen mit Abgeordneten und Parteien auf regionaler, Landes- und Bundesebene will die Initiative auf die Bedürfnisse von Alleinerziehenden, Müttern und Frauen allgemein aufmerksam machen und öffentlich wirksam Einfluss auf politische und rechtliche Entscheidungen nehmen. https://www.die-mias.de (23.06.2023).

Anlaufstellen für Einelternfamilien

Fachstellen dienen als Anlaufpunkte für allein- oder getrennt erziehende Mütter und Väter und deren Kinder. Diese sind entweder auf Landesebene oder bei Kommunen, den katholischen Bistümern, sowie der evangelischen Kirche angesiedelt. Neben Begleitung, Beratung und Unterstützung bieten diese Einelternfamilien die Möglichkeit des Austausches und der Vernetzung und offerieren häufig auch Angebote zur Freizeitgestaltung, Persönlichkeitsentwicklung und Kompetenzstärkung.

Beispiele:

- https://www.mkjfgfi.nrw/einelternfamilien-gezielt-unterstuetzen-nordrhein-westfalen-foerdert-die-errichtung-einer
- https://www.landkreis-ludwigsburg.de/de/soziales-jugend-familie/kinder-jugendliche/hilfen-fuer-alleinerziehende/
- https://bistum-regensburg.de/bistum/einrichtungen-a-z/fachstelle-alleinerziehende
- https://www.alleinerziehend-evangelisch.de/

Schriftliche Informationen für Alleinerziehende auf einen Blick

- AmiKi Allein(erziehend) mit Kind – das Hilfe-Navi für Alleinerziehende: AmiKi ist ein Info-Portal zu (finanziellen) Hilfen und Anlaufstellen für Alleinerziehende. Im Online-Format bietet AmiKi eine umfassend strukturierte Übersicht über das komplexe Spektrum an Hilfen und Informationen für Alleinerziehende in Deutschland. Abrufbar unter: https://amiki.de/ (23.06.2023).
- VAMV-Publikationen: Der Verband alleinerziehender Mütter und Väter stellt ein umfangreiches Sortiment an Informationsbroschüren für Alleinerziehende, zu finanziellen und rechtlichen Themen aber auch zum Wechselmodell etc. zur Verfügung. Zum Teil liegt das Infomaterial auch in arabischer Sprache vor. Abrufbar unter: https://www.vamv.de/publikationen/vamv-broschueren (23.06. 2023).
- Kommunale Wegweiser für Alleinerziehende bei Jugendämtern oder Gleichstellungsbeauftragten: Die regionalspezifischen Broschüren stellen eine gebündelte Übersicht über Anlaufstellen, (Beratungs-)Angebote und Unterstützungsleistungen für Einelternfamilien vor Ort zur Verfügung. In der Regel sind diese

als Druckversion oder online verfügbar, beispielsweise: https://www.nuernberg.de/imperia/md/frauenbeauftragte/dokumente/internet/broschueren/webversion_alleinerziehend_in_nurnberg.pdf (23.06.2023).

Rechtsberatung für Alleinerziehende

- Hotline Familienrecht: Bundesweite Rechtshotline Familienrecht für Alleinerziehende. In einem kostenfreien, 30-minütigen Beratungsgespräch beantworten Rechtsanwält:innen der Hotline Fragen rund um Unterhalt, Sorge- und Umgangsrecht oder das Abstammungsrecht. https://www.hotline-familienrecht.de/ (23.06.2023).

Hilfen im Krankheitsfall

Hilfe im Krankheitsfall bieten unter anderem Pflegedienste, Familienpflegewerke, Dorfhelferinnen, Maschinenring, hauswirtschaftliche Fachdienste oder andere alltagsentlastende Dienstleistende wie die Nachbarschaftshilfe. Sogenannte Haushaltshilfen können über die Krankenkassen beantragt und finanziert werden.

- Mamahilfe – Mütter für Mütter
  »Mütter für Mütter« ist ein 2020 gegründetes als gemeinnützig anerkanntes Unternehmen, das sich für die Entlastung und Vernetzung von Müttern einsetzt. Mütter in Krankheits- oder Krisenzeiten können auf Antrag haushaltsnahe Unterstützung und Hilfe von geschulten Kräften (anderen Müttern) erhalten, um tatkräftig, bedürfnisorientiert und achtsam im Haushalt oder der Kinderbetreuung entlastet zu werden. Zudem werden Auszeittage für Mütter angeboten, die auch dem Kennenlernen von und Vernetzen mit anderen Müttern dienen, sowie diverse (Online-)Kurse in Sachen Selbstfürsorge, Entlastung und Entspannung für Mütter.
  Neben der direkten Hilfe für Mütter geht es dem Sozialunternehmen auch darum, auf die besondere Bedeutung der unbezahlten Care- und Erziehungsarbeit von Müttern gesellschaftlich aufmerksam zu machen. https://muetter-fuer-muetter.net/ (23.06.2023).

Ferien und Urlaub

Wohlfahrtsverbände, Alpen- und Naturfreundevereine und andere gemeinnützige Organisationen bieten preisgünstige Familienferien und -freizeiten in Familienhotels, Campingplätzen, Ferienhäuser usw. an. Entsprechende Angebote sind im Internet zu finden.

Kuren und Rehabilitation

Gesetzliche Krankenversicherungen bieten als Pflichtleistungen Vorsorge oder Rehabilitationskuren für Mütter oder Väter an, sogenannte Mutter/Vater-Kind-Kuren. Neben ärztlicher Betreuung und körperlichen Anwendungen (Massage, Bäder, Gymnastik, Yoga) werden auch Einzel- und Gruppentherapien angeboten. Für Alleinerziehende gibt es spezielle Angebote, in denen ihre spezifische Situation im Mittelpunkt steht. Alleinerziehende Mütter und Väter können allein oder gemeinsam mit ihrem Kind in Kur fahren. Die Kosten für die Kinderbetreuung und -versorgung übernimmt ebenfalls die gesetzliche Krankenkasse. Eine Auswahl entsprechender Kureinrichtungen findet sich unter https://www.vamv.de/allein-erziehen/ferien-kuren-rehabilitation (23.06.2023).

Um die Arbeitskraft wiederherzustellen, bedarf es manchmal auch einer längeren Rehabilitation mit entsprechendem Therapieangebot. Entsprechende Reha-Maßnahmen werden durch die Deutsche Rentenversicherung finanziert. Auch hier gibt es vereinzelt Angebote, die speziell auf die Bedarfe von alleinerziehenden Müttern und Vätern ausgerichtet sind.

Literaturverzeichnis

Althammer, J., Lampert, H. & Sommer, M. (2021). *Lehrbuch der Sozialpolitik* (10. Aufl.). Berlin u. Heidelberg: Springer Gabler.

Andresen, S. (2020). Doing family unter prekären Bedingungen – Verständnisweisen von Eltern und Fachkräften. In K. Jurczyk (Hrsg.), *Doing und undoing family. Konzeptionelle und empirische Entwicklungen* (S. 340–254). Weinheim: Beltz Juventa.

Andresen, S. & Möller, R. (2019). Children's Worlds+. Eine Studie zu den Bedarfen von Kindern und Jugendlichen in Deutschland. Gütersloh: Bertelsmann Stiftung.

Anslinger, E. (2009). Junge Mütter im dualen System der Berufsbildung. Potenziale und Hindernisse. Bielefeld: Bertelsmann.

Antonovsky, A. (1998). *Salutogenese. Zur Entmystifizierung der Gesundheit.* Tübingen: DGVT-Verlag.

Bauer, P. & Wiezorek, C. (2017a). *Familienbilder zwischen Kontinuität und Wandel. Analysen zur (sozial-)pädagogischen Bezugnahme auf Familien.* Weinheim u. Basel: Beltz Juventa.

Bauer, P. & Wiezorek, C. (2017b). Familienbilder zwischen Kontinuität und Wandel. Einleitende Bemerkungen. In P. Bauer & C. Wiezorek (Hrsg.), *Familienbilder zwischen Kontinuität und Wandel. Analysen zur (sozial-)pädagogischen Bezugnahme auf Familien* (S. 7–22). Weinheim u. Basel: Beltz Juventa.

Beck, U. (1986). Risikogesellschaft. Auf dem Weg in eine andere Moderne. Frankfurt a. M.: Suhrkamp.

Beck, U. & Beck-Gernsheim, E. (1990). *Das ganz normale Chaos der Liebe.* Frankfurt a. M.: Suhrkamp.

Beck-Gernsheim, E. (1998). *Was kommt nach der Familie?* München: Beck.

Blum, S. (2017). Familienpolitik. In R. Reiter (Hrsg.), *Sozialpolitik aus politikfeldanalytischer Perspektive. Eine Einführung* (S. 297–340). Wiesbaden: Springer VS.

Bundesagentur für Arbeit (2024). SGB II-Hilfequote (Monats- und Jahreszahlen). https://statistik.arbeitsagentur.de/SiteGlobals/Forms/Suche/Einzelheftsuche_Formular.html?topic_f=sgbii-quoten (05. 06. 2024).

BMAS – Bundesministerium für Arbeit und Soziales (2013). Programmbegleitung des ESF-Ideenwettbewerbs »Gute Arbeit für Alleinerziehende«. Endbericht. Berlin. https://www.bmas.de/SharedDocs/Downloads/DE/Ministerium/schwerpunkt-alleinerziehende-abschlussbericht-programmbegleitung-gafa.pdf?__blob=publicationFile&v=2 (24. 08. 2024).

BMAS – Bundesministerium für Arbeit und Soziales (2013). Unterstützung Alleinerziehender durch nachhaltige Netzwerkarbeit vor Ort. Ergebnisse und Handlungsempfehlungen aus dem ESF-Bundesprogramm »Netzwerke wirksamer Hilfen für Alleinerziehende«. Berlin. https://www.bmas.de/SharedDocs/Downloads/DE/Ministerium/schwerpunkt-alleinerziehende-abschlussbericht-netzwerke-nefa.pdf?__blob=publicationFile&v=2 (24. 08. 2024).

BMFSFJ – Bundesministerium für Familie, Senioren, Frauen und Jugend (2006). Familie zwischen Flexibilität und Verlässlichkeit. Perspektiven für eine lebenslaufbezogene Familienpolitik. Siebter Familienbericht. Berlin. https://www.bmbfsfj.bund.de/resource/blob/76276/40b5b103e693dacd4c014648d906aa99/7-familienbericht-data.pdf (30. 07. 2025).

BMFSFJ – Bundesministerium für Familie, Senioren, Frauen und Jugend (2011). Lebenswelten und -wirklichkeiten von Alleinerziehenden. Berlin.

BMFSFJ – Bundesministerium für Familie, Senioren, Frauen und Jugend (2017). Familienreport 2017. Leistungen, Wirkungen, Trends. Berlin.

BMFSFJ – Bundesministerium für Familien, Senioren, Frauen und Jugend (2021). Allein- oder getrennterziehen – Lebenssituation, Übergänge und Herausforderungen. Monitor Familienforschung. Beiträge aus Forschung, Statistik und Familienpolitik. Berlin. https://www.bmfsfj.de/resource/blob/184762/dccbbfc49afd1fd4451625c01d61f96f/monitor-familienforschung-ausgabe-43-allein-oder-getrennterziehen-data.pdf (22.07.2022).

BMFSFJ – Bundesministerium für Familie, Senioren, Frauen und Jugend (2024). Familienreport 2024. Berlin.

BMFSFJ – Bundesministerium für Familie, Senioren, Frauen und Jugend (2025). Zehnter Familienbericht. Unterstützung allein- und getrennterziehender Eltern und ihrer Kinder – Bestandsaufnahme und Handlungsempfehlungen. Berlin. https://www.bmbfsfj.bund.de/resource/blob/254524/8aa3c1aeea2f0076cd6fd08f932b1c4b/zehnter-familienbericht-bundestagsdrucksache-data.pdf, 30.04.2025.

Bogumil, J. & Jann, W. (2020). *Verwaltung und Verwaltungswissenschaft in Deutschland. Eine Einführung* (3. Aufl.). Wiesbaden: Springer VS.

Böhnisch, L. & Lenz, K. (1997). *Familien. Eine interdisziplinäre Einführung* (2., korr. Aufl.). Weinheim: Juventa.

Boockmann, B., Klee, G. & Scheu, T. (2018). *Ausgaben im Zusammenhang mit Geflüchteten.* Bertelsmann Stiftung.

Bourdieu, P. (1987). *Die feinen Unterschiede. Kritik der gesellschaftlichen Urteilskraft.* Frankfurt a.M.: Suhrkamp.

Brand, D. & Hammer, V. (Hrsg.). (2002). *Balanceakt Alleinerziehend. Lebenslagen, Lebensformen, Erwerbsarbeit.* Wiesbaden: Westdeutscher Verlag.

Brunner, A. (2013). Normalisierung als Diskurs der entstehenden Fürsorge in Österreich 1900–1935. *Wissenschaftliches Journal österreichischer Fachhochschul-Studiengänge Soziale Arbeit, 10.*

Brunner, O. (1965). Land und Herrschaft (5. Aufl.). Darmstadt: Wiss. Buchgesellschaft.

Bundesministerium für Jugend, Familie und Gesundheit (1979). Die Lage der Familie in der Bundesrepublik Deutschland. Bonn.

Bujard, M. (2015). Ziele der Familienpolitik. Bundeszentrale für politische Bildung. https://www.bpb.de/themen/familie/familienpolitik/194572/ziele-der-familienpolitik/ (01.06.2022).

Cairney, J., Boyle, M., Offord, D. R. & Racine, Y. (2003). Stress, social support and depression in single and married mothers. *Social Psychiatry and Psychiatric Epidemiology, 38*(8).

Cyprian, G. (2003). Familienbilder als Forschungsthema. In C. Cyprian & M. Heimbach-Steins (Hrsg.), *Familienbilder. Interdisziplinäre Sondierungen* (S. 9–19). Opladen: Leske + Budrich.

Demo, D. & Fine, M. A. (2010). Beyond the average divorce. Thousand Oaks: Sage.

DJI – Deutsches Jugendinstitut e.V. (2005). Unterstützung für Alleinerziehende – Arbeitsmarktintegration und soziale Teilhabe. Ein kommunales Handlungskonzept. https://www.dji.de/fileadmin/user_upload/napra/handlungskonzept.pdf (01.06.2022).

Durkheim, E. (1893). *De la division du travial social.* Paris.

DWDS – Digitales Wörterbuch der deutschen Sprache (o.J., a). Freizeit. https://www.dwds.de/wb/Freizeit (01.09.2024).

DWDS – Digitales Wörterbuch der deutschen Sprache (o.J., b). Sitte. https://www.dwds.de/wb/Sitte (19.09.2019).

Engel, H. (2011). *Sozialpolitische Grundlagen der Sozialen Arbeit.* Stuttgart: Kohlhammer.

Engelbert, A. (2017). Kommunalpolitik für Familien – eine Einführung. In A. Engelbert (Hrsg.), *Kommunalpolitik für Familien. Herausforderungen, Instrumente, Erfahrungen. ZEFIR-Materialien Band 4* (S. 9–22). Ruhr-Universität Bochum: Zentrum für interdisziplinäre Regionalforschung.

Engelbert, A. & Gaffron, V. (2017). Hilfe und Unterstützung für Alleinerziehende im Alltag. In A. Engelbert (Hrsg.), *Kommunalpolitik für Familien. ZEFIR-Materialien Band 4.* Bochum.

Evangelische Fachstelle Alleinerziehende Nürnberg (o.J.). Seminare und Workshops. https://www.alleinerziehende-nuernberg.de/seminare-und-workshops (04.07.2023).

Familienportal (o.J.). Unterhaltsvorschuss. https://familienportal.de/familienportal/familienleistungen/unterhaltsvorschuss (20.02.2025).

Fegert, J. M. (2000). *Qualität forensischer Begutachtung, insbesondere bei Jugenddelinquenz und Sexualstraftaten.* Herbholzheim: Centaurus Verlag.

Fegter, S., Heite, C., Mierendorff, J. & Richter, M. (2015). Neue Aufmerksamkeiten für Familie. Diskurse, Bilder und Adressierungen in der Sozialen Arbeit. *Neue Praxis. Zeitschrift für Sozialarbeit, Sozialpädagogik und Sozialpolitik, Sonderheft 12*, 3–11.

Fendrich, S., Tabel, A., Erdmann, J., Frangen, V., Göbels-Koch, P. & Mühlmann, T. (2023). *Monitor Hilfen zur Erziehung 2023. Datenbasis 2021.* Dortmund: Eigenverlag Forschungsverbund DJI/TU Dortmund.

Franck, G. (1993). Ökonomie der Aufmerksamkeit. *Merkur, 47*, 748–761.

Freigang, W. (1997). Alleinerziehende und kinderreiche Familien. Abschlussbericht. Sozialberichterstattung für das Land Mecklenburg-Vorpommern. Rostock/Neubrandenburg.

Geisler, E., Köppen, K., Kreyenfeld, M., Trappe, H. & Pollmann-Schult, M. (Hrsg.). Familien nach Trennung und Scheidung in Deutschland (S. 18–19). Hertie School of Governance – Universität Rostock.

Gerlach, I. (2004). *Familienpolitik.* Wiesbaden: Springer VS.

Grundmann, M. & Hoffmeister, D. (2009). Familie nach Familie. Alternativen zur bürgerlichen Kleinfamilie. *Zeitschrift für Familienforschung, Sonderheft Zukunft der Familie: Prognosen und Szenarien, 6*, 157–178.

Grunow, D., Schulz, F. & Blossfeld, H. (2007). Was erklärt die Traditionalisierungsprozesse häuslicher Arbeitsteilung im Eheverlauf: soziale Normen oder ökonomische Ressourcen? / What Explains the Process of Traditionalization in the Division of Household Labor: Social Norms or Economic Resources? *Zeitschrift für Soziologie, 36*(3), 162–181.

Hartmann, B. (2018). Kindesunterhalt. In E. Geisler, K. Köppen, M. Kreyenfeld, H. Trappe & M. Pollmann-Schult (Hrsg.), *Familien nach Trennung und Scheidung in Deutschland* (S. 42–43). Rostock: Hertie School of Governance – Universität Rostock.

Heiliger, A. (1997). Zu Entwicklungen und Ergebnissen von Mädchenforschung und Mädchenpolitik in der BRD (I, II). *Deutsche Jugend, 4* (Teil I), *5* (Teil II).

Helfferich, C., Hendl-Kramer & Klindworth, H. (2003). Gesundheit alleinerziehender Mütter und Väter. *Gesundheitsberichterstattung des Bundes*, 14. Berlin: Robert Koch Institut.

Henkel, G. (2004). *Der Ländliche Raum. Gegenwart und Wandlungsprozesse seit dem 19. Jahrhundert in Deutschland.* Stuttgart: Gebrüder Borntraeger Verlagsbuchhandlung.

Hetherington, E., M. & Kelly, J. (2003). Scheidung. Die Perspektive der Kinder. Weinheim: Beltz.

Hill, P. B. & Kopp, J. (2013). Familiensoziologie (5., grundlegend überarb. Aufl.). Wiesbaden: Springer VS.

Holz, G. (2006). Armut hat auch Kindergesichter. Zu Umfang, Erscheinungsformen und Folgen von Armut bei Kindern in Deutschland. In W. M. Zenz, C. Bächer & R. Blum-Maurice (Hrsg.), *Die vergessenen Kinder. Vernachlässigung, Armut und Unterversorgung in Deutschland* (2. durchges. Aufl.). (S. 24–38). Köln: Papyrossa Verlag.

Huinink, J. & Wagner, M. (1998). Individualisierung und die Pluralisierung von Lebensformen. In J. Friedrichs (Hrsg.), *Die Individualisierungs-These.* Wiesbaden: VS Verlag für Sozialwissenschaften.

Huinink, J. & Konietzka, D. (2007). Familiensoziologie. Eine Einführung. Frankfurt u. New York: Campus Verlag.

Hüppe, C., Lehmann, L. & Mones, D. (2022). Angebote für Einelternfamilien – Eine Aufgabe der kommunalen Familienpolitik (?)! Eine Befragung der kommunalen Gleichstellungsbeauftragten in Deutschland (Lehrforschungsprojekt im Rahmen des Masterstudiengangs »Netzwerkmanagement in der Sozialen Arbeit« der Katholischen Hochschule Nordrhein-Westfalen: Münster. Unveröffentlichter Forschungsbericht.

Ilien, A. & Jeggle, U. (1978). *Leben auf dem Dorf: Zur Sozialgeschichte des Dorfes und Sozialpsychologie seiner Bewohner.* Opladen: Westdeutscher Verlag.

Institut für Demoskopie Allensbach (2020). Lebens- und Einkommenssituation von Alleinerziehenden. Zusammenfassung von Kernergebnissen und Schaubilder zu einer repräsentativen Befragung von Alleinerziehenden im Juni/Juli 2020. https://www.ifd-allensbach.de/fileadmin/IfD/sonstige_pdfs/8229_Alleinerziehende_Lebenssituation.pdf (25.02.2025).

Jaeggi, R. (2014). *Kritik von Lebensformen.* Berlin: Suhrkamp.

Jepkens, K. & van Rießen, A. (2020). Entwicklungen, Erweiterungen und übergreifende empirische Ergebnisse subjektorientierter Forschung – eine Zusammenfassung. In A. van Rießen & K. Jepkens (Hrsg.), *Nutzen, Nicht-Nutzen und Nutzung Sozialer Arbeit. Theoretische Perspektiven und empirische Erkenntnisse subjektorientierter Forschungsperspektiven* (S. 293–303). Wiesbaden: Springer VS.

John, R. & Kothe, H. (2004). *Soziale Verortung: Eine Heuristik zur Beschreibung und Erklärung von Prozessen sozialer Einbettung in Gemeinschaften.* München: Institut für Praxisforschung und Projektberatung.

Jurczyk, K. (2003). Alleinerziehende zwischen Privatheit und Institution. In J. M. Fegert & U. Ziegenhain (Hrsg.), *Hilfen für Alleinerziehende. Die Lebenssituation von Einelternfamilien in Deutschland* (S. 47–58). Weinheim: Beltz.

Kalmijn, M. (2012). Longitudinal analyses of the effects of age, marriage, and parenthood on social contacts and support. *Advances in life course research, 17*(4), 177–190.

Keim-Klärner, S. (2020). Soziale Netzwerke und die Gesundheit von Alleinerziehenden. In A. Klärner, M. Gamper, S. Keim-Klärner, I. Moor, H. von der Lippe & N. Vonneilich (Hrsg.), *Soziale Netzwerke und gesundheitliche Ungleichheiten* (S. 329–346). Wiesbaden: Springer VS.

Köppen, K., Kreyenfeld, M. & Trappe, H. (2018). Trennungsväter: Determinanten des Vater-Kind-Kontaktes. In E. Geisler, K. Köppen, M. Kreyenfeld, H. Trappe & M. Pollmann-Schult (Hrsg.), *Familien nach Trennung und Scheidung in Deutschland* (S. 18–19). Rostock: Hertie School of Governance – Universität Rostock.

Kreis Kleve (o.J.). Projekt EFUS – Unterstützung für Alleinerziehende im Kreis Kleve. https://www.kreis-kleve.de/de/fachbereich1/einelternfamilien/ (16.11.2023).

Krüger, D. C., Herma, H. & Schierbaum, A. (Hrsg.). *Familie(n) heute. Entwicklungen, Kontroversen, Prognosen.* Weinheim u. Basel: Beltz Juventa.

Landkreis Ludwigsburg (o.J.). Hilfen für Alleinerziehende. https://www.landkreis-ludwigsburg.de/de/soziales-jugend-familie/kinder-jugendliche/hilfen-fuer-alleinerziehende/ (16.11.2023).

Lenze, A. (2021). *Alleinerziehende weiter unter Druck. Bedarfe, rechtliche Regelungen, Reformansätze.* Gütersloh: BertelsmannStiftung.

Lenze, A. & Funcke, A. (2016). *Alleinerziehende unter Druck. Rechtliche Rahmenbedingungen, finanzielle Lage und Reformbedarf.* Gütersloh: BertelsmannStiftung.

Lietzmann, T. (2009). Alleinerziehende in der Grundsicherung. Verzwickte Lage. *IAB-Forum, 1*, 70–75.

Link, J. (1999). *Versuch über den Normalismus. Wie Normalität produziert wird.* Opladen u. Wiesbaden: Westdeutscher Verlag.

Lück, D. & Diabaté, S. (2015). Familienleitbilder: Ein theoretisches Konzept. In N. F. Schneider, S. Diabaté & K. Ruckdeschel (Hrsg.), *Familienleitbilder in Deutschland* (S. 19–28). Opladen, Berlin u. Toronto: Barbara Budrich.

Lück, D. & Ruckdeschel, K. (2015). Was ist Familie? Familienleitbilder und ihre Vielfalt. In N. B. Schneider, S. Diabeté & K. Ruckdeschel (Hrsg.), *Familienleitbilder in Deutschland* (S. 61–76). Opladen, Berlin u. Toronto: Barbara Budrich.

Lüscher, K. (2013). Das Ambivalente erkunden. *Familiendynamik, 38*(3), 238–247.

Marx, B. (1999). *Soziale Entwicklung in ländlichen Regionen: Ein theoretischer und empirischer Bezugsrahmen für ein Konzept sozialer Regionalentwicklung für die Zielgruppen Frauen und Jugend.* Münster: LIT Verlag.

Menne, S. & Funke, A. (2024). Alleinerziehende in Deutschland. Factsheet. Gütersloh: Bertelsmann Stiftung.

Meyer, T. (1993). Der Monopolverlust der Familie. Vom Teilsystem Familie zum Teilsystem privater Lebensformen. *Kölner Zeitschrift für Soziologie und Sozialpsychologie, 45*(1), 23–40.

MKFFI – Ministerium für Kinder, Familie, Flüchtlinge und Integration des Landes Nordrhein-Westfalen (2010). Rahmenbedingungen kommunaler Familienpolitik. http://www.familie-in-nrw.de/rahmen+M51742f08d88.html (20.07.2022).

Mitterauer, M. & Sieder, R. (1991). *Vom Patriarchat zur Partnerschaft: Zum Strukturwandel der Familie* (4. Aufl.). München: Beck'sche Reihe.

Monse, P. (2020). Alleinerziehende junge Mütter. *Sozialmagazin, 7–8*, 37–41.

Nave-Herz, R. (2012). *Familie heute. Wandel der Familienstrukturen und Folgen für die Erziehung.* Darmstadt: Primus Verlag.

Nave-Herz, R. (2013). Eine sozialhistorische Betrachtung der Entstehung und Verbreitung des Bürgerlichen Familienideals in Deutschland. In D. Krüger, H. Herma & A. Schierbaum (Hrsg.), *Familie(n) heute* (S. 18–35). Weinheim: Beltz Juventa.

Nestmann, F. & Stiehler, S. (2013). *Wie allein sind Alleinerziehende? Soziale Beziehungen alleinerziehender Frauen und Männer in Ost und West.* Opladen: Leske + Budrich.

Nicodemus, J., Altmann, N. & Juncke, D. (2023). Studie zu Beratungsstrukturen und Beratungsbedarfen im Kontext von Trennung. Ermittlung der Beratungsbedarfe von Eltern vor, während und nach der Trennungsphase und Bestandsaufnahme zu Struktur und Inhalten der Beratungspraxis. Studie im Auftrag des BMFSFJ. Düsseldorf: Prognos AG. https://www.prognos.com/sites/default/files/2024-03/Studie_Bedarfe_Strukturen_Trennungsberatung.pdf (24.02.2025).

Nutz, A., Schubert, H., Spieckermann, H., Winterhoff, N. & Zinn, J. (2020). Instrumente der Prozessgestaltung. In A. Nutz & H. Schubert (Hrsg.), *Integrierte Sozialplanung in Landkreisen und Kommunen* (S. 54–250). Stuttgart: Kohlhammer, Deutscher Gemeindeverlag.

Ott, N., Hancioglu, M. & Hartmann, B. (2011). Dynamik der Familienform »alleinerziehend«. Gutachten für das Bundesministerium für Arbeit und Soziales.

Peukert, R. (2012). *Familienformen im sozialen Wandel* (8. Aufl.). Wiesbaden: Springer Verlag.

Peukert, R. (2019). *Familienformen im sozialen Wandel* (9. Aufl.). Wiesbaden: Springer VS.

Prognos AG (2024). Studie zu Beratungsstrukturen und Beratungsbedarfen im Kontext von Trennung 2022. Berlin. https://www.prognos.com/sites/default/files/2024-03/Studie_Bedarfe_Strukturen_Trennungsberatung.pdf (10.02.2025).

Rattay, P., Öztürk, Y., Geene, R., Sperlich, S., Kuhnert, R., Neuhauser, H., Hapke, U., Starker, A. & Hövener, C. (2024). Gesundheit von alleinerziehenden Müttern und Vätern in Deutschland. Ergebnisse der GEDA-Studie 2019–2023. *Journal of Health Monitoring, 9*(3), 1–19.

Rattay, P., von der Lippe, E. & Lampert, T. (2014). Gesundheit von Kindern und Jugendlichen in Eineltern-, Stief- und Kernfamilien Ergebnisse der KiGGS-Studie. *Bundesgesundheitsblatt – Gesundheitsforschung – Gesundheitsschutz, 7*, 860–868.

Referat für Jugend, Familie und Soziales der Stadt Nürnberg (Hrsg.). (2013). Alleinerziehende in Nürnberg. Lokale Ansätze der Unterstützung und Vernetzung. https://www.nuernberg.de/imperia/md/buendnis_fuer_familie/dokumente/alleinrziehen.pdf (26.07.2022).

Reis, C., Geideck, S., Hobusch, T., Kolbe, C. & Wende, L. (2010). Produktionsnetzwerke und Dienstleistungsketten. Neue Ansätze nachhaltiger Unterstützungsstrukturen für Alleinerziehende. (Hrsg.), Bundesministerium für Familien, Senioren, Frauen und Jugend. Berlin: Eigenverlag. https://www.bmfsfj.de/resource/blob/95212/6b9d0bcdf0601447f9f29b0db3b2ab1a/produktionsnetzwerke-und-dienstleistungsketten-data.pdf (13.03.2025).

Reis, C., Geideck, S., Hobusch, T., Kolbe, C. & Wende, L. (2013). Handbuch Unterstützungsnetzwerke Alleinerziehende. (Hrsg.), Bundesministerium für Familien, Senioren, Frauen und Jugend. Berlin: Eigenverlag. https://www.bmfsfj.de/resource/blob/111888/56b048c45eff1cf4116873a4c5c1bed8/handbuch-unterstuetzungsnetzwerke-alleinerziehende-data.pdf (13.03.2025).

Ritter, B. (2017). Junge Mütter zwischen Biografie und Lebenslauf. Von falschen Vorstellungen und echten Ungleichheiten. *Forum Erziehungshilfen, 1*, 17–22.

Robert Koch Institut (2024). Gesundheit Alleinerziehender. Berlin. https://www.rki.de/DE/Content/Gesundheitsmonitoring/Gesundheitsberichterstattung/GBEDownloadsJ/Focus/JHealthMonit_2024_03_Gesundheit_Alleinerziehender.pdf?__blob=publicationFile (14.08.2024).

Schier, M. (2018). Oft aus der Ferne, nur temporär zusammen: Wie Väter in multilokalen Nachtrennungsfamilien Vaterschaft leben. In E. Geisler, K. Köppen, M. Kreyenfeld, H. Trappe & M. Pollmann-Schult (Hrsg.), *Familien nach Trennung und Scheidung in Deutschland* (S. 22–23). Rostock: Hertie School of Governance – Universität Rostock.

Schier, M. & Jurczyk, K. (2008). Familien als Herstellungsleistung. *Sozialwissenschaftlicher Fachinformationsdienst soFid, Familienforschung, 1*, 9–18.

Schmidt-Denter, U. (2002). Differentielle Entwicklungsverläufe von Scheidungskindern. In S. Walper & R. Pekrun (Hrsg.), *Familie und Entwicklung* (S. 292–313). Göttingen: Hogrefe.
Schneider, N., Krüger, D., Lasch, V., Limmer, R. & Matthias-Bleck, H. (2001). *Alleinerziehen: Vielfalt und Dynamik einer Lebensform.* Weinheim: Juventa Verlag.
Schneider, N. F. (1996). Nichtkonventionelle Lebensformen – Zwischen Individualisierung und Institutionalisierung. *Zeitschrift für Familienforschung, 14*, 12–24.
Schneider, N. F. (2001). *Alleinerziehen: Vielfalt und Dynamik einer Lebensform.* Weinheim u. Basel: Beltz Juventa.
Schneider, N. F., Rosenkranz, D. & Limmer, R. (1998). *Nichtkonventionelle Lebensformen: Entstehung, Entwicklung, Konsequenzen.* Opladen: Leske + Budrich.
Schneider, S. (2006). Kinder psychisch kranker Eltern. In *Lehrbuch der Verhaltenstherapie.* Berlin u. Heidelberg: Springer. https://doi.org/10.1007/978-3-540-79545-2_46
Schwarz-Zeckau, J. S. & Possinger, J. (2019). Kaum Geld, kaum Zeit, kaum Teilhabe – mehrdimensionale Belastungen bei alleinerziehenden »Working Poor«. *Nachrichtendienst des Deutschen Vereins (NDV), 7*, 319.
Senat der Stadt Bremen (Hrsg.) (2021). Mitteilung des Senats an die Bremische Bürgerschaft (Landtag) vom 9. Februar 2021. Aktionsplan »Alleinerziehende« auflegen. TOP 13 – Aktionsplan Alleinerziehende / Zwischenbericht zur Vorbereitung und zum Umsetzungsstand des Landesprogramms. https://www.rathaus.bremen.de/sitzung-des-bremer-senats-84824?asl=bremen54.c.57456.de (26.07.2022).
Shell Jugendstudie (2024). Lebensziele und Werte bleiben stabil. https://www.shell.de/ueber-uns/initiativen/shell-jugendstudie-2024/informationsmaterial-2024.html#slide-1 (16.03.2025).
Spies, A. (Hrsg.). (2010). *Frühe Mutterschaft. Die Bandbreite der Perspektiven und Aufgaben angesichts einer ungewöhnlichen Lebenssituation.* Baltmannsweiler: Schneider Hohengehren.
Stadt Jena (Hrsg.) (2019). Armutspräventionsstrategie der Stadt Jena. Handlungsfelder und Maßnahmen. https://familie-soziales.jena.de/sites/default/files/2022-01/ArmutsprProzentC3ProzentA4ventionsstrategieProzent20derProzent20StadtProzent20Jena.Prozent20HandlungsfelderProzent20undProzent20MaProzentC3Prozent9Fnahmen.pdf (26.07.2022).
Stadt Leipzig (Hrsg.) (2011). Aktionsplan kinder- und familienfreundliche Stadt Leipzig 2011–2015. https://static.leipzig.de/fileadmin/mediendatenbank/leipzig-de/Stadt/02.5_Dez5_Jugend_Soziales_Gesundheit_Schule/51_Amt_fuer_Jugend_Familie_und_Bildung/Aktion_-Familienfreundliches_Leipzig/aktionsplan_kf_stadt.pdf (26.07.2022).
Statistische Ämter des Bundes und der Länder (2024). Armutsgefährdungsquote nach soziodemografischen Merkmalen in % gemessen am Bundesmedian. https://www.statistikportal.de/de/sbe/ergebnisse/einkommenarmutsgefaehrdung-und-soziale-lebensbedingungen/armutsgefaehrdung-und-4 (10.12.2024).
Statistisches Bundesamt (o.J., a). Familienformen. Wiesbaden. https://www.destatis.de/DE/Themen/Gesellschaft-Umwelt/Bevoelkerung/Haushalte-Familien/Glossar/familienformen.html (16.03.2025).
Statistisches Bundesamt (o.J., b). Alleinerziehende. Wiesbaden. https://www.destatis.de/DE/Themen/Gesellschaft-Umwelt/Bevoelkerung/Haushalte-Familien/Glossar/alleinerziehende.html (16.03.2025).
Statistisches Bundesamt (o.J., c). Haushalte und Familien. https://www.destatis.de/DE/Themen/Gesellschaft-Umwelt/Bevoelkerung/Haushalte-Familien/Publikationen/_publikationen-innen-haushalte.html (16.03.2025).
Statistisches Bundesamt (o.J., c). Gender Pay Gap. https://www.destatis.de/EN/Themes/Labour/Earnings/GenderPayGap/_node.html (17.02.2025).
Statistisches Bundesamt (2023): Statistischer Bericht – Mikrozensus – Haushalte und Familien – Erstergebnisse 2023. https://www.destatis.de/DE/Themen/Gesellschaft-Umwelt/Bevoelkerung/Haushalte-Familien/Publikationen/_publikationen-innen-haushalte.html (16.03.2025).
Statistisches Bundesamt (2018). Alleinerziehende in Deutschland 2017. Wiesbaden. https://www.destatis.de/DE/Presse/Pressekonferenzen/2018/Alleinerziehende/pressebroschuere-alleinerziehende.pdf?__blob=publicationFile&v=3 (16.03.2025).

Statistisches Bundesamt (Hrsg.). (2024). Statistischer Bericht Mikrozensus Haushalte Familien – Erstergebnisse 2024. Wiesbaden.

Statistisches Landesamt Baden-Württemberg (Hrsg.). (2020). Handreichung Familienfreundliche Kommune. http://www.waldshut.familien-plus.de/tl_files/Einrichtungen/Kinder/Sonstige/Handreichung_Familienfreundliche_Kommune_2020.pdf (26.07.2022).

Stauber, B. (2010). Unter widrigen Umständen – Entscheidungsfindungsprozesse junger Frauen und Männer im Hinblick auf eine Familiengründung. In A. Spies (Hrsg.), *Frühe Mutterschaft. Die Bandbreite der Perspektiven und Aufgaben angesichts einer ungewöhnlichen Lebenssituation* (S. 76–100). Baltmannsweiler: Schneider Hohengehren.

Steinbach, A., Augustijn, L., Helms, T. & Schneider, S. (2021). Erste Ergebisse der Studie »Familienmodelle in Deutschland« (FAMOD): Zur Bedeutung des Wechselmodells für das kindliche Wohlbefinden nach elterlicher Trennung oder Scheidung. *Zeitschrift für das gesamte Familienrecht – FamRZ, 10*, 729–740.

Stockmann, S. & Wernberger, A. (2025, i. E.). Arbeitsmarktintegration als relationales Feld: Multilaterale Nutzer*innenforschung am Beispiel Erziehender im SGB II-Leistungsbezug. In A. van Rießen, C. Bhatti, C. Gille & K. Jepkens (Hrsg.), *Perspektiven in Bewegung.* Wiesbaden: Springer VS.

Todd, E. (2018). *Traurige Moderne: Eine Geschichte der Menschheit von der Steinzeit bis zum homo americanus.* München: C. H. Beck.

Tyrell, H. & Herlth, A. (1994). Partnerschaft versus Elternschaft. In A. Herlth, E. Brunner, H. Tyrell & J. Kriz (hrsg.), *Abschied von der Normalfamilie* (S. 1–15). Heidelberg: Springer.

VAMV – Verband alleinerziehender Mütter und Väter (o. J.). Endbericht des Verbandes alleinerziehender Mütter und Väter, Bundesverband e. V. (VAMV) für die Evaluation des Modellprojektes zur Wirksamkeit von ergänzender Kinderbetreuung, Notfallbetreuung und Beratung von Einelternfamilien in Deutschland. https://vamvbund6206-live-fba4c9d0ad78466689ef4-04c8878.divio-media.com/filer_public/9e/c8/9ec88620-a742-4f78-bbdf-df3be9ce202e/vamv_evaluation_endbericht_ergaenzende_kinderbetreuung_2017.pdf (10.10.2024).

VAMV – Verband alleinerziehender Mütter und Väter (2018). Wirksamkeit und Nutzen flexibler ergänzender Kinderbetreuung. Modellprojekt zu ergänzender Kinderbetreuung, Notfallbetreuung und Beratung von Einelternfamilien in Deutschland. Berlin. https://vamvbund6206-live-fba4c9d0ad78466689ef4-04c8878.divio-media.com/filer_public/89/54/89545430-ae86-411d-9009-25f29c5cd031/vamv_wirksamkeit-und-nutzen-ergaenzender-kinderbetreuung_2018.pdf (10.10.2024).

VAMB Bayern – Verband alleinerziehender Mütter und Väter Landesverband Bayern e. V. (o. J.). Trennung – was nun? Trennungsleitfaden, 3. Auflage. München. https://daten2.verwaltungsportal.de/dateien/seitengenerator/28fcdef7c2f26cc33d9c26dddc18c80d252294/Trennungsleitfaden-3.-Auflage_24-Seiten.pdf (24.10.2025).

VAMV Berlin – Verband alleinerziehender Mütter und Väter Landesverband Berlin e. V. (o. J.). Unterhalt. https://www.vamv-berlin.de/tipps-und-informationen/unterhalt/ (11.09.2024).

VAMV Münster – Verband alleinerziehender Mütter und Väter e. V. Münster (o. J.). DiNo – Dienst im Notfall. https://www.alleinerziehende-muenster.de/index.php/de/kinderbetreuung/37-d-i-no-dienst-im-notfall (20.08.2024).

Vaudt, S. (2013). *NAVI – Netzwerk Alleinerziehende verantwortungsvoll integrieren. Ergebnisse der quantitativen und qualitativen Projektevaluation.* Bielefeld: Fachhochschule der Diakonie.

Vogelgesang, W., Kopp, J., Jacob, R. & Hahn, A. (2018). *Stadt – Land – Fluss. Sozialer Wandel im regionalen Kontext.* Wiesbaden: Springer VS.

Wahl, K. (1997). Familienbilder und Familienrealitäten. In L. Bönisch & K. Lenz (Hrsg.), *Familien. Eine interdisziplinäre Einführung* (S. 99–112). Weinheim u. München: Beltz Juventa.

Wallner, C. (2010). Junge Mütter in der Kinder- und Jugendhilfe: Sanktioniert, moralisiert, vergessen oder unterstützt? In A. Spies (Hrsg.), *Frühe Mutterschaft. Die Bandbreite der Perspektiven und Aufgaben angesichts einer ungewöhnlichen Lebenssituation* (S. 47–74). Baltmannsweiler: Schneider Hohengehren.

Walper, S. (2005). Tragen Veränderungen in den finanziellen Belastungen von Familien zu Veränderungen der Befindlichkeit von Kindern und Jugendlichen bei? *Zeitschrift für Pädagogik, 2*, 183–209.

Walper, S., Entleitner, C. & Langmeyer, A. (2020). Betreuungsmodelle in Trennungsfamilien: Ein Fokus auf das Wechselmodell. *Zeitschrift für Soziologie der Erziehung und Sozialisation, 1*, 62–80.

Walper, S. & Schwarz, B. (2002). *Was wird aus den Kindern? Chancen und Risiken für die Entwicklung von Kindern aus Trennungs- und Scheidungsfamilien.* Weinheim: Juventa.

Walper, S., Thönnissen, C. & Alt, P. (2015). Effects of family structure and the experience of parental separation: A study on adolescents' well-being. *Comparative Population Studies, 3*, 335–364.

Walper, S. & Wendt, E. V. (2005). Nicht mit beiden Eltern aufwachsen – ein Risiko? Kinder in Alleinerziehenden und Stieffamilien. In C. Alt (Hrsg.), *Kinder-Leben. Aufwachsen zwischen Familie, Freunden und Institutionen. Band 1: Aufwachsen in Familien* (S. 187–216). Wiesbaden: VS Verlag für Sozialwissenschaften.

Wendt, E. & Walper, S. (2007). Entwicklungsverläufe von Kindern in Ein-Eltern- und Stieffamilien. In C. Alt (Hrsg.), *Kinderleben – Start in die Grundschule* (S. 211–242) Wiesbaden: VS Verlag.

Wernberger, A. (2017). *Einelternfamilien im ländlichen Raum. Eine sozialisationstheoretische Perspektive auf die Praxis einer Lebensform.* Weinheim u. Basel: Beltz Juventa.

Wernberger, A. (2021). Einelternfamilien als familiale Lebensform im ländlichen Raum. In A.-C. Schondelmayer, C. Riegel & S. Fitz-Klausner (Hrsg.), *Familie und Normalität. Diskurse, Praxen und Aushandlungsprozesse* (S. 171–187). Opladen, Berlin u. Toronto: Barbara Budrich.

Wernberger, A. & Dill, H. (2011). Einelternfamilien im ländlichen Raum – weitgehend unerforscht. *Theorie und Praxis der Sozialen Arbeit (TUP), 3*, 169–176.

Wernberger, A. & Nickel, L. (2022). Aufwachsen in Einelternfamilien. Die Sicht der (erwachsenen) Kinder. Unveröffentlichter Forschungsbericht. Münster: Kath. Hochschule Nordrhein-Westfalen.

Wörndl, B. (2006). Ein-Eltern-Familie. Familienreform unter Normalisierungsdruck. *Soziale Arbeit: Zeitschrift für soziale und sozialverwandte Gebiete, 55*, 42–51.

Wunderlich, H. (2014). *Familienpolitik vor Ort. Strukturen, Akteure und Interaktionen auf kommunaler Ebene.* Wiesbaden: Springer VS.

Zagel, H. (2015). Understanding differences in labour market attachment of single mothers in Great Britain and West Germany. *SOEPpaper, 773.*

Zagel, H. (2018). *Alleinerziehen im Lebensverlauf. Familiendynamiken und Ungleichheit im Wohlfahrtsstaat.* Wiesbaden: Springer VS.

Ziegler, H. (2020). Die Sicht der Kinder. *sozialmagazin. Die Zeitschrift für Soziale Arbeit, 7–8*, 49–55.

Ziegler, H. (o. J.). Auswirkungen von Alleinerziehung auf Kinder in prekärer Lage. Abstract. Universität Bielefeld. https://www.bepanthen.de/sites/g/files/vrxlpx36091/files/2021-01/abstract_prof_ziegler_final.pdf (13.09.2024).

Zühlke, W. (2011). Die Gestaltung kommunaler Politik: Welche Rolle spielt das Soziale in der Ratsarbeit? In H. J. Dahme & N. Wohlfahrt (Hrsg.), *Handbuch Kommunale Sozialpolitik* (S. 41–52). Wiesbaden: Springer VS.